Hundert Jahre Staatswissenschaftliche Gesellschaft zu Berlin

1883 - 1983

Hundert Jahre
Staatswissenschaftliche Gesellschaft
zu Berlin

1883 — 1983

Herausgegeben vom

Vorstand der Staatswissenschaftlichen Gesellschaft

DUNCKER & HUMBLOT / BERLIN

Das Titelbild Gustav von Schmollers
ist ein Ausschnitt aus einer Lithographie von Schulte im Hofe.

Die Vorlagen für die Faksimile-Drucke
wurden vom Bundesarchiv Koblenz zur Verfügung gestellt.

Der Brief Jacob Riessers stammt aus dem
im Staatsarchiv befindlichen Hauptnachlaß Delbrücks in Ost-Berlin.

Alle Rechte vorbehalten
© 1983 Duncker & Humblot, Berlin 41
Gedruckt 1983 bei Werner Hildebrand, Berlin 65
Printed in Germany
ISBN 3 428 05483 0

Vorwort

Am 24. Juni 1983 jährte sich zum 100. Male der Tag, an dem sich ein kleiner Kreis „Staatswissenschaftlich gebildeter Männer" zusammenfand und durch Satzung verpflichtete, alle „vier Wochen" einen regelmäßigen Gedankenaustausch zu pflegen.

Die Anregung ging vor allem von dem Professor für Volkswirtschaft Gustav von Schmoller aus. Dieser hielt am 24.6.1883 den ersten Vortrag vor der jungen Versammlung zu dem Thema: „Über die Handelskrisen und die periodischen Schwankungen des deutschen Erwerbslebens im 18. Jahrhundert und ihren Zusammenhang mit der preußischen Zoll- und Handels-Politik."

Die lange Reihe der Vorträge reicht — mit Unterbrechung durch das Ende des 2. Weltkrieges bis zum Juni 1957 — lückenlos bis zum heutigen Tag. Die in den Vorträgen der Mitglieder behandelten Themen spiegeln über ein ganzes Jahrhundert die jeweils aktuellen Probleme in Wirtschaft, Gesellschaft, Recht und Staat wider. Die Zusammenkünfte dienten nur der persönlichen Weiterbildung der Mitglieder. So ist es zu verstehen, daß die Gesellschaft als solche nach 1933 weitgehend unangefochten blieb.

Wenn auch die Gesellschaft in der Öffentlichkeit wenig hervorgetreten ist, so sind doch die Themen der Vorträge Berichte aus dem Zeitgeschehen. Es erscheint somit angezeigt, den Gründen, die zur Vereinigung geführt haben, nachzugehen, die wissenschaftliche Ausstrahlung ihrer hervorragenden Mitglieder zu würdigen und einzelne Schicksale nachzuzeichnen. Ein Legat unseres am 15. Dezember 1975 verstorbenen Mitgliedes Wilhelm Moritz Freiherr von Bissing bildete nach dem Vorschlag des damaligen Vorstandes die Grundlage für dieses Vorhaben.

Allen Mitarbeitern, die zum Gelingen beitrugen, sei an dieser Stelle gedankt.

Ein besonderer Dank gebührt Herrn Johannes Broermann, unserem Mitglied und Inhaber des Verlages Duncker & Humblot, durch dessen großzügige Hilfe und Betreuung der Druck erst ermöglicht wurde.

Berlin, im Juni 1983

W. Krauland

Inhaltsverzeichnis

Vorwort 5

Rüdiger vom Bruch:
Die Staatswissenschaftliche Gesellschaft.
Bestimmungsfaktoren, Voraussetzungen und Grundzüge ihrer
Entwicklung 1883–1919 9
  1. Staatswissenschaft, Bildung und Bürokratie im späten
    19. Jahrhundert 9
  2. Gebildete Vereinskultur und Gründung der Staatswissenschaft-
    lichen Gesellschaft im Berlin des Kaiserreichs 29
  3. Die Staatswissenschaftliche Gesellschaft 1883–1919 38

Wolfram Fischer:
Die Vorträge vor der Staatswissenschaftlichen Gesellschaft
als Spiegel ihrer Zeit, 1919–1945 71

Karl C. Thalheim:
Die Staatswissenschaftliche Gesellschaft seit der Reaktivierung
im Jahre 1957 85

Ilse Kemter und *Otto Schlichter:*
Auszüge aus Vorträgen und Briefen 93

  Vorbemerkungen 93
  Von der Leyen (1933):
  Ein halbes Jahrhundert Staatswissenschaftliche Gesellschaft ... 94
  Otto de la Chevallerie (1961):
  Brief an Eduard Spranger (Auszug) 100
  Otto de la Chevallerie (1967):
  Die Entwicklungsphasen der Staatswissenschaftlichen Gesellschaft .. 103

Karl C. Thalheim:
Vorwort zu dem Nachruf von Hermann Schumacher 109
Hermann Schumacher (1917):
  Gustav von Schmoller 110

Anhang 121

Walter Krauland:
   Vorbemerkungen 121
   Statuten 1883 (Faksimile) 123
   Statuten 1933 126
   Statuten 1978 128
   Chronologische Liste der Vorträge 1883–1983 132

Mitglieder der Staatswissenschaftlichen Gesellschaft 160

   Mitgliederliste 1884 (Faksimele) 160
   Alphabetisches Verzeichnis der Vortragenden 1883–1983 .. 164
   Ordentliche Mitglieder 1983 175
   Korrespondierende Mitglieder 1983 176

Rüdiger vom Bruch
Die Staatswissenschaftliche Gesellschaft
Bestimmungsfaktoren, Voraussetzungen
und Grundzüge ihrer Entwicklung 1883–1919

1. Staatswissenschaft, Bildung und Bürokratie im späten 19. Jahrhundert

Im ersten Paragraph ihrer Statuten von 1883 bezeichnet die Gesellschaft als ihren Zweck, „einen kleinen Kreis staatswissenschaftlich Gebildeter zu regelmäßigem Gedankenaustausch zu versammeln". Welcher Personenkreis hierunter verstanden wurde, belegt das im Anhang abgedruckte Mitgliederverzeichnis. Vor dem ersten Weltkrieg stellten hohe Regierungs- und Verwaltungsbeamte etwa die Hälfte der zunächst 36, dann 38 Mitglieder; neben wenigen Offizieren, Unternehmern und einzelnen Angehörigen weiterer Tätigkeitsbereiche bildeten Universitätslehrer mit gut einem Drittel das zweite gewichtige Berufskontingent, wobei keineswegs nur Staatswissenschaftler im engeren Sinne vertreten waren. Neben Juristen (1913 Anschütz, Brunner, Gierke, Kahl) und Nationalökonomen (1913 Herkner, Schmoller, Sering, Wagner) waren insbesondere Historiker durchgängig repräsentiert (1913 Delbrück, Hintze), wurden auch Angehörige weiterer Disziplinen wie der Philosoph Dilthey zugewählt.

Was meinte „staatswissenschaftlich" in der Frühphase der Gesellschaft? Wer wurde unter die „Gebildeten" gefaßt, welche Verbindungslinien bestanden zwischen Wissenschaftlern und den zahlenmäßig überwiegenden Vertretern vorwiegend der preußischen und Reichsbürokratie? Es erscheint nützlich, diese Fragen etwas eingehender zu verfolgen, um Zugang zum Selbstverständnis, aber auch zum sozialen Bezugsrahmen und zum Aktionsradius dieser in der späten Bismarckzeit gegründeten Gesellschaft zu gewinnen.

Der Begriff „staatswissenschaftlich" ist keineswegs eindeutig und zudem in den letzten 150 Jahren mehreren Wandlungen und Neugewichtungen unterworfen, auch wenn sich die Tradition (rechts- und) staatswissenschaftlicher Fakultäten sowie die „Zeitschrift für die gesamte Staatswissenschaft" seit ihrer Gründung 1844 im Titel erhalten hat. Ausgeblendet werden kann die eine Einzelwissenschaft im engeren Sinn bezeichnende, u.a. Allgemeine Staatslehre,

Politik, Verwaltungsrecht, Finanzwissenschaft umfassende Staatswissenschaft; vielmehr ist der Blick auf die „gesamte Staatswissenschaft" oder „Staatswissenschaften" im weiteren Sinn zu lenken. Anknüpfend an die im 19. Jahrhundert ausgeformte Enzyklopädie der gesamten Staatswissenschaften, die sich — und das erscheint bemerkenswert — als „deutsche Eigentümlichkeit" wesentlich von „ausländischen, besonders französischen, englischen und amerikanischen Systemideen der Sozialwissenschaften" unterschied[1] und als Enzyklopädie der Wissenschaften vom öffentlichen Leben verstanden wurde. Noch der Würzburger Staats- und Völkerrechtler Robert Piloty (1863–1926) bezeichnete als Staatswissenschaft jede Forschung, welche irgend eine Seite des Staates zum Gegenstand der Erkenntnis nimmt. Unumstritten umfaßte die Enzyklopädie Allgemeine Staatslehre, Staatsgeschichte, Staatssittenlehre, Statistik, Politik, Verwaltungswissenschaft, Finanzwissenschaft, Staatswirtschaftslehre, Polizeiwissenschaft und Kriegswissenschaft. Allerdings wurde um die Mitte des 19. Jahrhunderts insbesondere das Verhältnis zwischen Staatswissenschaft und Nationalökonomie kontrovers diskutiert. Wohl unter dem Eindruck der zu jener Zeit noch vorherrschenden klassisch-liberalen, von Smith abgeleiteten Strömungen in der Nationalökonomie grenzte 1859 Robert von Mohl neben dem Privatrecht die gesamten Gesellschaftswissenschaften und weitgehend die Wirtschaftswissenschaften, vornehmlich die Bezeichnung „Nationalökonomie" aus seiner Enzyklopädie der Staatswissenschaften aus[2] und vollzog so eine scharfe Trennung im Rahmen einer seit Jahrzehnten in Deutschland geführten Diskussion über das Verhältnis zwischen Staats- und Gesellschaftswissenschaften.[3] Demgegenüber blieben in den meisten Enzyklopädien sowie im universitären Lehrbetrieb[4] Staatswissenschaften und Nationalökonomie eng verbunden. In den süddeutschen Mittelstaaten Bayern und Württemberg bestanden zudem eigenständige staatswissenschaftliche Fakultäten, in denen ältere Traditionen

---

[1] Walter Taeuber, Artikel „Staatswissenschaft", in: HdSW, Bd. 9, Göttingen 1956, S. 764.

[2] Robert v. Mohl, Enzyklopädie der Staatswissenschaften, Tübingen 1859, Neudruck Freiburg 1890, vgl. auch ders., Gesellschaft-Wissenschaften und Staats-Wissenschaften, in: Zeitschrift für die gesamte Staatswissenschaft, Bd. 7, 1851, S. 3–71.

[3] Vgl. Eckart Pankoke, Sociale Bewegung, sociale Frage, Sociale Politik. Grundfragen der deutschen „Sozialwissenschaft" im 19. Jahrhundert, Stuttgart 1970; Hans Maier, Ältere deutsche Staatslehre und westliche politische Tradition, Tübingen 1966; Erich Angermann, Robert von Mohl, Neuwied 1962.

[4] Für eine detaillierte tabellarische Auflistung der einzelnen staatswissenschaftlichen Fächer an den meisten Universitäten Deutschlands und Österreichs vgl. Lorenz von Stein, für den die Nationalökonomie „ganz nothwendig zur Staatswissenschaft" gehörte: Die Lage der staatswissenschaftlichen Studien und Vorträge auf den Deutschen Universitäten, in: Akademische Monatsschrift, Jg. 4, 1852, S. 530–542, Zitat S. 534. Nicht enthalten sind in der schematischen Übersicht S. 536–542 die Universitäten Wien, München, Prag, Halle, Königsberg, Freiburg, Olmütz und Innsbruck, da diese dem Universitätsanzeiger ihre Vorlesungsverzeichnisse vorenthielten.

der Staatsverwaltung und Beamtenausbildung fortlebten[5], wie denn die historisch verwurzelten Besonderheiten der süddeutschen Staatenwelt bis zur Reichsgründung einen Vorsprung auch in der theoretischen Diskussion und Systematisierung der ‚Staatswissenschaften begünstigten.[6] Nicht zuletzt unter dem Einfluß des Schwaben Gustav Schmoller erfuhren die Staatswissenschaften im letzten Drittel des Jahrhunderts im preußischen Berlin eine eigenständige Prägung[7], die nun indes durch eine zunehmend sich verbreiternde Mittelpunktstellung der Nationalökonomie bestimmt wurden, welche ihrerseits in ihren methodischen Voraussetzungen, ihren thematischen Schwerpunkten und ihrer Beziehung zur staatlich-gesellschaftlichen Entwicklung einen neuartigen Charakter gewann.

Wie tiefgreifend die Staatswissenschaften in den ersten Jahrzehnten des Kaiserreichs einer inhaltlichen Verlagerung unterworfen waren, markiert wohl am sinnfälligsten das seit 1890 erscheinende und von Schmoller konzeptionell mitgeprägte Handwörterbuch der Staatswissenschaften[8], in dem unter Ausklammerung der juristischen und nicht-wirtschaftlichen Gegenstände von den Herausgebern „Staatswissenschaften im neueren und engeren Sinn" definiert wurden, beschränkt auf Volks- und Staatswirtschaftslehre, auf Gesellschaftslehre und Sozialpolitik. In engstem Zusammenhang mit dieser Neugewichtung stand ein

---

[5] Vgl. dazu exemplarisch Karl Erich Born, Geschichte der Wirtschaftswissenschaften an der Universität Tübingen 1817–1967, Tübingen 1967, zur Beamtenausbildung Bernd Wunder, Die Entstehung des Berufsbeamtentums in Bayern und Württemberg (1780 bis 1825), München 1978, ferner Wilhelm Bleek, Von der Kameralausbildung zum Juristenprivileg. Studium, Prüfung und Ausbildung der höheren Beamten des allgemeinen Verwaltungsdienstes in Deutschland im 18. und 19. Jahrhundert, Berlin 1972. – Gesonderte staatswirtschaftliche/staatswissenschaftliche Fakultäten bestanden in Tübingen, München und Würzburg, hier de facto nach 1878 in eine rechts- und staatswissenschaftliche Fakultät umgewandelt, wie sie im Anschluß an die Situation in Österreich und Frankreich in der 1872 gegründeten Reichsuniversität Straßburg errichtet wurde. Im gesamten norddeutschen Raum, in Erlangen und Heidelberg war die Nationalökonomie der philosophischen Fakultät, in Freiburg (nach 1878 auch in Würzburg) der juristischen Fakultät zugeordnet. Erst im frühen 20. Jahrhundert setzte sich die Errichtung rechts- und staatswissenschaftlicher Fakultäten in Neugründungen und Umbenennungen auf breiter Front durch.
[6] Neben L. v. Stein sei erinnert etwa an Knies, Hildebrand, Rau, Mohl, Roscher und Hanssen.
[7] Adolph Wagner wurde 1870 von Freiburg nach Berlin berufen, der in Tübingen in Rechts- und Staatswissenschaften ausgebildete Schmoller 1882 von Straßburg, beide waren Mitglieder der Gesellschaft. Vgl. auch Günter Schmölders, Die wirtschaftlichen Staatswissenschaften an der Universität Berlin von der Reichsgründung bis 1945, in: Studium Berolinense, hg. von Hans Leussink, Eduard Neumann, Georg Kotowski, Berlin 1960, S. 152ff.
[8] Handwörterbuch der Staatswissenschaften (HdStW), hg. von Johannes Conrad, Ludwig Elster, Wilhelm Lexis, Edgar Loening, 6 Bde., 1890/94, 2. Aufl. in 7 Bdn. 1898/1901, 3. Aufl. in 8 Bdn. 1909/11, gänzlich überarbeitete 4. Aufl. in 8 Bdn. und Ergänzungsband 1923/28. Zur Entstehungsgeschichte s. L. Elster, In memoriam, [4]Bd. 1, 1923, S. V–IX, zum Werk insgesamt Rüdiger vom Bruch, Wissenschaft, Politik und öffentliche Meinung. Gelehrtenpolitik im Wilhelminischen Deutschland (1890–1914), Husum 1980, S. 294f., 318ff. Schmoller schrieb für die 3. Aufl. den grundlegenden Beitrag über Gegenstand, Geschichte und Methode der Volkswirtschaftslehre.

durchgängiges Bekenntnis zu sittlichen Werturteilen als Maßstab wissenschaftlicher Arbeit sowie die Feststellung: „Das ‚Handwörterbuch' wird die wirtschaftlichen und sozialen Uebel weder vertuschen noch übertreibend ausmalen und alle Bestrebungen einer gesunden Sozialpolitik zu fördern bemüht sein."[9] Damit war ein weitgehender Konsens innerhalb der deutschen Volkswirtschaftslehre und der damit fast synonym gesetzten Staatswissenschaften in dieser Zeit bezeichnet, der Schmollers Grundanliegen spiegelte, ja wesentlich von ihm befördert worden war und ihn 1900 zu der Hoffnung auf eine sich abzeichnende „neue, einheitliche Wissenschaft" veranlaßte; aus der „Geschäftsnationalökonomie" sei wieder eine „moralisch-politische Wissenschaft" geworden."[10] Dementsprechend würdigte er mit Befriedigung – und sachlich zutreffend – das Handwörterbuch als „das größte und angesehenste alphabetische Sammelwerk volkswirtschaftlichen Wissens, an dem fast alle deutschen und viele fremden Gelehrte mitgearbeitet haben; es vertritt würdig den Standpunkt der heutigen deutschen Volkswirtschaftslehre".[11] Nicht ohne Respekt bemerkte das seit 1887 erscheinende Staatslexikon der Görresgesellschaft, das seinerseits an einem umfassenderen Begriff von Staatswissenschaft festhielt, das Handwörterbuch bringe „nur die wirtschaftlichen und sozialen Staatswissenschaften", habe damit zur entsprechenden Verengung der Staatswissenschaften entscheidend beigetragen, „ist für diese aber die bedeutendste Enzyklopädie der Gegenwart".[12] Das Handwörterbuch, an dem zahlreiche Mitglieder der Staatswissenschaftlichen Gesellschaft mitwirkten, belegt nicht nur die in dieser Zeit erfolgte inhaltliche Verengung und Neugewichtung der Disziplin, es spiegelte vielmehr mit seiner Konzentration auf eine am Maßstab sittlicher Werturteile orientierten Nationalökonomie und auf Fragen der Sozialpolitik den Geist, aus dem heraus Schmoller 1883 die Staatswissenschaftliche Gesellschaft mitbegründet hatte und der ihren Charakter – sowie ihre Abhebung von vergleichbaren Vereinigungen – in den ersten 35 Jahren ihres Bestehens wesentlich beeinflußte.

Ethische Motivation und eine gouvernemental-bürokratische Ausrichtung, wie sie Schmoller als Sozialwissenschaftler und als Sozialpolitiker bestimmten[13] – beides ließ sich nicht trennen –, galt in so ausgeprägter Weise sicher

---

[9] Aus dem jeweils unveränderten Vorwort zu 1.–3. Aufl. Bd. 1, S. VI.

[10] Gustav Schmoller, Wechselnde Theorien und feststehende Wahrheiten im Gebiete der Staats- und Socialwissenschaften und die heutige deutsche Volkswirtschaftslehre (= Rektoratsrede), Berlin 1897, S. 23, ders., Grundriß der Allgemeinen Volkswirtschaftslehre, Teil 1, Leipzig 1900, S. 122.

[11] Schmoller, Volkswirtschaft etc., in: HdStW ³Bd. 8, 1911, S. 448.

[12] Sacher, Art. „Staatswissenschaft", in: Staatslexikon der Görres-Gesellschaft, hg. von A. Bruder, Bd. 5, 1897, Sp. 136.

[13] Zu Schmoller mit weiterführenden Literaturhinweisen neben dem in diesem Band abgedruckten Nachruf von Hermann Schumacher s. R. vom Bruch, Wissenschaft, bes. S. 320–347.

nur für einen Teil der deutschen Volkswirtschaftslehrer der Jahrhundertwende, die die Staatswissenschaften als akademische Disziplin weitgehend abdeckten[14]; allerdings strahlte sie in Abstufungen mit erstaunlicher Breitenwirkung auf die Disziplin insgesamt aus und läßt so das vornehmlich sozialpolitisch starke Engagement deutscher Staatswissenschaftler im Kaiserreich verständlich erscheinen, das sich nicht auf Expertisen zur wissenschaftlichen Politikberatung beschränkte, sondern aus einer sittlich begründeten Gemeinwohl-Verpflichtung heraus den wissenschaftlichen Sachverstand für die Lösung zentraler Probleme im Staats-, Gesellschaft- und Wirtschaftsleben zur Verfügung stellte. Da die Sitzungsprotokolle der Gesellschaft den Inhalt der Vorträge und Diskussionen nicht wiedergeben, lassen sich schlüssige Nachweise für sie schwerlich führen; an Hand der Themen, der gewählten Zeitpunkte, der von Mitgliedern öffentlich vorliegenden Beiträge insbesondere zu sozialpolitischen Fragen sowie an Hand personeller Überschneidungen mit sozialreformerischen Organisationen ist indes zu vermuten, daß jene Beobachtung[15] sich auch auf das Wirken der Gesellschaft übertragen läßt, ja ihre besondere Bedeutung im Kaiserreich wesentlich mitbestimmte.

Wie Schmoller bekannten sich auch Adolph Wagner und Heinrich Herkner, um weitere prominente Nationalökonomen in der Gesellschaft anzuführen, zu einer zu Werturteilen verpflichtenden, ethisch verankerten wissenschaftlichen Erkenntnis, hieraus bezog ihr öffentliches Wirken die entscheidende Stoßkraft; angesichts der politischen Umwälzung nach dem Weltkrieg und der gleichzeitigen Umorientierung der Wirtschaftswissenschaften in Anknüpfung an die außerdeutsche Entwicklung wurden solche Prämissen in der deutschen Nationalökonomie nach 1918 fast schlagartig aufgehoben[16]. Doch bereits in der Vorkriegszeit hatten sich — nach einer präludierenden Kontroverse zwischen Werner Sombart und Gustav Cohn um 1900[17] — politische Angriffe auf die

---

[14] Vgl. dazu Dieter Lindenlaub, Richtungskämpfe im Verein für Sozialpolitik. Wissenschaft und Sozialpolitik im Kaiserreich ... 1890—1914, Wiesbaden 1967; Harald Winkel, Die deutsche Nationalökonomie im 19. Jahrhundert, Darmstadt 1977.

[15] Vgl. dazu Rüdiger vom Bruch, Sozialwissenschaft und Sozialreform im Kaiserreich, 34. Deutscher Historikertag 1982 in Münster, Sektion 18, erscheint als Beiheft des Archivs für Kulturgeschichte 1984. Ders., Historiker und Nationalökonomen im späten Kaiserreich, in: Klaus Schwabe, Hg., Hochschullehrer als Elite in Deutschland 1815—1945, 21. Büdinger Vorträge (AT, erscheint Boppard 1984).

[16] Als wohl repräsentatives Zeugnis vgl. M. J. Bonn / M. Palyi, Hg., Die Wirtschaftswissenschaft nach dem Kriege. 29 Beiträge über den Stand der deutschen und ausländischen sozialökonomischen Forschung nach dem Kriege. Festgabe für Lujo Brentano zum 80. Geburtstag, 2 Bde., München, Leipzig 1925, darin u.a. Karl Přibram, Die Wandlungen des Begriffs der Sozialpolitik, Bd. 2, S. 225—267.

[17] Werner Sombart, Ideale der Sozialpolitik, in: Archiv für Sozialwissenschaft und Sozialpolitik, Bd. 10, 1897, S. 1—48, dagegen Schmollers Weggefährte Gustav Cohn, Ethik und Reaktion in der Volkswirtschaft, in: Jahrbuch für Gesetzgebung, Verwaltung und Volkswirtschaft im Deutschen Reich (seit 1913: Schmollers Jahrbuch), seit 1881 hg. von Schmoller, N. F. Jg. 24, 1900, S. 839—886.

gouvernementalbürokratische Ausrichtung, hatten sich methodologische Zurückweisungen der von Schmoller repräsentierten Staatswissenschaften verstärkt[18]. Härte und Leidenschaft, mit der diese Auseinandersetzungen geführt wurden, insbesondere in der Werturteilsdebatte in der Ausschußsitzung des Vereins für Sozialpolitik Anfang 1914[19], deuten darauf hin, daß hier zentrale Komponenten staatswissenschaftlichen Selbstverständnisses im späten Kaiserreich zur Disposition standen, die auch die Tätigkeit der Gesellschaft nicht unberührt lassen konnten, insofern sie über Geselligkeit und fachgelehrte Vorträge hinaus zu einer politisch wirksamen Klärung anstehender Probleme beizutragen suchte.

In Zusammensetzung und Themenwahl blieb die Staatswissenschaftliche Gesellschaft der Gründungskonstellation verpflichtet, die von einem enzyklopädisch breiten Verständnis von Staatswissenschaften, aber auch von einer Schwerpunktsetzung auf vorwiegend sozial- und wirtschaftspolitische Fragestellungen getragen war; daneben beließ sie aber den Spezialinteressen ihrer Mitglieder breiten Raum. Entstanden in einem weitgehend homogenen sozialmoralischen Milieu, das auf engen Wechselbeziehungen zwischen Hochschullehrern, Staats- und Verwaltungsbeamten und weiteren Personen aufruhte, überdauerte sie institutionell wie auch in ihrer einmal geformten Ausrichtung äußere Umbrüche.

Zu einer grundsätzlichen Überprüfung der Bezeichnung „staatswissenschaftlich" scheint keine Notwendigkeit bestanden zu haben. Die sehr allgemein gehaltene Ausrichtung auf den Staat und sein Umfeld in Fragestellungen und methodischem Zugriff, wie sie in denkbar breiter Form unter Einfluß der Geisteswissenschaften von Schmoller vertreten wurde[20], erlaubte die Fort-

---

[18] Insbesondere jüngere Nationalökonomen nutzten die Tagungen des Vereins 1905 und 1909 zu grundsätzlichen Kontroversen gegen die hier vorherrschenden bürokratischen Optionen in der Handels-, Kartell- und Sozialpolitik; hierzu sowie zu den gleichermaßen politisch wie methodisch akzentuierten Angriffen aus dem Umkreis der „Zeitschrift für Sozialwissenschaft" gegen „ethische Nationalökonomie" seit 1910 vom Bruch, Wissenschaft, S. 278ff., 300ff. — Auf die methodologisch gewichtigste Kritik, die Max Weber 1904 vorgetragen hatte, reagierte Schmoller eingehend in seinem Artikel „Volkswirtschaftslehre" im HdStW 1911.
[19] Vgl. dazu Christian v. Ferber, Der Werturteilsstreit 1909/1959, in: Ernst Topitsch, Hg., Logik der Sozialwissenschaften, ⁷1971, S. 165ff.; Karl Erich Born, Wissenschaft und politisches Werturteil im Deutschland des 19. Jahrhunderts, in: K. Ulmer, Hg., Die Verantwortung der Wissenschaft, Bonn 1975, S. 92–121.
[20] Vgl. Gustav Schmoller, Zur Methodologie der Staats- und Socialwissenschaften, in: Jb. f. Gesetzgebung etc., N. F. Jg. 7, 1883, S. 975–994. In dieser grundsätzlichen Auseinandersetzung mit Carl Mengers deduktiven Abstraktionen, denen Schmoller die lebendige Fülle der nur durch historische Anschauung zu gewinnenden Realität entgegenhielt, bekannte er sich nachdrücklich zu Wilhelm Diltheys methodologischer Trennung von Natur- und Geisteswissenschaften und rief diesem, der 1886 der Staatswissenschaftlichen Gesellschaft beitrat, „aus vollstem Herzen und in dankbarer Anerkennung von Seiten der Staatswissenschaften ein sympathisches Glück auf!" zu, S. 994.

führung der Bezeichnung auch unter gewandelten Voraussetzungen. Innerhalb der vormals umschließenden akademischen Disziplin Staatswissenschaften schritt hingegen der Erosionsprozeß fort und ließ kaum mehr einen eigenständigen Raum im älteren Sinne zu.

Bereits das Handwörterbuch hatte auf einen Artikel ‚Staatswissenschaften' verzichtet, vielmehr den Artikel ‚Staat' in einen Teil ‚Allgemeine Staatslehre' und einen von Wagner erstellten Teil ‚Staat in nationalökonomischer Sicht' aufgegliedert.[21] 1930 untersuchte Hermann Schumacher, Mitglied der Gesellschaft seit 1917, den Gesamtbereich „Staatswissenschaften", begrenzte ihn allerdings ausnahmslos auf einen weit gefaßten Bereich Nationalökonomie und mußte zudem für seine Gegenwart eine Auflösung dieser traditionsreichen Disziplin feststellen – „Selbstschmähung als hervortretender Charakterzug der deutschen Volkswirtschaftslehre."[22]

In späteren Neuauflagen des Handwörterbuchs ließ man bezeichnenderweise die Bezeichnung „Staatswissenschaften" fallen und ersetzte sie in den 1950er Jahren durch „Sozial-", in der soeben abgeschlossenen Neuauflage dann durch „Wirtschaftswissenschaften". Von der zunehmenden Verengung auf Sozial- und Wirtschaftswissenschaften bereits seit dem ausgehenden 19. Jahrhundert wurde insbesondere der alte Zweig Verwaltungswissenschaft betroffen, der vor allem in dem Berliner Nationalökonomen und früheren Ranke-Assistenten Ignaz Jastrow engagierte Förderung fand[23]; sie führte kaum mehr als eine Randexistenz und lebte wohl erst mit der 1947 als staatliche Akademie gegründeten, 1950 umbenannten Hochschule für Verwaltungswissenschaften in Speyer wieder auf. Jastrow selbst, der noch bis 1933 über „Enzyklopädie der gesamten Staats- und Wirtschaftswissenschaften" gelesen hat[24], war übrigens nicht Mitglied der Gesellschaft.

Wie erklärt sich die bereits um 1870 einsetzende Hinwendung der Staatswissenschaften zu einer nun ethisch-gouvernemental besetzten Nationalökonomie mit starker historischer Ausrichtung? Es waren wohl vor allem die unüberseh-

---

[21] Autor des ersten Teils E. Loening, des zweiten Teils Ad. Wagner.
[22] Hermann Schumacher, Staatswissenschaften, in: Aus fünfzig Jahren Deutscher Wissenschaft. Festschrift Friedrich Schmidt-Ott, hg. von Gustav Abb, Berlin etc. 1930, S. 136–158, Zitat S. 158. – Als informativen Überblick über das Studium der Staatswissenschaften um die Jahrhundertwende vgl. Wilhelm Lexis, Staatswissenschaften, in: ders., Hg., Das Unterrichtswesen im Deutschen Reich, Bd. 1, Berlin 1904, S. 219–224.
[23] Vgl. etwa J. Jastrow, Sozialpolitik und Verwaltungswissenschaft, Berlin 1902; ders., Textbücher zu Studien über Wirtschaft und Staat, 5 Bde., 1912/1921.
[24] Zum Inhalt dieser Enzyklopädie s. J. Jastrow, Verzeichnis der Fächer, die für eine enzyklopädische Vorlesung über das Gesamtgebiet der „Staats-, Kameral- und Gewerbewissenschaften" in Betracht kommen, in: Die Reform der staatswissenschaftlichen Studien. Fünfzig Gutachten im Auftrage des Vereins für Sozialpolitik, hg. von J. Jastrow, München, Leipzig 1920, S. 150, ders., Verwaltungswissenschaft, ebd., S. 313–321.

baren, historisch bedingten einzelstaatlichen Besonderheiten in Deutschland, die in Verbindung mit den niemals gänzlich preisgegebenen kameralistischen Traditionen unterschwellig den Siegeszug der von Westen einströmenden klassisch-liberalen Theorien zwischen 1800 und 1860 begleiteten und teilweise überformten — man denke an Friedrich List, Heinrich Rau oder die Vertreter der sog. ‚älteren historischen Schule'[25]; in enger Verbindung mit der generellen Historisierung von Einzeldisziplinen begünstigten solche Tendenzen seit den 1860er Jahren ein machtvolles Anschwellen der ‚jüngeren historischen Schule der Nationalökonomie', die von Schmoller und vielen nahestehenden Kollegen als *die* zentrale Gesellschaftswissenschaft verstanden wurde.[26] Zum zweiten wurde der „Umschwung der wirtschaftswissenschaftlichen Auffassungen um die Mitte des 19. Jahrhunderts"[27] entscheidend durch die seit den 1840er Jahren in den Vordergrund rückende „soziale Frage" bestimmt, die das Augenmerk stärker von Produktivitäts- auf Verteilungsprobleme richtete, in neuer Form nach dem Verhältnis von Staat und Gesellschaft fragen ließ und den Blick auf die Notlagen und Emanzipationsforderungen neu sich konstituierender Sozialschichten (vorwiegend Fabrikarbeiter) und die Gefährdung älterer, vorwiegend mittelständischer Schichten in der Konfliktzuspitzung zwischen Kapital und Arbeit lenkte. Anknüpfend an ältere, nun neu gewichtete Positionen der christlichen Sozialethiken, an das Denken von Aufklärung und Idealismus sowie an dynastische Fürsorgetraditionen („Reformen von oben") traten Begriffe wie „(soziale) Gerechtigkeit" und „Gemeinwohl" bestimmend in den Vordergrund und ließen etwa Adolph Wagner „soziale Verteilungsgerechtigkeit" als vordringliches Anliegen der Nationalökonomie und Gustav Schmoller den bürokratischen Rechts- und Fürsorgestaat als neutrale, ausgleichende Schieds- und Ordnungsinstanz in den vielfältigen Konflikten und Spannungen begreifen, wie sie durch die vordringende, von Modernisierungskrisen gekennzeichnete Industriegesellschaft erzeugt wurden.

Von hier aus mag sich die überragende Rolle vorwiegend staatlich-bürokratischer Sozialreform bei der Mehrzahl der deutschen staatswissenschaftlichen Gelehrten — und weiteren Kreisen des deutschen Bildungsbürgertums — im späteren Kaiserreich erklären, die in engem Austausch mit hohen Staatsbeamten aus sozialethischer Verpflichtung die Kompetenz für gültige Maßstäbe der

---

[25] Vgl. aus der reichhaltigen Literatur etwa Gottfried Eisermann, Die Grundlagen des Historismus in der deutschen Natinonalökonomie, Stuttgart 1956; Werner Stark, Die Geschichte der Volkswirtschaftslehre in ihrer Beziehung zur sozialen Entwicklung, Dordrecht 1960.
[26] Vgl. R. vom Bruch (wie Anm. 15).
[27] Aufsatz-Titel von Harald Winkel, in: Helmut Coing, Walter Wilhelm, Hg., Wissenschaft und Kodifikation des Privatrechts im 19. Jahrhundert, Bd. 4, Frankfurt/M. 1978, S. 3–18.

Konfliktregelung ableiteten.[28] Dies setzte indes eine normative und zugleich mit gesicherten methodischen Grundlagen operierende Gesellschaftswissenschaft voraus, um die sich insbesondere der junge Schmoller seit den frühen 1860er Jahren bemühte, zunächst noch im Widerstreit mit vorherrschenden Lehrmeinungen. Zugleich war mit einer solchen Disziplin eine Umorientierung vormaliger staatswissenschaftlicher Perspektiven verknüpft, wie sie die große Kontroverse zwischen Schmoller und Treitschke in den frühen 1870er Jahren über Wissenschaft, bürgerliche Gesellschaft und Sozialpolitik belegt. In seinem Bemühen, die ältere „Politik"-Lehre als Zentrum der Staatswissenschaft zu restituieren, hatte Treitschke 1859 kategorisch erklärt: „Die soziale Politik ist überflüssig, weil die ganze Staatswissenschaft sozial-politisch ist"; für ihn definierte sich der Staat als „die einheitlich organisierte (bürgerliche) Gesellschaft".[29]

Demgegenüber folgerte Schmoller aus der Tatsache, daß sich die bürgerliche Gesellschaft zur Klassenordnung verwandelte[30], einen auf die Gesellschaft und vornehmlich auf sozialpolitische Probleme zu zentrierenden Perspektivenwechsel der Staatswissenschaften, ohne eine normative Ausrichtung auf den Staat als „das großartigste sittliche Institut zur Erziehung des Menschengeschlechts" preiszugeben.[31]

Wie zunächst nur wenige Kollegen hatte Schmoller erkannt, daß mit der Errichtung des deutschen Nationalstaats das Problem der Gesellschaft und ihrer Krise noch keineswegs gelöst war, daß das Verhältnis von Staat und Gesellschaft neu zu diskutieren war und daß insbesondere die — erfolgreiche — nationalstaatliche Integration durch eine noch zu leistende sozialstaatliche Integration zu befestigen sei. Hier liegt die eigentliche Antriebskraft für den 1872/73 von Schmoller gemeinsam mit Lujo Brentano, Adolph Wagner,

---

[28] Dazu Jürgen Reulecke, Soziale Konflikte und bürgerliche Sozialreform in der Frühindustrialisierung; Rüdiger vom Bruch, Streiks und Konfliktregelung im Urteil bürgerlicher Sozialreformer 1872–1914, beide in: Klaus Tenfelde, Heinrich Volkmann, Hg., Streik. Zur Geschichte des Arbeitskampfes in Deutschland während der Industrialisierung, München 1981, S. 237–252, 252–270.
[29] Heinrich v. Treitschke, Die Gesellschaftswissenschaft. Ein kritischer Versuch, Leipzig 1859, Neudruck hg. von Erich Rothacker, Halle 1927, S. 81, 73.
[30] Manfred Riedel, Bürgerliche Gesellschaft, in: Geschichtliche Grundbegriffe, hg. von Otto Brunner, Werner Conze, Reinhart Koselleck, Bd. 2, Stuttgart 1975, S. 796, vgl. auch S. 795f. zur öffentlichen Kontroverse zwischen Schmoller und Treitschke 1874/75. Zur breiteren Einordnung dieser Diskussionen vgl. Volker Hentschel, Die Staatswissenschaften an den deutschen Universitäten im 18. und frühen 19. Jahrhundert, in: Berichte zur Wissenschaftsgeschichte, Bd. 1, 1978, S. 181ff., ders., Zwecksetzungen und Zielvorstellungen in den Wirtschafts- und Soziallehren des 18. und 19. Jahrhunderts, ebd., Bd. 5, 1982, S. 107–130.
[31] Gustav Schmoller, Eröffnungsrede, in: Verhandlungen der Eisenacher Versammlung zur Besprechung der sozialen Frage am 6. und 7. Oktober 1872, Leipzig 1873, wieder in Hans Fenske, Hg., Im Bismarckschen Reich, Darmstadt 1978, S. 90.

Gustav Schönberg und anderen gegründeten Verein für Sozialpolitik. Überblickt man die herausragende Bedeutung sozialpolitischer Themen vornehmlich in den ersten beiden Jahrzehnten der Staatswissenschaftlichen Gesellschaft, so ist anzunehmen, daß entsprechende Anstöße auf diese in erheblichem Maße einwirkten, zumal personell zahlreiche Überschneidungen mit dem Verein bestanden.

Mit der Reichsgründung stellte sich das Problem einer gleichsam „inneren" Reichsgründung über den Komplex Sozialpolitik/Sozialreform hinaus in einem weiteren Bezugsrahmen. Neben einer Fülle unterschiedlichster Aufgaben und Probleme in den unterschiedlichsten Bereichen galt es, vorwiegend rechts-, handels- und verkehrspolitisch, aber auch bildungs- und kulturpolitisch eine der neuen Großmacht angemessene, auf Vereinheitlichung hindrängende Binnenstruktur zu schaffen. Entsprechende legislative und administrative Maßnahmen und Initiativen setzten indes genaue Kenntnisse voraus. Wie der Sozialstatistiker Gustav Rümelin einmal feststellte, ist der Staat die ordnende Gewalt, und wer zu ordnen habe, müsse das kennen, was geordnet werden soll.[32] Es kann daher nicht verwundern, wenn die (Sozial-)Statistik als akademische Disziplin wie im Verwaltungsgefüge im neuen Reich einen dramatischen Aufschwung erfuhr, wenn eine unauflösbare Abhängigkeit der Statistik vom Staat betont und zugleich in Konkurrenz zur Nationalökonomie, wie sie Schmoller repräsentierte, ein vergleichbar monopolistischer Anspruch als umfassende und eigentliche Gesellschaftswissenschaft erhoben wurde.[33] Leitete Schmoller solchen Anspruch ideell aus den das gesamte staatliche und soziale Leben abdeckenden Gegenstandsbereichen seiner Disziplin ab, so begründeten die Sozialstatistiker ihre Position vorwiegend methodologisch.[34] Tatsächlich ergänzten sich beide Bereiche, insofern neben die exakt quantifizierenden, methodisch außerordentlich verfeinerten Bestandsaufnahmen sozialer und wirtschaftlicher Gegebenheiten die vorwiegend qualitativen Gutachten und Enquêten traten, wie sie, vielfach mit erklärter politischer Zielsetzung, von Nationalökonomen erstellt wurden. Erst um die Jahrhundertwende vermochte sich, wesentlich unter dem Einfluß von Ferdinand Tönnies und Max Weber, das Enquêtewesen im Sinne strenger Objektivität und methodischer Zuverlässigkeit zu verselbständigen.[35]

---

[32] Vgl. vom Bruch, Streik, S. 260. Diese Auffassung teilten insbesondere die führenden konservativen Sozialstatistiker Ernst Engel, Gustav Rümelin, Adolph Wagner und Georg v. Mayr.

[33] Dazu Ulla G. Schäfer, Historische Nationalökonomie und Sozialstatistik als Gesellschaftswissenschaften, Köln, Wien 1971.

[34] Neben den genannten Sozialstatistikern vgl. Gottlieb Schnapper-Arndt, Sozialstatistik (Vorlesungen über Bevölkerungslehre, Wirtschafts- und Moralstatistik). Ein Lesebuch für Gebildete, Leipzig 1912. Zur Entwicklung der Statistik im 19. Jahrhundert s. Wilhelm Lexis in HdStW ³ Bd. 7, 1911.

[35] Für Einzelnachweise s. Irmela Gorges, Sozialforschung in Deutschland 1872 bis 1914. Gesellschaftliche Einflüsse auf Themen- und Methodenwahl des Vereins für Socialpolitik, Königstein/Ts. 1980.

Folgerichtig schlugen sich diese Entwicklungen der — neben der Rechtswissenschaft — beiden neuen maßgeblichen staatswissenschaftlichen Bereiche in den Vorträgen der Staatswissenschaftlichen Gesellschaft nieder, die statistischen Fragen einen breiten Raum gewährten und zum anderen vielfach Themen erörterten, bei denen durch Enquêten und Gutachten Material bereitgestellt, gelegentlich auch Weichen für anzustrebende Fort- und Umgestaltungen gestellt worden waren. Es konnte nicht ausbleiben, daß über wissenschaftliche Belehrung und Meinungsaustausch hinaus den Vorträgen angesichts der Mitgliederzusammensetzung und des jeweiligen Selbstverständnisses im Kaiserreich ein hochpolitischer Charakter zukam. Er erklärte sich nicht allein aus der Präsenz führender Beamter, sondern auch aus dem Charakter der Staatswissenschaften selbst. Was Schmoller 1911 einmal für den von ihm über Jahrzehnte hinweg geleiteten Verein für Sozialpolitik als zentrales Anliegen bezeichnete, das galt in kleinerem Maßstab sicher auch für die von ihm mitgeprägte Staatswissenschaftliche Gesellschaft: „Wir wollen nur durch unsere Diskussion gleichsam mit der Fackel der Erkenntnis denen voranleuchten, die als Staatsmänner und Beamte, als Partei- und Klassenführer, als Beherrscher der öffentlichen Meinung direkt Politik machen wollen."[36]

Solche Fackeln der Erkenntnis leuchteten durchweg in den Sitzungen der Gesellschaft, in denen der Satzung entsprechend durchweg staatswissenschaftlich Gebildete Vorträge auf hohem Niveau hielten, gebildet durch akademisches Studium und tätige Berufserfahrung, die — neben den Professoren — durch ständige ergänzende Beschäftigung mit staats*wissenschaftlichen* Fragestellungen in Lektüre und Gespräch Anschluß an die wissenschaftlichen Diskussionen hielten. Fachblätter wie Schmollers Jahrbuch, wie die Zeitschrift für die gesamte Staatswissenschaft oder die Jahrbücher für Nationalökonomie und Statistik wurden ebenso wie politische Zeitschriften mit wissenschaftlichem Anspruch — etwa Hans Delbrücks Preußische Jahrbücher oder Die Grenzboten — vorwiegend in der hohen Staats- und Verwaltungsbürokratie abonniert[37] und förderten neben persönlichem Austausch, wie ihn die Staatswissenschaftliche Gesellschaft und ähnliche Vereinigungen boten, eine ständige Verbindung zu wissenschaftlichen Grundsatzfragen über die jeweiligen Spezialgebiete hinaus.

---

[36] Eröffnungsrede zur Nürnberger Tagung 1911, in: Schriften des Vereins für Socialpolitik, Bd. 138, 1912, S. 4.
[37] Neben den wiederholten Bezeugungen Schmollers für sein Jahrbuch s. aus der Literatur Otto-Ernst Krawehl, Die „Jahrbücher für Nationalökonomie und Statistik" unter den Herausgebern Bruno Hildebrand und Johannes Conrad (1863–1915), München 1977, Eberhard Naujoks, Die Grenzboten, in: Heinz-Dietrich Fischer, Hg., Deutsche Zeitschriften des 17. bis 20. Jahrhunderts, Pullach 1973, S. 155–166, für die Preußischen Jahrbücher aufgrund der Abonnentenlisten im Delbrück-Nachlaß vom Bruch, Wissenschaft, S. 427f.

Zu Beginn des Jahrhunderts hatte 1817 Friedrich List in einem Gutachten für die Errichtung einer staatswissenschaftlichen/staatswirtschaftlichen Fakultät der Universität Tübingen geschrieben: „Enzyklopädie der Staatsgelehrtheit sollte jeder Studirende hören, sogar der Mediziner und der Theologe, denn hier ist das Feld, wo alle Meisterschaften zusammentreffen, und es kann dem Staate doch nicht gleichgiltig sein, ob eine so zahlreiche Klasse von Gelehrten, die auch zum Teil dazu bestimmt sind, in hohen Staatsdiensten, z.B. Konsistorien, Medizinalkollegien oder in der Ständeversammlung zu wirken, den Staat als ein wissenschaftlich geordnetes Gebäude oder für einen Komplex von willkürlichen Anordnungen betrachtet."[38] Diese Forderung wird nicht in Tübingen und weniger noch an anderen Orten in vollem Maße eingelöst worden sein; sie bezeichnet indes einen Anspruch, der auf einen im 19. Jahrhundert zwar sich wandelnden, im Kern jedoch fortbestehenden Bildungsbegriff verweist — neben der zentralen Betonung der Staatswissenschaften — und weitere Verständnisebenen für die Statutenformulierung „staatswissenschaftlich Gebildete" erschließt.

Eine „Verselbständigung des Bildungsbegriffs"[39] bewirkten innerhalb der deutschen ‚Kulturnation' im ausgehenden 18. Jahrhundert wesentlich Herder, Goethe und Humboldt. Seit den 1790er Jahren sprach man zunehmend von „gebildeten Ständen", zu denen Regenten, Adelige, Gesandte, Offiziere, Gelehrte und Künstler gerechnet wurden. Fichtes „Reden an die deutsche Nation" von 1808 richteten sich an deren „gebildeten Teil", die „gebildeten Stände Deutschlands". Als selbständiger Begriff fand „Gebildete" allgemeine Verbreitung, allerdings verengte er sich im Laufe des 19. Jahrhunderts erheblich „unter dem Einfluß des institutionalisierten Bildungswesens und staatlicher Laufbahnvorschriften".[40] Mit der fortschreitenden verbreiterten Diskussion über Bildung wurde allgemeiner die „soziale, statusgebundene Relevanz von Bildung bewußt, aber auch die soziale Kluft zwischen Gebildeten und Ungebildeten".[41] Noch in den 1860er Jahren stellte sich die „Arbeiterfrage" für Schmoller vorwiegend als Bildungsfrage, wie denn auch sein weiteres Eintreten für eine stufenweise Heranführung der unteren sozialen Schichten an politische Mitverantwortung mit einem Erziehungsanspruch gekoppelt war, der vorwiegend

---

[38] Gutachten in: Lists gesammelte Schriften, hg. von Ludwig Häusser, 1850, T. 2, hier zitiert nach: Der staatswissenschaftliche Unterricht, in: Die Grenzboten, Jg. 56, Bd. 3, 1897, S. 231. Der Artikel unterstützte Anregungen des preußischen Kultusministers Robert Bosse (bis März 1892 Mitglied der Staatswiss. Gesellschaft) zur Errichtung von rechts- und staatswissenschaftlichen Fakultäten.
[39] Rudolf Vierhaus, Bildung, in: Geschichtliche Grundbegriffe, Bd. 1, Stuttgart 1972, S. 515, dort auch S. 525–551 zum folgenden. Vgl. auch W. H. Bruford, The German Tradition of Self-Cultivation: ‚Bildung' from Humboldt to Thomas Mann, Cambridge U. P. 1975, David Sorkin, Wilhelm von Humboldt: The Theory and Practics of Self-Formation (Bildung), 1791–1810, in: Journal of the History of Ideas, Bd. 44, 1983, S. 55–73.
[40] Vierhaus S. 526.
[41] Vierhaus S. 532.

auf Bildungsaneignung abzielte.⁴² Um die Mitte des 19. Jahrhunderts hatten sich bei namhaften Autoren Scheidungen in Gebildete und Ungebildete nach Besitzkriterien⁴³ oder gar in eine generelle Gliederung der „Staatsgesellschaft" in einen „Stand der Studierten (Gelehrte und Beamte) und einen Stand der Nichtstudierten (Bürger und Bauern)"⁴⁴ vertieft. In den spezifisch deutschen Bildungsbegriff ist „im späten 18. und frühen 19. Jahrhundert viel vom deutschen Selbstverständnis, von dem sozialen und politischen Credo der deutschen Gebildeten eingegangen und in ihm erhalten geblieben"; verbunden mit der „Vorstellung von Bildung als Besitz geistiger Güter (L. v. Stein)" wurde diese Bildungsauffassung um die Jahrhundertmitte vorherrschend und ließ „den Unterschied zwischen Gebildeten und Ungebildeten in Analogie zum Unterschied zwischen Besitzenden und Nichtbesitzenden sehen. Für die gesellschaftliche Praxis sind nicht so sehr die Inhalte und Ziele der Bildung wichtig, als vielmehr die Zugehörigkeit oder Nichtzugehörigkeit zu den ‚Gebildeten': zu den Leuten, die ‚höhere' Schul- und akademische Bildung genossen haben."⁴⁵

Zutreffend wird so jenes spezifische „sozialmoralische Milieu" (M. R. Lepsius) der „Gebildeten" umrissen, das nicht zuletzt eine beträchtliche organisationsstiftende Kraft für gebildete Kreise entfaltete. Im Falle der Staatswissenschaftlichen Gesellschaft spielten allerdings „Inhalte und Ziele der Bildung" eine ausschlaggebende Rolle. Dem Gymnasium war im wesentlichen die Vermittlung formaler Bildung in den klassisch-philologischen, literarischen und historischen Bereichen vorbehalten⁴⁶; die Universität verband wissenschaftliche Vorbildung mit berufsbezogener Ausbildung in Zusammenspiel mit den verschiedenen Vorbereitungsdiensten (Referendariat etc.). Inhaltliche Berührungen der „Gebildeten" traten somit zunehmend zurück und wurden durch ein gemein-‚akademisches' Selbstverständnis sowie fortwirkende Sozialisationsformen ersetzt. Umso größere Bedeutung kam damit akademischen „Leitdisziplinen" zu, denen eine vorrangige gesellschaftlich-politische Relevanz zugemessen wurde und die über das Fachstudium hinaus auf weitere Kreise der

---

⁴² Dazu vom Bruch, Wissenschaft, S. 345f., ders., Bürgerliche Sozialreform und Gewerkschaften im späten deutschen Kaiserreich. Die Gesellschaft für Soziale Reform 1901 bis 1914, in: Internationale Wissenschaftliche Korrespondenz zur Geschichte der deutschen Arbeiterbewegung, Jg. 15, 1979, bes. S. 583f.
⁴³ Joh. Gottfried Hoffmann (1844) nach Vierhaus S. 544. Unter die Gruppe der „arbeitenden Gebildeten" werden gefaßt Gelehrte, Künstler, größere Landwirte, größere Unternehmer und Händler, höhere Beamte, aber auch große Teile des Adels.
⁴⁴ Carl Welcker, Artikel Staat, in: Rotteck/Welcker, Staatslexikon, Bd. 15 (1843), S. 131f.
⁴⁵ Vierhaus S. 547.
⁴⁶ Eingehend Karl-Ernst Jeismann, Das preußische Gymnasium in Staat und Gesellschaft. Die Entstehung des Gymnasiums als Schule des Staates und der Gebildeten, 1787 bis 1817, Stuttgart 1974. Auf spätere Umstrukturierungen und Differenzierungen ist hier nicht einzugehen, vgl. dazu Fritz K. Ringer, Education and Society in Modern Europe, Bloomington, London 1979, S. 70–112.

Studierenden und damit auf jeweils vorherrschende Deutungsmuster der „politischen Kultur" ausstrahlten. Mit unvermeidlich plakativer Vergröberung[47] wird man als solche im ersten Drittel des 19. Jahrhunderts die Philosophie zu nennen haben im Hinblick auf den wesentlich durch Idealismus und Neuhumanismus konstituierten „Kulturstaat", ferner Jurisprudenz und Staatswissenschaften im Hinblick auf die Durchsetzung des bürgerlichen Rechtsstaats. Nach der Jahrhundertmitte trat bis zur Reichsgründung die Geschichtswissenschaft beherrschend in den Vordergrund im Zuge der nationalstaatlichen Bewegung. Nach der Reichsgründung übernahm zunehmend die Nationalökonomie die Funktion einer sinnstiftenden Leitdisziplin; in den 1890er Jahren pries Friedrich Naumann sie als „Hauptwissenschaft unseres Zeitalters", gab Adolph Wagner die Losung aus: „Was früher die Einheitsfrage war, ist heute die soziale Frage."[48] Nationalökonomische Kollegs fanden Zulauf aus allen Fachrichtungen, ihre Fragestellungen und Ergebnisse strahlten umgekehrt in den theologischen, juristischen und historischen Lehrbetrieb aus, an fast allen Hochschulen bildeten sich sozialwissenschaftliche (Studenten-)Vereinigungen.[49]

Rückwirkungen von diesem gegen Jahrhundertwende breit anschwellenden, aber bereits seit zwei Jahrzehnten sich ankündigenden Prozeß auf Gründung und Werdegang der Staatswissenschaftlichen Gesellschaft können unterstellt werden, insofern eine inhaltliche Füllung eines allgemeingültigen Bildungsbegriffs in einem Teilbereich mit vorrangigen wirtschaftlichen, sozialen und ordnungspolitischen Zeitfragen zusammenfiel. Staatswissenschaftliche Bildung meinte somit über ein fachlich begrenztes Funktions- und ein formales Bildungswissen hinaus eine abgrenzbare und in sich eng verbundene Personengruppe, der Staat und Gesellschaft nicht zuletzt „ein wissenschaftlich geordnetes Gebäude" (List) bedeutete, dessen Praxisrelevanz unbestritten war. Schwangen in Lists für alle Studierenden geforderten „Enzyklopädie der Staatsgelehrtheit" noch Elemente mit, die in kameralistische Pragmatik zurückreichten, so scheint zugleich ein inhaltlich fixierter Begriff von staatswissenschaftlicher Bildung auf, der „Staatsgelehrtheit" nun vorwiegend sozialwissenschaftlich füllte. Die Attraktivität der Nationalökonomie für Studierende aller Fakultäten nach 1890, die Lists Vorstellung zu entsprechen schien, erwies sich als vorübergehende Modeerscheinung. Dies galt indes nicht für die höhere Staats- und Verwaltungsbeamtenschaft, die ja das Hauptkontingent der Gesellschaft stellte.

---

[47] Das folgende Schema entspricht recht genau dem Muster, das bereits Friedrich Meinecke, Drei Generationen deutscher Gelehrtenpolitik (1922), wieder in: ders., Staat und Persönlichkeit, Berlin 1933 vorgeführt hatte.
[48] vom Bruch, Wissenschaft, S. 157.
[49] Dazu eingehender vom Bruch, Sozialwissenschaft und Sozialreform, ders., Historiker und Nationalökonomen.

Hier läßt sich im Kaiserreich ein ungebrochenes Interesse an Fragestellungen, Methoden und Ergebnissen der akademischen Nationalökonomie beobachten, das im wesentlichen wohl durch zwei Komponenten angeregt wurde, die gleichermaßen in der Staatswissenschaftlichen Gesellschaft zutrafen. Einerseits erforderten die seit 1871 beschleunigt wachsenden Anforderungen an die Staats- und Verwaltungsbürokratie — administrativ oder in der Ausarbeitung von Gesetzesvorlagen — eine fachliche Kompetenz, wie sie durch Ausbildung und Schulung der höheren Verwaltungsbeamten in den der Hochindustrialisierung und Reichsgründung vorangehenden Jahrzehnten nicht bereitgestellt worden war. Zum anderen verstärkte sich eine gegenläufige Tendenz in der Ausbildung zugunsten der juristischen Anteile in Studium und Referendariat. Als ein wesentlich von Preußen beeinflußtes ‚Juristenprivileg' setzte sich diese Monopolisierung nach 1878 reichsweit durch und drängte das Gewicht der nichtjuristischen Fächer im Ausbildungskanon bedenklich in den Hintergrund. Mit einer umfangreichen Enquête über die „Vorbildung zum höheren Verwaltungsdienst in den deutschen Staaten, Österreich und Frankreich" machte der Verein für Sozialpolitik 1887 auf die hieraus erwachsenden Gefahren aufmerksam; mit einem Vortrag Bosses (4.6.1887) schloß die Staatswissenschaftliche Gesellschaft an diese Diskussion an, wie sie sich auch in der Folgezeit mehrfach mit der Problematik beschäftigte (Bartels 28.10.1889, v. Meier 26.10. 1896, Gierke 25.10.1897, Genzmer 30.5.1910). War vom Ministerium der verstärkte juristische Ausbildungsanteil mit Hinweis auf die zentrale Bedeutung des neuen Bürgerlichen Gesetzbuches begründet worden, so konnte die Notwendigkeit vertiefter sozial- und wirtschaftswissenschaftlicher Kenntnisse für Verwaltungsbeamte angesichts des Übergangs vom überwiegenden Agrar- zum überwiegenden Industriestaat, angesichts der sozialen Konflikte und neuartiger, Sachkenntnisse erfordernder Gesetzgebungstätigkeit (etwa im Sozialversicherungsrecht, Handels-, Börsen- und Kartellrecht) kaum mehr bestritten werden. Nach längeren Vorarbeiten seit 1896 legte die preußische Regierung 1902/03 einen Gesetzentwurf zur Vorbildungsfrage vor, der eine stärkere Berücksichtigung der Staatswissenschaften vorsah — während der parlamentarischen Beratungen wurde der Ausdruck bezeichnenderweise durch Nationalökonomie ersetzt —, der aber ebenso scheiterte wie ein nachfolgender Entwurf 1907 und eine 1909 eingesetzte Königliche Immediatkommission.[50] Vor diesem Hintergrund ist die Errichtung von speziellen Beamtenfortbildungskursen zu sehen, wie sie mit der 1902 in Berlin unter dem Protektorat von Ministerpräsident und Kultusminister errichteten „Vereinigung für staatswissenschaftliche Fortbildung" institutionell verfestigt einsetzten und den Ruf nach einer Verwaltungsakademie laut werden ließen. Nach bescheidenen Anfängen fanden sich

---

[50] Zur öffentlichen Diskussion um die Vorbildung der höheren Verwaltungsbeamten in Preußen vom Bruch, Wissenschaft, S. 436ff.

seit 1906 jeweils um 350 Personen in den Kursen ein, mehrheitlich Verwaltungs- und Justizbeamte.[51] Unter den Dozenten überwogen Berliner Nationalökonomen, darunter die Gesellschaftsmitglieder Schmoller, Wagner, Herkner und Sering, ferner beteiligten sich weitere Mitglieder wie die Professoren Anschütz, Delbrück und Gierke oder die Verwaltungs- und Regierungsbeamten Freund aus dem Innen-, Schwarz aus dem Finanz-, v. d. Leyen aus dem Arbeitsministerium. Mit Blick auf die Gewichtung der Kurse stellte Gierke 1910 fest: „So wird die Volkswirtschaftslehre den Löwenanteil davontragen. Aber die Staatslehre wird nicht leer ausgehen."[52] Eine vergleichbare „Kölner Vereinigung für rechts- und staatswissenschaftliche Fortbildung" folgte 1906, seit 1903 wurde in Frankfurt am Main ein regelmäßiger „Fortbildungskurs für höhere Verwaltungsbeamte" durchgeführt. Es verdient Beachtung, daß bei den zahlenmäßig stärksten und in ihrem Gewicht herausragenden Berliner Kursen Mitglieder der Gesellschaft eine führende Rolle einnahmen, Gelehrte wie Praktiker. Der in den Statuten vorgesehene Meinungsaustausch fand so eine angemessene Entsprechung.

Bereits zuvor hatte es vergleichbare Ansätze gegeben, mit Schwerpunkt auf sozialpolitischen Fragen und nicht allein auf Beamte beschränkt. 1893 und 1895 hatte der Evangelisch-Soziale Kongreß, 1895 in Zusammenarbeit mit dem Verein für Sozialpolitik, in Berlin sozialpolitische Kurse organisiert, bei denen naturgemäß Theologen überwogen. Allerdings zeigte sich 1895 bei den von etwa 780 Teilnehmern besuchten Kursen ein Übergewicht vorwiegend jüngerer Staatsbeamter, denen die preußische Regierung entsprechenden Urlaub erteilte.[53] Damit konnten Schmoller und ihm nahestehende Sozialreformer über Einrichtungen wie den Verein für Sozialpolitik und die Staatswissenschaftliche Gesellschaft hinaus ihre staatswissenschaftlichen Auffassungen vertieft in die höhere preußische Verwaltungsbürokratie hineintragen. Ohne das konzeptionelle und personelle Spektrum[54] bürgerlicher Sozialreform im Kaiserreich unzulässig einzuebnen – vorwiegend repräsentiert wurde sie in gouvernemental-reformerischem Geist von Gelehrten im Umkreis Schmollers und Teilen der hohen Bürokratie; das enge Zusammenspiel beider Gruppen, wie es sich auch in der Gesellschaft dokumentierte, sicherte eine beträchtliche und vielfach unterschätzte, wenn auch in ihrem Aktionsspielraum begrenzte Leistungsfähigkeit insbesondere bildungsbürgerlich initiierter Sozialreform. Es reichte zurück bis zu den 1844 gegründeten, bis 1871 auf Preußen begrenzten Centralverein für das Wohl der arbeitenden Klassen, den neben anderen Mitgliedern Gelehrte und hö-

---

[51] Aufschlüsselung von Teilnehmern und Kursen ebd., S. 259.
[52] Ebd., S. 259, zu den einzelnen Kursen in Berlin, Köln, Frankfurt S. 258–262.
[53] Statistische Aufschlüsselung der vertretenen Berufe anhand der Unterlagen im Wiesbadener Teilnachlaß Gustav von Schmoller ebd. S. 264–269.
[54] Die Bandbreite reichte von linksliberal-sozialemanzipatorischen Ansätzen, wie sie u.a. Lujo Brentano vertrat, bis zu staatssozialistischen Auffassungen Adolph Wagners.

here Beamte prägten und fand eine wissenschaftliche Vertiefung und zugleich reichsweite Ausdehnung mit dem 1872/73 sich konstituierenden Verein für Sozialpolitik. Weitere Etappen auf diesem Weg werden durch den 1890 von Adolph Wagner mitbegründeten Evangelisch-Sozialen Kongreß und die 1901 ins Leben gerufene Gesellschaft für soziale Reform markiert.[55] Mit zunehmender Erweiterung der Trägergruppen — bis hin zu Angestellten- und Arbeiterorganisationen — gelang es, in gleichsam wachsenden Ringen um jenen ‚harten Kern' von Gelehrten und Beamten breite soziale Schichten einzubeziehen; an der entscheidend von Schmoller geprägten Grundkonzeption wurde bis zum Ende des Kaiserreichs in diesen Institutionen festgehalten. Mit einigem Recht, wenn auch überspitzt und allzu emphatisch, konnte Schmoller 1912 an den Münchener Kampfgenossen und Kontrahenten Lujo Brentano schreiben, die Publikationen des Vereins für Sozialpolitik „sind Grundlage aller Bücher und Zeitschriftenartikel, aller Vorlesungen; sie erfüllen den geistigen Horizont aller einflußreichen Staats- und Kommunalbeamten, der meisten Journalisten und Abgeordneten. Der Verein für Sozialpolitik beherrscht geistig heute die Leute, die regieren. Und das ist das Wesentliche."[56]

Ausgangspunkt von Schmollers sozialreformerischer Tätigkeit war seine Weigerung, sich in die bestehenden sozialen Konfliktformationen eingliedern zu lassen, seine Überzeugung, daß der Wissenschaft als moralisch-politische Leitinstanz in engster Verbindung mit der ebenso eingeschätzten wissenschaftlich gebildeten Bürokratie eine überparteiliche Ausgleichsfunktion zukomme und, daraus sich ergebend, sein Glaube an die Bedeutung der Einzelpersönlichkeit. 1910 schrieb er in einem Zeitungsartikel: „Staatswissenschaftliche Gelehrte lassen sich nicht unter Parteischablonen unterbringen. Mir passiert es stets, daß die Konservativen mich für radikal, die Sozialdemokraten für gouvernemental erklären; und ich bin ja auch antifeudal, glaube nicht an alle optimistischen Hoffnungen des Liberalismus und sehe in einer festen, starken, monarchischen Beamtenregierung über den Parteien und Klassen zur Zeit für Staaten wie Deutschland, Preußen, Österreich-Ungarn die erste Bedingung gesunder Entwicklung."[57]

In dieser Überzeugung berührte er sich völlig mit dem Historiker Hans Delbrück, dem unermüdlichen jahrzehntelangen Sekretär der Staatswissenschaftlichen Gesellschaft (1884–1919), der im Unterschied zu Schmoller vorwiegend durch Publizistik öffentlichen Einfluß ausübte. Wie auch Schmoller ließ er sich

---

[55] Vgl. Gorges, Sozialforschung, Ursula Ratz, Sozialreform und Arbeiterschaft. Die „Gesellschaft für Soziale Reform" und die sozialdemokratische Arbeiterbewegung von der Jahrhundertwende bis zum Ausbruch des Ersten Weltkrieges, Berlin 1980.
[56] Zitiert bei vom Bruch, Wissenschaft, S. 65.
[57] Gustav Schmoller, Die gegenwärtige innerpolitische Lage, in: Neue Freie Presse (Wien), 25.10.1910.

nicht politisch vereinnahmen und wies wiederholt ironisch auf widersprüchlichste Festlegungen seiner Person durch die Presse hin. In seiner Ende 1913 ausgelieferten programmatischen Broschüre „Regierung und Volkswille" bezeichnete Delbrück als bestimmendes Merkmal des deutschen politischen Systems einen „Dualismus, beruhend auf dem Zusammenwirken (...) einer organisierten politischen Intelligenz mit den breiten Schichten des Volkes, die im Reichstag vertreten sind."[58] Als „organisierte politische Intelligenz" begriff er die Beamtenschaft, die die Überlegenheit des deutschen Systems im internationalen Vergleich gewährleiste; ihre zentralen Bewährungsfelder seien die Chance zu langfristiger und einheitlicher Gestaltung der Außenpolitik sowie, „als moderne Probe auf dieses Beamtentum", die Sozialpolitik.[59] Neben der Staatsbürokratie stehe gleichrangig die Wissenschaft. „Unsere Regierung rühmt sich über den Parteien zu stehen. Auch die Wissenschaft steht über den Parteien (...), auch was die Wissenschaft sagt, ist besonders in Deutschland immer sehr beachtet worden und es möchte ratsam sein, daß man das auch fürderhin wohl in Obacht nehme."[60]

In ihrem Wissenschaftsverständnis, bezogen auf das öffentliche Leben, stimmten Schmoller und Delbrück überein. Dementsprechend wiesen sie jeden Versuch energisch zurück, wissenschaftliche und akademische Freiheit zu beschneiden, sei es seitens der Regierung, durch Kirchen, Wirtschaft oder Parteien, setzten aber zugleich auf enge Fühlungnahme mit der ihnen nahestehenden Ministerialbürokratie. Personen, nicht Strukturen bestimmten ihre Perspektiven und ihre reichen persönlichen Kontakte werden dazu nicht unerheblich beigetragen haben, die sich vorwiegend auf Spitzenbeamte richteten. Kurz vor seinem Tod ließ Schmoller seine Erfahrungen Revue passieren: „Mein Urteil über den preußischen Staat, seine Staatsminister, seine hohen Beamten und seine Parteiführer beruht auf einer über 50jährigen, den betreffenden Kreisen nahestehenden Erfahrung. Ich war 1864–72 Professor in Halle und zugleich Stadtverordneter, nahm damals am Parteileben regen Anteil. Nachdem ich 1872–82 das Elsaß und seine Verwaltung und damit einen großen Teil der dort amtierenden hohen preußischen Beamten und Offiziere kennengelernt hatte, kam ich 1882 nach Berlin. Ich ließ mich da nicht, wie Minister von Goßler es wünschte, zum Abgeordneten wählen; aber ich verfolgte doch aus nächster Nähe den Gang der öffentlichen Angelegenheiten, nahm 1884–90 an den damals wichtigen Staatsratssitzungen und dann an einer Reihe vorbereitender Verwaltungs- und Gesetzgebungskommissionen teil; so zum Beispiel an den Beratungen über die Börsenreform, an denen über die Reform der inneren Verwaltung. In der Börsenreform- und Kartell-Enquête gingen auch alle deutschen

---

[58] Hans Delbrück, Regierung und Volkswille, Berlin 1914, S. 177.
[59] Ebd., S. 181f.
[60] Ebd., S. V.

führenden Männer der Volkswirtschaft an meinen Blicken vorüber. Dabei lernte ich das gesamte hohe Beamtentum und viele der entscheidenden politischen Parteiführer, die in den betreffenden Kommissionen mit saßen, genauer kennen als im Parlament. Im Jahre 1897 wurde ich Vertreter der Berliner Universität im Herrenhaus und lernte da die Führer unserer agrarischen Aristokratie wie unserer haute finance, zahlreiche hohe Staats- und Provinzialbeamte und unsere sämtlichen preußischen Oberbürgermeister der großen Städte kennen. So hatte ich seit 50 Jahren Gelegenheit, unser hohes Beamtentum und die meisten unserer Parteiführer zu sehen, zu beobachten, zu beurteilen. Mit den hervorragendsten, wie zum Beispiel mit Miquel und Delbrück, mit dem Fürsten Bülow und den Ministern von Berlepsch und von Möller, mit Oberbürgermeister Becker kam ich in ein nahes persönliches Verhältnis, das mir erlaubte, oft auch hinter die Kulissen zu schauen (...). Mit den wichtigsten Ministerialdirektoren aus den verschiedenen Ressorts, mit Althoff, mit Thiel, mit Lohmann verband mich eine jahrelange Freundschaft."[61]

Ähnliche Erfahrungen bestimmten auch Delbrück. Als sich 1907 in Salzburg auf Anregung Lujo Brentanos ein deutscher Hochschullehrertag konstituierte zur Abwehr bürokratischer, konfessioneller, sozialer und wirtschaftlicher Beeinträchtigungen akademischer Freiheit, reagierte Delbrück öffentlich mit größter Schärfe: „Es ist eben ein Unterschied zwischen einem Gewerkverein von Maurern und einem Gewerkverein von Professoren (...). Sind unter den Professoren keine Männer mehr, vor deren Ansehen und Stimme ebensowohl hohe Regierungen, wie Parteien und öffentliche Meinung Respekt haben und zurückweichen, so helfen auch Organisationen nicht (...). Das Ansehen des deutschen Professors beruht nicht auf der Menge (...), sondern darauf, daß Stern an Stern sich in diesem Stande gereiht hat."[62] Solche gemeinsamen Überzeugungen mußten durch Vereinigungen wie die Staatswissenschaftliche Gesellschaft bestärkt werden, in der sich in der Tat „Stern an Stern" reihte.

Ergaben sich hieraus auch Begrenzungen der Einfluß- und Analysechancen? In einer öffentlichen Entgegnung auf Delbrücks Artikel glaubte der Nationalökonom und Kultursoziologe Alfred Weber die Haltung Schmollers und Delbrücks wesentlich als ein Generationenproblem identifizieren zu können: „Jene Generation (...) besitzt in dem wohl größten Teil ihrer geistigen Führer einen Glauben nicht, den wir haben; sie hat dagegen einen anderen Glauben, den wir nicht besitzen. Sie ist voll von Zweifeln gegenüber allem, was an die technischen Mittel der Demokratie, ihre Art der Initiative und Willensbildung appel-

---

[61] Gustav Schmoller, Obrigkeitsstaat und Volksstaat, ein mißverständlicher Gegensatz (Besprechung von Delbrücks „Regierung und Volkswille" und Hugo Preuß, Das deutsche Volk und die Politik), in: Schmollers Jahrbuch, N.F., Jg. 40, Bd. 4, 1916, S. 433.
[62] Hans Delbrück, Eine Professorengewerkschaft, in: Preußische Jahrbücher, Bd. 129, 1907, S. 136.

liert (...). Sie glaubt dagegen inbrünstig an die Mission der starken Einzelperson (...) und ist im Grunde ihrer Seele also Autorität."[63] Einige Jahre später hielt der Soziologe Robert Michels, dem aus politischen Gründen eine akademische Karriere in Deutschland verwehrt wurde, Schmoller grundsätzlich entgegen: „Indes, nicht persönliche Anschauungen, sondern Klasseninteressen und Klassenbedürfnisse entscheiden in letzter Linie über die Stellungnahme großer Erwerbsgruppen zu den Fragen der Zeit."[64]

Schmollers und Delbrücks Hochachtung vor der gebildeten Einzelpersönlichkeit im Rahmen des nachdrücklich verteidigten konstitutionell-bürokratischen Regierungssystems dürfte in der Staatswissenschaftlichen Gesellschaft im Kaiserreich durchweg geteilt worden sein. In einer sorgfältig abwägenden Würdigung Schmollers rühmte sein Nachfolger auf dem Berliner Lehrstuhl und im Vorsitz des Vereins für Sozialpolitik, Heinrich Herkner (seit 1909 Mitglied der Gesellschaft) „seine wunderbare Begabung (...), die Welt mit den Augen aller Parteien, aller sozialen Gruppen von oben und unten betrachten zu können."[65] Allerdings verhehlte er nicht, daß Schmollers Glaube an die überparteiliche Kraft einer gebildeten „organisierten politischen Intelligenz" eine Illusion gewesen sei: „Schmoller nahm an, daß in Deutschland, wenn auch nicht parlamentarisch, so doch konstitutionell regiert würde. Tatsächlich hat aber ein äußerst gefährliches Durcheinander von unverantwortlicher Autokratie und Parlamentarismus bestanden. In Preußen herrschte das Parlament bzw. dessen rechtsgerichtete Mehrheit (...). Gegen sie konnte nicht regiert werden. Tatsächlich konnte sich nur in leitenden Stellungen behaupten, wer der agrarisch-konservativen Richtung genehm war. (...) Unter diesen Umständen war das höhere Beamtentum, ganz abgesehen vom Offizierskorps und Hof, so stark von den Idealen der konservativen Partei durchdrungen, daß von einer Stellung über den Klassen und Parteien nur in sehr bedingter Weise gesprochen werden durfte."[66] Wenig später geißelte Gustav Radbruch jene Überzeugung einer auf Gerechtigkeit abzielenden, am Gemeinwohl orientierten Überparteilichkeit, als „Lebenslüge" des Obrigkeitsstaates.[67]

Wer das in der Tat labile Verfassungssystem insbesondere des späten Kaiserreichs und die interessengebundenen Positionen der Spitzenbürokratie im

---

[63] Alfred Weber, Zum deutschen Hochschullehrertag, in: Frankfurter Zeitung, Nr. 207, 28.7.1907, 1. Morgenblatt. Weber war Jahrgang 1868, Delbrück 1848, Schmoller 1838.
[64] Robert Michels, Gustav Schmoller in seinen Charakterbildern, in: Internationale Monatsschrift für Wissenschaft, Kunst und Technik, Jg. 8, 1914, Sp. 616.
[65] Heinrich Herkner, Gustav Schmoller als Soziologe, in: Jahrbücher für Nationalökonomie und Statistik, Bd. 118, 1922, S. 3.
[66] Ebd., S. 7.
[67] Gustav Radbruch, Die politischen Parteien im System des deutschen Verfassungsrechts, in: Handbuch des Deutschen Staatsrechts, Bd. 1, S. 289.

Lichte der jüngeren Forschung mustert[68], wird an dieser Kritik nicht vorübergehen können. Nicht berührt wird von ihr das hohe geistige Niveau einer Vereinigung wie der Staatswissenschaftlichen Gesellschaft als wesentliches Fundament für jene Überzeugung, nicht genügend berücksichtigt wird der nicht unbeträchtliche Anteil der in ihr versammelten Gelehrten, Regierungs- und Verwaltungsbeamten an der Ausformung eines modernen, leistungsfähigen Verwaltungs-, Rechts- und Sozialstaats, auch wenn man nicht so weit gehen wird wie Emil Daniels, demzufolge Schmollers Hinwirken auf soziale Reformen und staatsbürgerliche Gleichberechtigung der Arbeiter die „Entstehung gemäßigter, revisionistischer, mehrheits-sozialistischer Gesinnungen unter dem Proletariat ermöglicht", den „Mehrheitssozialismus den Scharfmachern so zu sagen aus dem Rachen gerissen" und damit am 9.11.1918 die Vermeidung der Anarchie und die Existenz einer regierungsfähigen Partei vorbereitet habe.[69] Mit Recht stellte der Historiker Friedrich Meinecke, der der Gesellschaft seit 1915 angehörte, 1922 fest: „Wer heute Schmollersche Illusionen kritisiert, kritisiert die Illusionen eines ganzen Geschlechts, und wenn er diesem angehört hat, in der Regel auch seine eigenen."[70]

2. Gebildete Vereinskultur und Gründung der Staatswissenschaftlichen Gesellschaft im Berlin des Kaiserreichs

Im ersten Kapitel wurde versucht, den staatswissenschaftlichen Charakter der Gesellschaft in einem breit entfalteten zeitgenössischen Tableau genauer zu bestimmen. Bevor ihre Gründung und frühe Entwicklung selbst ins Blickfeld rücken, empfiehlt sich eine knappe Einordnung in zeittypische bildungsbürgerliche Organisationsformen, denen sich die Gesellschaft offensichtlich zuordnen läßt. In engster Verknüpfung mit der Ausformung eines autonomen, an bestimmte soziale Gruppen gebundenen Bildungsbegriffs, worauf bereits hingewiesen wurde, entwickelte sich als deutsche Sonderform ein eigenstän-

---
[68] Dazu zuletzt Wolfgang J. Mommsen, Die Verfassung des Deutschen Reiches von 1871 als dilatorischer Herrschaftskompromiß, in: Innenpolitische Probleme des Bismarck-Reiches, hg. von Otto Pflanze, München, Wien 1983, S. 195–216.
[69] Emil Daniels, Besprechung von Gustav Schmoller, Die soziale Frage, in: Preußische Jahrbücher, Bd. 176, 1919, S. 140.
[70] Meinecke, Drei Generationen, S. 152.

diges Bildungsbürgertum als „ständische Sozialform eigener Art"[71]. Als entscheidendes Abgrenzungskriterium erwies sich ein patentiertes Bildungswissen, das durch die einzelstaatlich kontrollierten Institutionen höherer Bildung vermittelt wurde und in einem Universitätsstudium gipfelte. Etwas überspitzt, aber nicht ohne Berechtigung ließe sich sagen, daß in Deutschland nicht „der Bürger", sondern „der Akademiker" den Adel als soziokulturelle Leitinstanz ablöste. Die eigentümliche Zwitterstellung der deutschen Universitäten im 19. Jahrhundert[72] spiegelte Selbstverständnis und politisch-soziales Gewicht des Bildungsbürgertums, befand sie sich doch in zunehmender Abhängigkeit vom Staat als finanziellem Träger, Aufsichtsbehörde sowie in der Steuerung des akademischen Arbeitsmarktes, während sie zum anderen korporative Selbstverwaltungs- und Selbstergänzungsrechte zu wahren und auszuweiten vermochte und sich selbst als „öffentliches Gewissen in Absicht auf gut und böse in der Politik"[73], als „oberster Gerichtshof der Nation in Sachen des Geistes"[74] verstand. „Akademisches" Selbstverständnis, Wertorientierung und Sozialstatus erfuhren Befestigung und Vertiefung nicht zuletzt durch ein eng geknüpftes Sozialisationsmilieu der „Gebildeten", das, nach Elternhaus und Gymnasium, von den studentischen Verbindungen vorgeformt wurde[75] und sich in einer reichen bildungsbürgerlichen Vereinskultur entfaltete[76]. Als „Vermittlungsinstanzen zwischen Staat und Gesellschaft" kam bürgerlichen Vereinen im 19. Jahrhundert eine herausragende und vielfältig zu

---

[71] So M. Rainer Lepsius im Anschluß an Max Weber in einem unveröffentlichten Projektaufriß „Bildungsbürgertum". – Interessanterweise fand diese Variante eines deutschen „Sonderwegs" vornehmlich in den USA eingehendes Interesse, vgl. etwa Lenore O'Boyle, Klassische Bildung und soziale Struktur in Deutschland zwischen 1800 und 1848, in: Historische Zeitschrift, Bd. 207, 1968, S. 584–608, R. Steven Turner, The Bildungsbürgertum and the Learned Professions in Prussia, 1770–1830: The Origins of a Class, in: Histoire sociale. Social history, Bd. 13, 1980, S. 105–135, Fritz K. Ringer, Die Gelehrten. Der Niedergang der deutschen Mandarine 1890–1933, Stuttgart 1983, ferner Rudolf Vierhaus, Umrisse einer Sozialgeschichte der Gebildeten in Deutschland, in: Quellen und Forschungen aus italienischen Archiven, Bd. 60, 1980, S. 395–417.

[72] Dazu Charles McClelland, State, Society, and University in Germany 1700–1914, Cambridge 1980.

[73] So Friedrich Paulsen, Die deutschen Universitäten und das Universitätsstudium, Berlin 1902, S. 331.

[74] Wilhelm Kahl, Geschichtliche und Grundsätzliches aus der Gedankenwelt über Universitätsreformen (Berliner Rektoratsrede), Berlin 1909, S. 18, im Anschluß an entsprechende Äußerungen Ignaz v. Döllngers 1866. – Kahl gehörte der Staatswissenschaftl. Gesellschaft seit 1897 an.

[75] Ausführlich jetzt Konrad H. Jarausch, Students, Society, and Politics in Imperial Germany, Princeton U.P. 1982.

[76] Zur genaueren Einordnung s. in Kürze Otto Dann, Hg., Vereinswesen und bürgerliche Gesellschaft. Beiheft der Hist. Zeitschrift München 1983, darin besonders den Beitrag von Klaus Tenfelde, Die Entfaltung des Vereinswesens während der industriellen Revolution in Deutschland (1850–1873).

bestimmende Funktion zu[77]. Eine genauere Aufschlüsselung bildungsbürgerlicher Teilhabe an patriotischen und Gesinnungsvereinen in den preußischen Westprovinzen zwischen 1860 und 1914 belegt neben teilweise beträchtlichen regionalen Besonderheiten insgesamt eine Tendenz zur exklusiven Verfestigung[78], womit offenbar auf der Kommunikationsebene den unübersehbaren Ausfransungen und Zerklüftungen „ständischer Vergesellschaftung" in der industriellen Massengesellschaft entgegengewirkt werden sollte.

In zahlreichen Universitätsstädten bestanden Kreise und gesellige Zirkel, deren Bezeichnung den thematischen Schwerpunkt oder auch nur den Tag der regelmäßigen Zusammenkunft erkennen ließen, deren durchweg hohes Niveau in Gelehrten-Memoiren vielfältig bezeugt wird und die eine ungebrochene Tradition bildungsbürgerlicher Gesellung in das 20. Jahrhundert zu überführen vermochten. „Das ganze war ein Ausdruck der hohen geselligen Kultur der Zeit, die sich in diesen Kreisen, Zirkeln und Gesellschaften eine eigene Form des geistig-gesellschaftlichen Lebens geschaffen hatte."[79] Insbesondere im deutschen Südwesten, mit Schwerpunkt in Heidelberg, blühte eine geistiggesellige Vereinskultur auf, die um 1900 durch Max Weber zusätzlich befruchtet wurde und als „Mythos von Heidelberg"[80] fortlebte. Im zweiten Drittel des 19. Jahrhunderts ragten der von Wilhelm Wundt mitbegründete historischphilosophische Verein und ein von Helmholtz geleiteter naturwissenschaftlichmedizinischer Verein heraus[81]; nach der Jahrhundertwende bestanden neben dem zahlenmäßig größten Weberschen Kreis u.a. ein religionswissenschaftlicher Gesprächskreis „Eranos", der naturwissenschaftlich-philosophische „Janus", die „soziologischen Diskussionsabende" und ein kunsthistorischer Montagnachmittag-Kreis.[82] Translokationen solcher Kreise im Gefolge von Berufungen waren nicht selten; so nahm der Heidelberger „Eranos" eine ältere Marburger Tradition auf[83], knüpfte die Berliner Mittwochs-Gesellschaft offenbar an eine kurzlebige Göttinger Freitags-Gesellschaft an[84], lehnte sich die Staatswissenschaftliche Gesellschaft an eine entsprechende Straßburger Vereini-

---

[77] Vgl. die anregenden Distinktionen bei Thomas Nipperdey, Verein als soziale Struktur im späten 18. und frühen 19. Jahrhundert, in: H. Boockmann u.a., Hg., Geschichtswissenschaft und Vereinswesen im 19. Jahrhundert, Göttingen 1972, S. 1–44.
[78] Hansjoachim Henning, Das westdeutsche Bürgertum in der Epoche der Hochindustrialisierung 1869–1914. Soziales Verhalten und soziale Strukturen, T. 1: Das Bildungsbürgertum in den preußischen Westprovinzen, Wiesbaden 1972, S. 277–280, 295–297, 307–313, 334–338, 352–361, 440–445, 456–465, 464–469.
[79] Klaus Scholder, Hg., Die Mittwochsgesellschaft. Protokolle aus dem geistigen Deutschland 1932–1944, Berlin 1982, Einleitung S. 12.
[80] Dirk Käsler, Einführung in das Studium Max Webers, München 1979, S. 220.
[81] Wilhelm Wundt, Erlebtes und Erkanntes, Stuttgart 1920, S. 235f.
[82] Käsler S. 220.
[83] Adolf Deißmann, Selbstbiographie, in: Die Religionswissenschaft der Gegenwart in Selbstdarstellungen, Bd. 1, Leipzig 1925, S. 63f.
[84] Scholder S. 12.

gung an. Nicht in dem schöngeistigen Milieu der Berliner Romantik[85] wurzelte die bedeutende, bis zum 26.7.1944 bestehende Mittwochs-Gesellschaft, vielmehr waren es wissenschaftliche Gelehrsamkeit und Belehrung, die 1863 zwölf bedeutende Gelehrte aus den verschiedensten Disziplinen, zwei hohe Regierungsbeamte und einen Oberkonsistorialrat im Hause des Kultusministers Moriz August von Bethmann Hollweg in der preußischen Hauptstadt zusammenführten[86]. Drei „glückliche Umstände" hoben diese Vereinigung von vergleichbaren Gründungen ab und gewährleisteten ein über 80jähriges Bestehen: „Die freie wissenschaftliche Unterhaltung mit Ausschluß der Tagespolitik im engeren Sinn", „die Möglichkeit, ‚Männer der verschiedensten Richtungen und Weltanschauungen' in diesem Kreise zu vereinen" und schließlich die Tatsache, „daß Berlin in der zweiten Hälfte des 19. und der ersten des 20. Jahrhunderts für eine Gesellschaft dieser Art unvergleichliche Auswahlmöglichkeiten bot"[87]. Bemerkenswert war die Mitwirkung hoher Regierungsbeamter, wenn auch die Gelehrten überwogen, die an der zu Weltruf aufgestiegenen Universität wirkten und mit der hochangesehenen Berliner Akademie der Wissenschaften und später mit der Kaiser-Wilhelm-Gesellschaft zur Förderung der Wissenschaften weitere reiche Betätigungsfelder fanden.

Nur eine zweite Gründung vermag sich mit der Mittwochs-Gesellschaft im geistigen Rang zu vergleichen, die bis heute bestehende Staatswissenschaftliche Gesellschaft. Galt auch für sie das Kriterium „unvergleichliche Auswahlmöglichkeiten", so unterschied sie sich in den beiden anderen Punkten in eigentümlicher Weise. Ihre Gründung genau zwei Jahrzehnte später in der nunmehrigen Reichshauptstadt lenkt den Blick auf Veränderungen des lokalen Umfelds, denn auch hier stand zwar „gebildeter" Gedankenaustausch im Mittelpunkt, waren Männer der verschiedensten Richtungen versammelt, trat die Tagespolitik insgesamt zurück, doch der Akzent hatte sich deutlich verlagert: als Schmoller 1883 nach seiner Berufung von Straßburg in das wissenschaftliche und politische Zentrum Deutschlands mit der Gründung der Staatswissenschaftlichen Gesellschaft an einen Straßburger Kreis anknüpfte, traf eine gelehrte Minderheit vorwiegend mit hohen Regierungs- und Verwaltungsbeamten zusammen, bestand die Chance, dringliche und zentrale Probleme der wirtschaftlichen, sozialen und rechtlichen Entwicklung von einem weiten und wis-

---

[85] Irrtümlich wird die Mittwochsgesellschaft in der Literatur gelegentlich mit einem früheren Berliner Kreis identifiziert, dem u.a. Chamisso und Eichendorff angehörten, so bei Richard Dietrich, Berlins Weg zur Industrie- und Handelsstadt, in: ders., Hg., Berlin. Neun Kapitel seiner Geschichte, Berlin 1960, S. 196. Auch mit dem hochpolitischen „Mittwoch-Abend" Hans Delbrücks im Ersten Weltkrieg hatte die Gesellschaft nichts zu tun.
[86] Zur Frühgeschichte der Mittwochs-Gesellschaft vgl. vom Bruch, Wissenschaft, S. 254ff., Scholder S. 11ff.
[87] Scholder S. 12f.

senschaftlich vertieften, zugleich durch praktische Erfahrungen und Bedürfnisse konkretisierten Gesichtswinkel aus in grundsätzlicher Weise zu diskutieren, wobei in dem als besonders dringlich erachteten Komplex staatlich geförderter Sozialreform ungeachtet einzelner Differenzen ein Fundamentalkonsens vermutet werden darf, wie er angesichts fehlender Protokolle aus der personellen Zusammensetzung zu schließen ist. Die Unterschiede in den Gründungen von 1863 und 1883 deuten nicht zuletzt auf die veränderte Stellung Berlins in diesen beiden Jahrzehnten hin.

Zwischen 1863 und 1883 verdoppelte sich die Einwohnerzahl Berlins[88], bildete sich zudem ein Kranz rasch wachsender bürgerlicher und Industrievorstädte rund um die Stadt insbesondere seit 1871, verdoppelte sich durch Binnenwachstum und Eingemeindungsschübe, die nach 1885/90 auch weiter entfernt liegende Vororte einbezogen, nach 1883 bis zum Kriegsausbruch die Einwohnerzahl abermals bei zugleich starker Veränderung des Stadtbildes und des Sozialprofils[89] eines Gemeinwesens, dessen Gewerbe sich zur Großindustrie ausdehnte, das mit der Reichsgründung zum führenden deutschen Bankenzentrum aufstieg, das höfische Residenzstadt blieb, aber zunehmend als Stadt des Bürgertums und der Arbeiterschaft geformt wurde[90]. Gegenüber den „historischen" Hauptstädten Paris und London mutete die junge Reichskapitale indes als „improvisierte Hauptstadt" an[91]; noch 1871 hatte der Berliner Magistrat festgestellt, daß „in keinem Stadium der preußischen Geschichte menschliche Voraussicht die kühne Forderung hätte erheben können, die preußische Hauptstadt müsse sich darauf vorbereiten, einmal die Reichshauptstadt zu werden"[92]. Innerhalb weniger Jahrzehnte entwickelte sich Berlin zu einem führenden deutschen Industriezentrum, zum unbestrittenen Zentrum der deutschen Presse, zum politischen Zentrum und zum geistigen Zentrum des neuen Reiches. Gegen den Widerstand von Kaiser und Bürokratie initiierte der Verein Berliner Kaufleute und Industrieller 1896 die Berliner Gewerbeausstellung, „die praktisch eine deutsche Industriemesse war, eine imponierende Leistungsschau der deutschen und Berliner Industrie"[93] und mit der nach dem Urteil des langjährigen Mitgliedes der Staatswissenschaftlichen Gesellschaft Eduard Spranger „Berlin zur Weltstadt" wurde[94].

---

[88] Nach den Einwohnerzahlenangaben bei Dietrich S. 170.
[89] Vgl. dazu Annemarie Lange, Berlin zur Zeit Bebels und Bismarcks. Zwischen Reichsgründung und Jahrhundertwende, Berlin (O) 1980, S. 72ff., zur Berufsstatistik S. 85ff.
[90] Vgl. Dietrich S. 186ff.
[91] Pierre-Paul Sagave, Berlin – Paris 1871. Reichshauptstadt und Hauptstadt der Welt, Frankfurt, Berlin, Wien 1971, S. 27.
[92] Zitiert nach Dietrich S. 192.
[93] Ebd. S. 192.
[94] Eduard Spranger, Eine Berliner Generation (1946), wieder in: ders., Berliner Geist, Tübingen 1966, S. 11.

Gleichzeitig erfolgte seit den 80er Jahren mit den Konzernen Ullstein, Mosse und Scherl in Berlin der Durchbruch zur Massenpresse[95], daneben etablierten sich hier auflagenstarke Familienzeitschriften und gewann Berlin fast schlagartig nach der Reichsgründung eine führende Position im Bereich meinungsbildender politischer Zeitschriften, die vornehmlich im gebildeten Bürgertum und in der hohen Bürokratie lebhafte Beachtung fanden[96]. Ein enger Zusammenhang mit dem Aufstieg Berlins zur politischen Metropole des Reiches war unverkennbar; dieser dokumentierte sich neben dem Reichstag vornehmlich in den rasch anwachsenden preußischen und Reichsämtern mit Regierungs- und Verwaltungsfunktionen. Die Ämter- und Personalangaben in den verschiedenen Auflagen des „Handbuchs für das Deutsche Reich"[97] spiegeln diese Entwicklung eindrucksvoll wider.

Auf das geistige Leben Berlins wirkte dieser jähe Aufschwung befruchtend zurück. Wenn künstlerische Unruhe und Vielfalt als ein Indikator geistigen Ranges gelten kann, dann dürfte Berlin auch hier eine führende Rolle beanspruchen, vollzogen sich hier doch heftigste Kämpfe zwischen Traditionalismus und anbrechender „Moderne" seit den 1880er Jahren in Literatur und bildenden Künsten, die sich nicht zuletzt in Zeitschriftengründungen und im Ausstellungsbetrieb niederschlagen. Eine vergleichbare Bedeutung kam allein München zu, das mit Berlin die Brennpunkte einer Ellipse auf den Gebieten künstlerischer Produktion und Repräsentation bezeichnete. Kunst und Wissenschaft formen gemeinsam das geistige Leben. Bestimmend für das geistige Leben Berlins war seine Universität, neben der Akademie und abgehoben von dem gleichfalls aufblühenden technisch-gewerblichen Fachhochschulwesen ein unbestrittenes Zentrum, das bereits mit der Gründung 1809/10 als deutsche Nationaluniversität konzipiert war und über den frei- und staatsberuflichen Ausbildungsbezug anderer Landesuniversitäten hinauswies[98]. Teils ein ruhiger, eltär-selbstbewußter Gegenpol zu den umgebenden massengesellschaftlichen Entwicklungsprozessen, teils mit der politisch-sozialen Dynamik Berlins eng verflochten, vermochte sich die Friedrich-Wilhelms-Universität in der Zeit des Kaiserreichs in Frequenz, Personalausstattung und Prestige an die Spitze der deutschen Universitäten zu setzen und zu der nun vielbeschworenen „Welt-

---

[95] Zur Entwicklung der Berliner Presse vgl. die Überblicke bei Kurt Koszyk, Deutsche Presse im 19. Jahrhundert, Berlin 1966, Heinz-Dietrich Fischer, Handbuch der politischen Presse in Deutschland 1480–1980, Düsseldorf 1981 sowie Isolde Rieger, Die wilhelminische Presse im Überblick 1888–1918, München 1957.
[96] Dazu ausführlich Rüdiger vom Bruch, Kunst- und Kulturkritik in führenden bildungsbürgerlichen Zeitschriften des Kaiserreichs, in: Ekkehard Mai u.a., Hg., Kunst, Kultur und Politik im Deutschen Kaiserreich, Bd. 3, Berlin 1983.
[97] Bearb. im Reichsamt des Innern, letzte benutzte Ausgabe: Jg. 38, Berlin 1913.
[98] Als Überblick mit weiterf. Literaturhinweisen vgl. Rüdiger vom Bruch, Berlin, in: Laetitia Boehm, Rainer A. Müller, Hg., Hermes Handlexikon Universitäten und Hochschulen in Deutschland, Österreich und der Schweiz, Düsseldorf 1983, S. 49–68.

geltung deutscher Wissenschaft" entscheidend beizutragen[99]. Im Rückblick auf seine Studentenzeit erinnerte sich Eduard Spranger: „Als ich diese in Berlin 1900 bezog, stand sie in unbestrittener Blüte. Fast jeder Professor war eine geprägte Gelehrtenindividualität. Jeder Geisteswissenschaftler konnte auf mindestens ein vielbändiges Werk hinweisen, das von origineller Bewältigung eines großen Erbes zeugte. Fast jeder Naturforscher und Mediziner war durch irgendeine epochemachende Entdeckung berühmt geworden. Man fühlte sich sicher auf dem Throne des Wissens, trotz der heranschlagenden Brandung. Es fehlte auch nicht an Einsicht in die zentrale Problematik der Zeit. Vor allem Adolph Wagner und Schmoller rangen mit der sozialen Frage; die Studentenschaft ging mit. Sie betrachtete weithin die Nationalökonomie, die auch die Sozialwissenschaften einschloß, als allgemeines Bildungsfach, dem man sich freiwillig zuwandte."[100]

Hier klingt bereits der einschneidende Berührungspunkt zwischen Gelehrten und hohen Staatsbeamten an, der der Staatswissenschaftlichen Gesellschaft in ihrer Frühzeit den Stempel aufdrückte, in der räumlichen Nachbarschaft von Universität und zentralen Behörden eine einzigartige Voraussetzung fand, und durch das „Bündnis zwischen Staat und Geist" erheblich gefördert wurde, das „einen bezeichnenden Ausdruck dadurch erfuhr, daß den Würdenträgern des Geistes der Rang des Staates verliehen wurde. Der Berliner Geist trat in das Zeitalter der Geheimräte ein."[101] Auf die ambivalente Problematik wies 1910 bereits der junge, 1908 als Protegé des Kaisers gegen den Widerstand der Berliner Fakultät auf ein viertes Ordinariat für Staatswissenschaften (neben Schmoller, Sering, Wagner) berufene Ludwig Bernhard in einem Illustriertenartikel zur 100-Jahr-Feier der Berliner Universität hin: „Die Professoren und die Studenten der Universität Berlin empfinden gerade gegenwärtig den Bann und den Zauber der Weltstadt; denn wir erkennen das Herandrängen neuer Aufgaben, die so erfüllt werden müssen, daß die Universität ‚von dem Glanz der Weltstadt nicht verdunkelt, sondern vielmehr ins Licht gestellt werde'. (...) Jeder der Berlin kennt, wird in diesem feinen politischen Kontakt auch heute den besonderen Reiz der Berliner Universität erkenne. Es ist oft in den Hörsälen wie ein geheimnisvolles Schwirren, ein unausgesprochenes Einverständnis zwischen dem Professor und den Studenten, ein Verstehen – zwischen den Sätzen. Das ist Berlin! Denn die zentrale Bedeutung der Stadt läßt die Ereignisse des staatlichen Lebens unmittelbar empfinden und legt jedem nahe, die Kette der politischen Vorgänge ununterbrochen zu beobachten. (...) Noch

---

[99] Vgl. dazu vom Bruch, Wissenschaft, S. 92–112, Bernhard vom Brocke, Hochschul- und Wissenschaftspolitik in Preußen und im Deutschen Kaiserreich: Das „System Althoff" 1882–1907, in: Peter Baumgart, Hg., Bildungspolitik in Preußen zur Zeit des Kaiserreichs, Stuttgart 1980, S. 9–118.
[100] Spranger S. 14.
[101] Spranger, Das geistige Berlin (1950), in: Berliner Geist, S. 44.

andere Eigenheiten hat die Universität Berlin — und hier wird unser Thema etwas heikler: Wenn man am Eingang der Universität steht, erblickt man links das Königliche Schloß, rechts, einige Minuten entfernt, liegt das Kultusministerium, und im Verlauf von zehn Minuten kann man wohl alle Zentralbehörden der Staatsregierung erreichen. Die Gewalten des machtvollen preußischen Staats sind der Universität räumlich so nahe, daß schon in dieser Situation ein Problem verborgen ruht; (...) Nur darf man die unverleugbare Tatsache, daß die Universität in der Nähe der Macht liegt, nicht gar zu tragisch nehmen. Zwar kann man aus der Reihe der Berliner Professoren manchen nennen, der ein halber Hofman wurde, manchen, der ein halber Politiker geworden ist. Dieser ließ sich halb in Verwaltungsämter stecken, jener sich neben seiner gelehrten Arbeit mit staatspolitischen Aufgaben belasten. Man muß daher auch ohne weiteres zugeben, daß es an keiner Universität eine so lange Reihe halbierter Existenzen gibt. Aber — auch das ist Berlin und gehört zu den Reizen Berlins! (...) Es erhöht die Wirkung der Universität, wenn neben den Gelehrten vom reinsten Wasser andere stehen, die mit gewichtigen Vorgängen der Praxis und mit dem Leben des Staates immerfort in Berührung kommen, und die aus Erfahrungen, die nur wenigen in ähnlicher Weise zu Gebote stehen, reden können."[102]

Nachdem die in den 1870er Jahren noch auffällig hohe Beteiligung von Berliner Professoren am parlamentarischen Leben sich im Gefolge der konservativen Wende von 1878/79 drastisch verringerte[103] und auch der Verein für Sozialpolitik in den großen sozialpolitischen Gegenwartsfragen zur gleichen Zeit in den Hintergrund trat[104], bot die Staatswissenschaftliche Gesellschaft wie kaum eine andere Institution für politisch aufgeschlossene Mitglieder des Berliner Lehrkörpers die Möglichkeit, „mit gewichtigen Vorgängen der Praxis und mit dem Leben des Staates immerfort in Berührung (zu) kommen", gewährte sie zum anderen hochgebildeten leitenden Staats- und Regierungsbeamten einen Rahmen für eine vertraulich-unbefangene Erörterung politischer und administrativer Probleme wie auch von Fragen allgemeinerer Art, die über das Tagesgeschäft weit hinausführten.

---

[102] Ludwig Bernhard, Zum Jubiläum der Universität Berlin, in: Die Woche, 12 (1910) S. 1721–1726, Zitate S. 1721f., 1724.
[103] Es gehörten den deutschen Reichstagen Professoren an: 1874: 18, 1877: 14, 1878:17, 1881:14, 1884:8. Eine Fächeraufschlüsselung der in den Reichstagen 1871–1918 vertretenen Professoren ergibt eine recht genaue Widerspiegelung gelehrter Beteiligung in der Staatswissenschaftlichen Gesellschaft: Juristen 34,5 %, Staatswissenschaftler/Nationalökonomen 16,4 %, Historiker 10,9 %, weitere Disziplinen waren mit unter 10 % vertreten. Der im Verhältnis zur Gesellschaft höhere Anteil an Juristen im Reichstag spiegelt die intensive Gesetzgebungstätigkeit insbesondere in den 1870er Jahren wider. Für die freundliche Zurverfügungstellung der Zahlenangaben danke ich Herrn Bernhard vom Brocke/Marburg.
[104] Vgl. dazu Gorges, S. 117ff., 152ff., 188ff.

Am 25. Juni 1883, wie künftig an einem Montag, trafen sich erstmals auf Anregung Gustav Schmollers um 21.00 Uhr — ab 9.2.1885 auf 20.45 Uhr, später statutengemäß auf 20.30 Uhr vorverlegt — im Berliner Restaurant Handelshof 17 Persönlichkeiten des öffentlichen Lebens, um Schmollers Eröffnungsvortrag „Über die Handelskrisen und periodischen Schwankungen des deutschen Erwerbslebens im 18. Jahrhundert und ihren Zusammenhang mit der preußischen Zoll- und Handelspolitik" zu hören und zu diskutieren. Der Eigenart der jüngeren historischen Schule der Nationalökonomie gemäß wurde ein Thema im Umfeld historisch gesicherter Forschung gewählt, dessen innere Verknüpfung mit dem tiefgreifenden Konjunktureinbruch nach 1873 und dem zoll- und handelspolitischen Kurswechsel 1878/79 indes unübersehbar war. Neben dem Staatswissenschaftler Schmoller nahmen an der Sitzung teil der Geh. Oberregierungsrat Dr. Becker, Direktor des Kaiserlichen Statistischen Amtes, der Geh. Regierungsrat Blenck, Direktor des Königlichen Preußischen Statistischen Bureaus, der Prof. Dr. Böckh, Direktor des Statistischen Bureaus der Stadt Berlin, der Geh. Regierungsrat Bödiker, Präsident des Reichsversicherungsamtes, der Kaiserliche Direktor des Reichsamtes des Inneren Bosse, der Geh. Regierungsrat Dr. Eckardt, Vortragender Rat im Auswärtigen Amt, der Legationsrat und spätere preußische Gesandte Dr. Heyking, der Geh. Oberregierungsrat und Vortr. Rat im preußischen Arbeitsministerium Dr. v. d. Leyen, der Geh. Oberregierungsrat und Vortr. Rat im preußischen Handelsministerium sowie im Reichsamt des Innern, seit 1892 Unterstaatssekretär Lohmann, der Geh. Regierungsrat und spätere Chefpräsident der Oberrechnungskammer und Mitglied des Preußischen Staatsrates Magdeburg, der Geh. Regierungsrat Meitzen, Professor der Staatswissenschaften und Agrarhistoriker, der Geh. Regierungsrat Prof. Rößler, der Geh. Regierungsrat Dr. von Scheel, der Geh. Regierungsrat Schraut, Vortr. Rat im Reichsschatzamt, der Regierungsrat Prof. Dr. Stieda, Staatswissenschaftler, sowie der Geh. Oberregierungsrat Thiel, Ministerialdirektor der Domänenabteilung im Landwirtschaftsministerium und vormalige Professor an den Technischen Hochschulen Darmstadt und München. Verhindert waren der Wirkl. Geh. Oberregierungsrat Dr. Barkhausen, Ministerialdirektor im Kultusministerium, der Wirkl. Geh. Legationsrat von Bojanowski, Direktor des Auswärtigen Amtes, der Historiker Prof. Dr. Hans Delbrück, und der Geh. Oberfinanzrat Rüdorff.[105]

[105] Angaben nach einer Kladde, enthält handschriftlich Statuten, Mitgliederverzeichnis sowie geschäftlich-organisatorische Kurzaufzeichnungen der Sitzungen vom 25.6.1883 bis zum 24.6.1901, in: Teilnachlaß Hans Delbrück, Bundesarchiv Koblenz, Nr. 24. Gegenüber allen folgenden Sitzungsmitteilungen verzeichnet die Eintragung zur ersten Sitzung nur Anwesende; fehlende Mitglieder lassen sich aus einer von mir aufgrund der Sitzungsberichte angefertigten tabellarischen Übersicht (Anwesende, entschuldigt bzw. unentschuldigt Fehlende) entnehmen. Nach Wilhelm Stiedas Geschäftsbericht für das Jahr 1883/84 betrug die Mitgliederzahl zunächst 21. Hinweis auf das Versammlungslokal in einem Schreiben Hans Delbrücks an Exz. v. Beseler vom 4.12.1911, in: Hauptnachlaß Hans Delbrück, Deutsche Staatsbibliothek Berlin (O), Handschriftenabteilung, Briefkonzeptbuch Nr. 26.

Vor jenem in einem knappen Tableau entfalteten allgemeineren Hintergrund der Entwicklung Berlins nach der Reichsgründung, mit dem genannten Vortrag Schmollers und den aufgeführten Personen setzt die Geschichte der Staatswissenschaftlichen Gesellschaft zu Berlin ein.

3. Die Staatswissenschaftliche Gesellschaft 1883 – 1919

Schmollers Statutenentwurf, der sich offenbar an die Statuten der von ihm zuvor in Straßburg gegründeten staatswissenschaftlichen Gesellschaft anlehnte und von der Gründungsversammlung mit unwesentlichen Änderungen angenommen wurde, hat sich bewährt. Die seit Juni 1907 gedruckt vorliegenden Statutenfassungen erfuhren in den folgenden Jahrzehnten nur geringfügige Ergänzungen, die die Mitgliederzahl (Erhöhung auf 50 mit Beschluß vom 14.5. 1962 in § 7), Verfahrensweisen bei längerer Verhinderung bzw. Ortswechsel sowie die Aufnahme von korrespondierenden Mitgliedern betrafen (Beschlüsse vom 6.2.1961 und 1.12.1965 als § 7 a, b). Allerdings weist die erste Druckfassung einige interessante Änderungen gegenüber der handschriftlichen Fassung von 1883 auf, die Schlaglichter auf Charakter und Entwicklung der Gesellschaft in ihrer frühen Phase werfen[106]. Unverändert blieben § 1, 4–5

---

[106] Zentrale Quelle für die ersten vier Jahrzehnte der Gesellschaft sind die ausschließlich auf die Staatswissenschaftliche Gesellschaft bezogenen Faszikel Nr. 24, 25 im Koblenzer Delbrück-Nachlaß (vgl. Anm. 105). Nr. 24 enthält die Kladde mit handschriftlichen Sitzungsberichten bis 24.6.1901, Buchführung 1883 bis 1901/02, Statuten und (erstes) Mitgliederverzeichnis, ferner zahlreiche Exemplare der gedruckten Statuten- und Mitgliederverzeichnisse von Juni 1907, Januar 1913 und Januar 1920, handschriftlich bis April 1921 weitergeführt und mit zahlreichen handschriftlichen Korrekturen versehen, die die hohe Mitgliederfluktuation während des Krieges und in den ersten Nachkriegsjahren belegen. Nr. 25 enthält Korrespondenzen wegen Mitgliedschaften, Vorträgen, Druck der Statuten etc. aus dem Zeitraum 1919–1923, die offenbar von Delbrücks Nachfolger im Sekretariat, Geheimrat Zacher, an Delbrück weitergeleitet wurden. Aufzeichnungen über die Sitzungen zwischen dem 24.6.1901 und dem 2.1.1925 müssen als verschollen gelten. Zahlreiche weitere Korrespondenzen befinden sich für den gesamten Untersuchungszeitraum im Hauptnachlaß Delbrücks in Berlin, der die nach Absendern alphabetisch geordnete, ungewöhnlich umfangreiche Empfangskorrespondenz Delbrücks enthält sowie für den gleichen Zeitraum Delbrücks oft kaum mehr leserliche, chronologisch geordnete Briefkonzeptbücher, so daß – ein seltener Glücksfall – praktisch die gesamte Korrespondenz zur Verfügung steht, neben den gleichfalls zahlreichen Sachfaszikeln, für die ein Teil der Korrespondenz ausgesondert wurde. Allerdings ergaben Stichproben (nach einzelnen Personen bei den Empfängerbriefen, für 1900, 1907, 1911 und die ersten Kriegsmonate in den Briefkonzeptbüchern), daß Schreiben bezüglich der Staatswissenschaftlichen Gesellschaft fast durchweg geschäftlich-organisatorischen Inhalts sind und eine systematische Durchsicht aller Konzeptbücher sowie sämtlicher im Nachlaß enthaltener Briefe von Mitgliedern der Gesellschaft angesichts des ungeheuren Zeitaufwandes für den Zweck dieses Beitrags arbeitsökonomisch nicht vertretbar erscheint. Eine gezielte Erschließung des ungewöhnlich umfangreichen, 171 Kästen umfassenden Nachlasses erlaubt neuerdings: Der Nachlaß Hans Delbrück, bearbeitet von Horst Wolf, mit einem Vorwort von Dr. Hans Schleier, Deutsche Staatsbibliothek, Handschrifteninventare, hg. von Hans-Erich Teitge,

(= 5–6 der gedruckten Statuten) und 7–9 (= 8–10). § 2 sah zunächst ein Treffen alle vier Wochen an einem Montag um 9 Uhr abends vor, wenig später wurde der Beginn auf 8 3/4 und ab 11.10.1886 auf 8 1/2 Uhr vorverlegt mit gleichzeitiger Festlegung auf den letzten Montag im Monat. Erst in neuerer Zeit wurde der Beginn auf 18 Uhr festgesetzt. Der Montag blieb zur Gegenwart Sitzungstag, allerdings muß sich kurzfristig (?) in den frühen 1920er Jahren der Freitag eingebürgert haben[107]. Tagungsort war über lange Zeit hinweg das Restaurant Handelshof, bis wegen organistorischer Schwierigkeiten das Oberverwaltungsgericht einen seiner Säle für die Sitzungen zur Verfügung stellte[108]. Über die ursprünglich lockere Regelung der Vortragsfolge in § 3 hinaus erwies sich angesichts der starken Fluktuation und zahlreichen Neuaufnahmen im Winter 1884/85 eine genauere Festlegung als notwendig, ferner im November 1885 die Aufstellung eines Schemas und die Pflicht zur Bereitstellung eines Ersatzredners bei Verhinderung, nachdem die Sitzung vom 12.10.1885 mangels Vortrags ausfallen mußte; am 1.2.1886 kündigte Herr von Rüdorff seine Verhinderung für den 1. März an, vermochte trotz nachdrücklicher Hinweise auf den neuen Statutenzusatz keinen Ersatz zu benennen, worauf Herr Bartels kurzfristig einsprang. Eine Unterbrechung der monatlichen Sitzungen erfolgte im ersten Jahr nur im Ferienmonat August, 1884 im Juli und August; ab 1885 wurde in der Sitzung vom 23.6.1884 mit Rücksicht auf Ferien und dienstlich bedingte Abwesenheiten eine Sommerpause von Juli bis September vereinbart.

Die wohl wichtigste und lange übersehene Statutenänderung betrifft § 4 der Druckfassung, der ursprünglich nicht bestand und eine Verschiebung der Paragraphenfolge (alt: 4–9 = neu: 5–10) bewirkte. In der Sitzung vom 30.11. 1891 rügte Freiherr von Aufseß, daß zum Vortrag des geheimen Legationsra-

---

Bd. 4, Berlin (0) 1980. – Um den Anmerkungsapparat zu entlasten, wird nachfolgend auf Einzelnachweise aus den Nachlaßbeständen Nr. 24, 25 im Bundesarchiv durchweg verzichtet.
[107] Vgl. aus Nr. 25 ein handschriftliches Schreiben Heinrich Herkners an den Sekretär Dr. Zacher vom 4. April 1923:
„Hochgeehrter Herr Senatspräsident!
Unter verbindlichstem Danke für Ihre sehr geschätzten Mitteilungen vom 30.3. bitte ich mich als aus der Staatsw. Gesellschaft ausgeschieden zu betrachten. Da ich Freitags in der Regel durch den RWR [Reichswirtschaftsrat] stark in Anspruch genommen werde und Sonnabends des Vorm. 9–11 Vorlesungen zu halten habe, ist es mir unmöglich an Freitag Abends stattfindenden Sitzungen teilzunehmen. Ich benutze diese Gelegenheit um dem herzlichsten Danke Ausdruck zu geben für die reiche Fülle wertvollster Anregungen, die mir in früheren Jahren, als ich in der Lage die Sitzungen regelmäßig zu besuchen war, von seiten der Staatsw. Gesellschaft zu teil geworden sind. In ausgezeichneter Hochschätzung ganz ergebenst H. Herkner". – Die Statutenauflagen von 1920 schrieb noch den Montag vor.
[108] Mitteilung über den Wechsel zum Gericht ohne Zeitangabe im Vortrag v. d. Leyen vom 28.4.1933. In der Sitzung vom 29.10.1888 beantragte Freiherr von Aufseß einen Wechsel des Lokals und wurde beauftragt, ein passendes auszusuchen, doch ist dazu Weiteres nicht vermerkt. Mindestens bis 1911 (vgl. Anm. 105) tagte man im Handelshof.

tes von Lindenfels am 26.10.1891 über das deutsche Konsularwesen sowie zur anschließenden Diskussion ein Bericht in einer Zeitung erschienen sei, dessen Unzulässigkeit allgemein konstatiert wurde. Daraufhin drückte die Gesellschaft am 28.12.1891 auf Antrag des Direktors im Auswärtigen Amt von Bojanowski Herrn von Lindenfels ihr Bedauern über die Verletzung der Diskretion aus; die Provenienz des Artikels sei nicht feststellbar. In der Sitzung vom 25.1.1892 wurde ein Schreiben von Herrn von Lindenfels verlesen, dessen Inhalt nicht überliefert ist. Gleichzeitig ernannte die Gesellschaft eine aus den Herren von Hofmann, Boeckh und Delbrück bestehende Kommission zur Erarbeitung eines neuen Statutenparagraphen, deren Vorschlag am 29.2.1892 als neuer § 4 ohne Widerspruch Annahme fand. Eine weitere Verletzung der Diskretion, die allein die freimütige Erörterung und Diskussion politisch sensibler Themen und damit den — etwa gegenüber der Mittwochsgesellschaft — exponierten Charakter der Staatswissenschaftlichen Gesellschaft gewährleistete, scheint nicht mehr aufgetreten zu sein. Die erhaltenen Sitzungsberichte lassen keine entsprechenden Probleme erkennen, zum anderen deutet die weitere — und im Weltkrieg erheblich intensivierte — Aufnahme politisch umstrittener Fragen auf strikte Einhaltung der Diskretion hin. In einem Zeitalter zunehmender Publizität durch Massenmedien, die über den Stand von Gesetzesvorlagen etc. im frühen Stadium u.a. durch Berichte über Kommissionssitzungen eingehend informierten, war strikte Vertraulichkeit untrennbar mit der Existenz eines Gremiums verknüpft, das über gebildete staatswissenschaftliche Belehrung hinaus aufgrund seiner Zusammensetzung mit gut 50 % leitenden Regierungs- und Verwaltungsbeamten im bürokratisch-konstitutionellen Verfassungssystem des Kaiserreichs einzigartige Voraussetzungen für klärende Diskussionen mit evidenter politische Relevanz bot. Erst mit der eindeutigen Verlagerung politischer Entscheidungsprozesse in Parlamente und Parteien während der Weimarer Republik ergab sich eine neue Situation.

Der ursprüngliche § 6 sah Ergänzung durch einstimmig beschlossene Kooptation vor, ohne die Zahl der Mitglieder festzulegen, die zu Beginn 21, am Ende des ersten Sitzungsjahres 28 betrug. Bis zum 14. Mai 1962 gehörten der Gesellschaft satzungsgemäß normalerweise 36 Mitglieder an, allerdings nicht schon seit Beschluß vom 9.2.1885, wie die gedruckten Statuten in § 7 mitteilen, vielmehr wurde zu diesem Zeitpunkt eine Begrenzung auf 30 Mitglieder beschlossen, während die Zahl 36 erst Ende 1889 nach längeren Diskussionen vereinbart wurde. Anläßlich des Aufnahmeantrags des Oberregierungsrat Gleim und des (Wieder-)Aufnahmeantrags für den wieder nach Berlin übergesiedelten Bojanowski entspann sich eine längere Statutendebatte, da angesichts der bestehenden Zahl 29 die zulässige Grenze überschritten werde und ein früheres, wegen Wohnsitzverlegung ausgeschiedenes Mitglied nicht ohne weiteres wiederaufgenommen werden könne. So wurde entsprechend dem Beschluß dieser Sitzung am 26.3.1888 Gleim zum neuen Mitglied gewählt und von Bojanowski zum Wiedereintritt aufgefordert, ein Verfahren, das man auch künftig praktizierte. Am 25.11.1889 beantragte angesichts der Vielzahl von Neuaufnahmeanträgen Staatssekretär Bosse eine Erhöhung der Mitgliederzahl auf 36; der Antrag wurde am 30.12.1889 mit 11 zu 6 Stimmen angenommen, am 21.3. 1890 wurde im Anschluß daran einem Antrag Thiels folgend der künftig in den Statuten verankerte Aufnahmemodus festgelegt. Eine Überschreitung der Zahl 36 ergab sich nur noch durch Wiedereintrittsaufforderungen, so am 25.4.1889 an die ehemaligen Mitglieder Bitter und Adolph Wagner, der ohne äußerlich sichtbaren Grund als Gründungsmitglied bereits am 8.12.1884 wieder ausgetreten war und nach der neuerlichen Aussöhnung mit Schmoller und trotz einer unmittelbar vorangegangenen Kontroverse mit Delbrück seine selbstgewählte Isolation aufgab[109]. Trotz wiederholter Schwierigkeiten hielt man an der Zahl 36 fest. Am 30.11.1891 stand fünf Aufnahmevorschlägen nur eine offene Stelle gegenüber, die durch geheime Wahl besetzt wurde. Auch fernerhin konnte nur ein kleiner Teil der Namensvorschläge berücksichtigt werden, auch wenn an der Würdigkeit der übrigen kein Zweifel bestand. Nicht zuletzt diese Entwicklung unterstreicht den Rang der Gesellschaft.

Die durchschnittliche Anwesenheit bei den einzelnen Sitzungen war verhältnismäßig hoch und muß ebenso wie die Mitgliederfluktuation vor dem Hintergrund des beruflichen Spektrums gewürdigt werden. Das erste Jahr war nach den bis 1901 vorliegenden Informationen mit durchschnittlich 15 Personen bei 21 bis 28 Mitgliedern das relativ bestbesuchte, der höchste Stand wurde am 31.3.1884 bei Boeckhs Vortrag über Haley's Sterblichkeitstafel, der niedrigste am 17.9.1883 bei einem kriegsgeschichtlichen Vortrag Delbrücks erreicht. Doch auch künftig wohnte weit mehr als die Hälfte der Mitglieder den Sitzungen bei, denen – bei 30 bzw. 36, gelegentlich 38 Mitgliedern – im Durchschnitt 10 bis 12 Personen fern bleiben mußten. Kaum eine Sitzung versäumten in den ersten 18 Jahren von den Gründungsmitgliedern die Professoren Delbrück, Meitzen, Schmoller sowie die Beamten Lohmann, von Scheel, Thiel, von den später eingetretenen die Professoren Brunner, Gierke, Sering. Offenbar konnten die Hochschullehrer ihre Zeit leichter disponieren, zum anderen ist von Schmoller und besonders eindrucksvoll von Delbrück aus anderen Einrichtungen bekannt, daß sie ihre Teilnahmeverpflichtung bei einmal eingegan-

---

[109] Vgl. dazu Heinrich Rubner, Hg., Adolph Wagner. Briefe – Dokumente – Augenzeugenberichte 1856 – 1917, Berlin 1978, zur Wiederannäherung an Schmoller Brief vom 10.2.1895, S. 287, zur Kontroverse mit Delbrück im Rahmen des Lamprecht-Streits Brief an Delbrück vom 4.4.1898, S. 339–341. Möglicherweise hing Wagners Austritt Ende 1884, dem wiederholtes Fehlen in der Staatswissenschaftlichen Gesellschaft wegen seiner Wahlkampfaktivitäten vorausgegangen war, mit der Verärgerung über „die Ernennung meines Specialkollegen Schmoller zum Mitglied des Staatsraths unter ostentativer Umgehung von mir" zusammen, die Wagner „als einen förmlichen Schlag ins Gesicht" ansah, Brief an Adolf Stöcker vom 20.6.1884, S. 232.

genen Mitgliedschaften sehr hoch veranschlagten. Seitens der hohen Bürokratie fällt die ungewöhnlich stetige Präsenz des Unterstaatssekretärs Lohmann auf, da dieser Kreis die höchsten Schwankungen verzeichnet. Barkhausen aus dem Kultusministerium nahm von Ende 1884 bis zu seinem Austritt am 24.6.1889 nur an 8 Sitzungen teil; sehr häufig fehlten Bartels, von Bitter, Blenck, Bosse, Fischer, Gamp, Kügler, Roesicke, Rüdorff, Schraut, Weymann sowie der am 28.10.1889 austretende Philosoph Dilthey. In besonderem Maße ergaben sich Terminprobleme für politisch engagierte und sozialreformerisch tätige Unternehmer wie den Fabrikanten Heinrich Freese und den Generaldirektor der Berliner Schultheiß-Brauerei AG Richard Roesicke[110].

So sehr wiederholtes Fehlen zu bedauern war, bestand damit doch die Möglichkeit, die durchweg angespannte Finanzlage etwas zu entlasten, da der § 8 (neu § 9) Einzahlungen bei entschuldigten (1/2 Mark) und unentschuldigten (1 Mark) Fernbleibenden vorsah. Da die Versäumnisgelder die anfallenden Unkosten nicht zu decken vermochten, wurden zusätzlich Mitgliederbeiträge erhoben, die nach Vortrag des Rechnungsbeschluß durch Delbrück in der Sitzung vom 27.10.1890 auf seinen Vorschlag hin auf 1 Mark jährlich festgelegt und wegen fortgesetzter Defizite in der Sitzung vom 27.6.1892 auf 2,50 Mark erhöht wurde.[111]

---

[110] Zur Illustration sei ein Briefwechsel Delbrücks mit Roesicke vom Frühjahr 1900 mitgeteilt. Ende März schrieb Delbrück (Briefkonzeptbuch Nr. 2, Bl. 41): „Hochgeehrter Herr, wären Sie geneigt, den nächsten Vortrag in der Staatswissenschaftl. Gesellschaft zu übernehmen? Sie sind eigentlich schon länger an der Reihe, aber da ich Sie so lange in der Gesellschaft und überhaupt keine Gelegenheit hatte zu begrüßen, so habe ich auch diese Anfrage bisher zurückgehalten." Am 5. April antwortete Roesicke (Delbrück-Nachlaß Berlin, Korr. Roesicke, Bl. 23): „Sehr geehrter Herr Professor! Es thut mir außerordentlich leid, daß ich in letzter Zeit an den Sitzungen der Staatswissenschaftl. Gesellschaft nicht habe teilnehmen können; aber ich war hierzu wegen überaus großer Inanspruchnahme nicht nur durch meine Reichstagspflichten, sondern auch durch die mir neben diesen obliegenden zahlreichen Ehrenämter und bei dem Haufen der Arbeiten, welche meine sich immer mehr ausdehnenden geschäftlichen Unternehmungen mir auferlegen, beim besten Willen außerstande. Auch jetzt ist es mir unmöglich, einen Vortrag – wie Sie wünschen – zu übernehmen, da ich trotz der gegenwärtigen Reichstagsferien nicht glaube, im laufenden Moment alles das erledigen zu können, was ich mir für denselben vorgenommen habe. Ich muß Sie, sehr geehrter Herr Professor, deshalb schon bitten, mich mit Rücksicht hierauf gütigst nochmals zu dispensieren. Mit ausgezeichneter Hochachtung Richard Roesicke."
[111] Vgl. Brief Delbrücks an den nationalliberalen Parlamentarier Professor Paasche vom 28.6.1907 (Briefkonzeptbuch Nr. 17 Bl. 21): „Sehr geehrter Herr Kollege! Ich habe Ihren Wunsch, aus der Staatswissenschaftl. Gesellschaft auszuscheiden, in der letzten Sitzung vorgetragen und den Auftrag erhalten Sie zu fragen, ob Sie es wirklich nicht möglich machen können, den Sitzungen wenigstens von Zeit zu Zeit beizuwohnen, da die Gesellschaft auf Ihre Teilnahme Wert legt. Wenn Sie dabei bleiben, tatsächlich nicht kommen zu können, so ist freilich der Austritt nicht nur die natürliche, sondern auch die statuarische Konsequenz, denn jedes Fehlen wird ja mit Strafe belegt und die Summe Ihrer Versäumnis- und Beitragsgelder ist jetzt auf 39,50 angewachsen. Ihrer Anregung, Herkner für die Gesellschaft zuzugewinnen, werden wir auf jeden Fall Folge geben."

Die Buchhaltung 1883 bis 1901/02 ergibt folgendes Bild[112]:

Jahr	Ausgaben	Einnahmen	Bestand	
1883/84	81,95	82,50	—,55	(Ausstände 67 Mk)
1884/85	110,35	97,70	-12,65	(Ausstände 36,50 Mk)
1885/86	114,45	116,—	1,55	
1886/87	121,55	102,05	-19,50	
1887/88	129,80	132,50	2,70	
1888/89	103,30	100,15	-3,15	
1889/90	62,50	62,50	—,—	
1890/91	192,45	154,—	-38,45	(ausstehend 62,50)
1891/92	130,50	136,50	6,—	
1892/93	117,50	137,50	20,—	
1893/94	102,10	127,—	24,90	
1894/95	68,60	110,40	41,80	
1895/96	129,30	147,80	18,50	
1896/97	110,10	118,50	8,40	
1897/98	95,30	64,40	-30,90	
1898/99	141,75	147,—	5,25	
1899/1900	96,52	76,75	-20,77	
1900/01	91,40	148,—	56,60	
1901/02	64,80	123,60	58,80	

Buchhaltung wie Sitzungsberichte wurden von den Sekretären der Gesellschaft besorgt. In diesem Zusammenhang sei ein kurzer Blick auf die Ehrenämter geworfen. Im Juni oder Juli wurden jährlich die beiden Vorsitzenden und der Sekretär gewählt, wobei die Vorsitzenden im jährlichen Turnus wechselten und je halbjährlich die Sitzung leiteten. Die Wahl der ersten beiden Vorsitzenden 1883/84 trug programmatischen Charakter, fiel sie doch mit innerer Logik auf den spritus rector der Gesellschaft und staatswissenschaftlichen Gelehrten Gustav Schmoller und den Leiter des Kaiserlichen Statistischen Amtes Becker; Mitglieder- und Themenliste belegen das herausragende Gewicht statistischer Ämter und Fragestellungen, das der generellen Bedeutung der akademischen (Sozial-)Statistik und ihren staats- und kommunalbürokratischen Institutionalisierungen entsprach. 1877 hatte der Statistiker Georg von Mayr seine Wissenschaft als „die systematische Darlegung und Erörterung der tatsächlichen Vorgänge und der aus diesen sich ergebenden Gesetze gesellschaftlichen menschlichen Lebens auf Grundlage quantitativer Massenbeobachtung" definiert. Bis über die Jahrhundertwende hinaus rivalisierten die jüngere histo-

---

[112] Nach den Buchführungsangaben in der Kladde in Nr. 24. Für eine Spezifizierung der Einnahmen und Ausgaben vgl. die faksimilierten Rechnungsabschlüsse von Stieda bzw. Delbrück für die Geschäftsjahre 1883/84 und 1884/85 in diesem Band.

Bericht

über das Gesellschaftsjahr 1883/84 vom 25. Juni 1883 – 22. Juni 1884.

		M.	Pfg.
I. Die **Ausgaben** betragen		81	95
und zwar: 1. Herstellung der Drucksachen der Gesellschaft	16,25 M.		
2. Lokalmiethe	32,00 .		
3. Schreiber	19,80 .		
4. Porto	13,90 .		
II. Die **Einnahmen** betragen		82	50
und zwar: 18 Jahresbeiträge à 3 M.	54,00 M.		
Einnahme für versäumte Sitzungen	28,50 .		
Überschuss		0 M.	55 Pfg.
Es stehen aus: 8 Jahresbeiträge à 3 M.	24,00 M.		
" " für versäumte Sitzungen	43,00 .	67.	00 .
Zusammen		67 M.	55 Pfg.

Bericht des Schriftführers Dr. Stieda über das erste Gesellschaftsjahr 1883/84

Die Gesellschaft hat sich im verflossenen Jahre 12 mal versammelt und ebenso viele Vorträge angehört, die von 11 Mitgliedern gehalten wurden; denn eines derselben hatte 2 Vorträge übernommen. Die Vorträge wurden in nachstehender Reihenfolge gehalten:

1. 25. Juni Herr Schmoller, „über die Handelskrisen und die periodischen Schwankungen des deutschen Gewerbefleißes im 18. Jahrhundert und ihren Zusammenhang mit der preußischen Zoll- und Handelspolitik".

2. 23. Juli Herr Schraut, „über Tarifvereinbarungen und Meistbegünstigungsrecht in den Handelsverträgen".

3. 17. September Herr Delbrück, „über die Rückwirkung der Kriegsverfassung auf die Wirtschaftsverhältnisse der Völker".

4. 25. Oktober Herr Stieda, „über das Arbeitsbuch in Frankreich".

5. 12. November Herr Thiel, „über Hagelversicherung im Anschluß an die betreffenden Verhandlungen des deutschen Landwirtschaftsraths".

6. 10. Dezember Herr Meitzen, „über die Frage des Kanalbaus in Preußen".

14

7. 7. Januar 1884 Herr Becker, über die "Abnahme der Heirathsfrequenz im Deutschen Reich während der letzten 10 Jahre".

8. 4. Februar 1884 Herr Boediker, "über die Unfallgesetzgebung der europäischen Staaten".

9. 3. März 1884 Herr Boediker, "wie oben".

10. 31. " 1884 Herr Böckh über das Thema, "Neue Stimmen über Holley's Sterblichkeitstafel".

11. 28. April 1884 Herr v. d. Leyen, "über die Nord-Pazifik-Eisenbahn".

12. 26. Mai 1884 Herr Sombart, über das Thema "Der Zucker und seine Besteuerung".

Die Zahl der anwesenden Mitglieder betrug bei jeder Sitzung durchschnittlich 15, die best besuchteste war die vom 31. März 1884 mit 18 Mitgliedern, die am geringsten frequentirte die vom 17. September 1883 mit 12 Mitgliedern. Die Zahl aller Mitglieder ist von 21 auf 28 gestiegen.

Vorgelesen in d. Sitzung v. 23 Juni

(s?)

W. Stieda
d. Z. Schriftführer.

rische Schule der Nationalökonomie und die Sozialstatistik um den Rang als jeweils verbindliche Gesellschaftswissenschaft[113]. Unbestritten war bei Vertretern beider Richtungen eine unauflösbare Verbindung von methodologisch zunehmend verfeinerter und aussagekräftigerer Statistik und staatlicher Regulierungstätigkeit. Als „wahrheitsgetreues Bild von den jeweiligen Zuständen" galt die „sachliche Tabelle" als unentbehrliche Grundlage für die Zwecke reformerischer Gesetzgebung, zumal sie in sich politischer Manipulation entzogen sei, wie im Kreis der beamteten Statistiker und Staatswissenschaftler zumeist gemeint wurde. In einer der zahlreichen Festschriften zu Schmollers 70. Geburtstag rühmte 1908 Gustav Seibt: „Wo die Gegensätze in der Politik aufeinander stoßen, verlangt man nach der unparteiischen Kritik, die wenigstens soweit Frieden wirkt, als es sich um die Anerkennung der Tatsachen handelt"[114].

Das Sekretariat übernahm ein Mitarbeiter Beckers, der junge Regierungsrat Wilhelm Stieda, der diese Aufgabe allerdings bereits nach einem Jahr aufgeben mußte, da er nach zweijähriger Tätigkeit im Statistischen Reichsamt dem Ruf auf eine staatswissenschaftliche Professur in Greifswald folgte[115]. Seine Nachfolge übernahm seit 15.9.1884 aufgrund der Wahl vom 23.6.1884, immer wieder bestätigt und unermüdlich in Präsenz, in Vortragsverpflichtung und im Einspringen bei Notfällen, bis 1919 ununterbrochen der bei Übernahme des Amtes 36jährige vormalige Prinzenerzieher im Hause des späteren Kaisers Friedrich III. (1874–79), freikonservativer Parlamentarier im preußischen Abgeordnetenhaus (1882–85) und im Reichstag (1884–90) und Historiker Hans Delbrück, der seit 1881 als Privatdozent, seit Januar 1885 als Professor in Berlin bis zu seiner Entpflichtung 1926 wirkte, zunächst als Extraordinarius, seit 1896 als Nachfolger Treitschkes auf dem Lehrstuhl für Geschichte. Gleichermaßen als Wissenschaftler und politischer Publizist bedeutend spürte Delbrück insbesondere dem spannungsreichen Beziehungsgeflecht zwischen Wehr- und Staatsverfassung bis in die Antike zurück nach[116].

War so durch die Person des Sekretärs eine erstaunliche Kontinuität in der Geschäftsführung gewährleistet, die in der Folgezeit zunächst nicht mehr aufrechterhalten werden konnte und an die erst wieder seit 30.6.1933 Otto de la Chevallerie anknüpfte, so wies die personelle Zusammensetzung der Gesellschaft eine beträchtliche Fluktuation auf, die die hohe Mobilität der zumeist beamteten Mitglieder durch häufigen Ortswechsel, die starke dienstliche und berufliche Inanspruchnahme, aber auch ein vielfach alters- und krankheitsbe-

---

[113] Vgl. Schäfer, Historische Nationalökonomie und Sozialstatistik; Gorges, Sozialforschung.
[114] Vgl. dazu vom Bruch, Streiks und Konfliktregelung, S. 260.
[115] Zu Stiedas Werdegang s. W. E. Biermann, Wilhelm Stieda, Ansprache am 29. April 1922 (zum 70. Geburtstag), Greifswald 1922.
[116] Literatur über Delbrück bei vom Bruch, Wissenschaft, S. 15, ferner Hans Schleiers Vorwort im 1980 publizierten Verzeichnis der Berliner Nachlaßbestände, S. V–XV.

dingtes Ausscheiden ebenso widerspiegeln, wie die zahlreichen und nur teilweise realisierten Neuaufnahmevorschläge die Anziehungskraft und Ergänzungswünsche der Gesellschaft beleuchten. Die nachfolgenden Hinweise auf Personalveränderungen 1883—1901 vermögen diese Entwicklung plastisch zu illustrieren.

7.1.1884: Der Industrielle Sombart wird neues Mitglied; 4.2.1884: Professor Dilthey und Geheimrat von Bitter werden als Mitglieder vorgeschlagen; 15.9.1884: Magdeburg und Stieda scheiden wegen Versetzung aus; 8.12.1884: Wagner tritt aus; 12.1.1885: Aufnahme von Kügler, Bartels, Freiherr von und zu Aufseß; 9.2.1885: von Waedtke aufgenommen; 4.1.1886: Rheinbaben aufgenommen; 23.4.1887: Gamp aufgenommen; 24.10.87: Staatsminister a. D. von Hofmann aufgenommen; 24.6.89: Austritt Barkhausens; 28.10.1889: Austritt von Kügler und Dilthey; 25.11.89: Aufnahme Nobbe, Ernsthausen, Lindenfels (gleichzeitige Teilnehmerzahlerhöhung auf 36 beantragt); 30.12.89: Ausscheiden von Rheinbaben (Mitgliederzahl 36 beschlossen); 24.2.90: Wilhelmi aufgenommen; 28.4.90: Sering aufgenommen; 2.6.1890: Koenigs aufgenommen; 27.10.1890: Gäbel und Roesicke aufgenommen; 25.5.91: Wiederaufnahme von Rheinbaben; 30.11.91: angemeldet sind: Oberregierungsrat Landmann, MdB, Dr. Klein, Geh. Regierungsrat Wöllhausen, Hofprediger Faber, Prof. Dr. Post, bei nur einem freien Platz. Mit der Höchstzahl 7 von 22 abgegebenen Zetteln wird Faber kooptiert; 28.3.1892: Austritt des nach Oldenburg übergewechselten Gründungsvorsitzenden Becker und des zum Staatsminister ernannten Bosse; 24.4.1892: Ehrung für den verstorbenen von Bojanowski; 30.5.92: Austritt Ernsthausen, Gäbel; 28.11.92: Aufnahme von Post, Landmann, Professor Brunner, Professor Lenz und dem Abgeordneten Dr. Hammacher in der Reihenfolge der abgegebenen Stimmen bei insgesamt 8 Vorschlägen; 25.6.94: Austritt Faber; 26.11.94: Aufnahme von Meier: 17.12.94: Austritt Ulrich wegen Versetzung als Präsident an die Eisenbahndirektion Kassel; 29.4.1895: Ausscheiden des ins Münchner Kultusministerium übergewechselten Landmann und Aufnahme des Geheimen Finanzrates Mueller; 1.7.1895: Ausscheiden von Aufseß; 25.11.1895: Aufnahme von Professor Kahl und Kapitän zur See Borckenhagen; 3.2.1896: Austritt von Präsident Schulz; 4.4.1896: Aufnahme des Senatspräsidents am Oberverwaltungsgericht Fuisting; 26.10.1896: Ehrung der verstorbenen Mitglieder Koenigs und Rößler; 30.11.1896: Aufnahme des Vortragenden Geheimen Oberbergrats Fürst und des Fabrikbesitzers Freese, der wie auch der Sozialpolitiker Post von Delbrück bereits mehrfach vorgeschlagen worden war; 1.3.1897: Austritt von Bartels; 26.4.1897: Wiederaufnahme des Direktors im Reichsversicherungsamte Gäbel; 18.6.1897: Ausscheiden des zum Generalkonsul in London ernannten Lindenfels; 27.12.1897: Aufnahme des Staatsarchiv-Generaldirektors Koser und des Geh. Oberregierungsrats im Landwirtschaftsministerium Hermes, Austritt von Gleim; 31.1.1898: Ehrung für den verstorbenen Sombart, Koser lehnt

Die Staatswissenschaftliche Gesellschaft 49

schriftlich den Eintritt in die Gesellschaft ab; 25.4.1898: Aufnahme des Parlamentariers und Geh. Regierungsrats Professor Paasche und des Geh. Regierungsrats und Staatskommisarius an der Börse Hemptenmacher. Die ehemaligen Mitglieder Wagner und Bitter werden wegen der bereits erreichten Mitgliederzahl 36 einstimmig als ehemalige Mitglieder zum Wiedereintritt aufgefordert; 31.10.1898: Austritt von Borckenhagen wegen Übernahme eines Schiffskommandos; 26.6.1899: Austritt von Böckh aus gesundheitlichen Gründen; 30.10.1899 Ausscheiden von Bitter wegen Übernahme des Oberpräsidentenamtes in der Provinz Posen; 27.11.1899: Professor von Martitz aufgenommen; 29.10.1900: Austritt Fürst wegen Ernennung zum Berghauptmann in Halle a. d. Saale; 26.11.1900: Aufnahme von Professor Hintze, ebenso von Delbrück vorgeschlagen wie der erst später aufgenommene Sozialpolitiker Professor Francke; 28.1.1901: Austritt Fischer; 29.4.1901: Geheimrat Neumann im Handelsministerium auf Vorschlag von Lohmann aufgenommen, offenbar der erste Vorschlag von seiten Lohmanns überhaupt.

Abgesehen von der bereits mitgeteilten Debatte über die erforderliche Vertraulichkeit der Sitzungen im Winter 1891/92 verzeichnen die Berichte keine außergewöhnlichen Vorkommnisse. Lediglich für die Sitzung vom 25.3.1889 ist der Beschluß vermerkt, am Ende des Geschäftsjahres – also Juni 1883 – eine Übersicht aller bisher gehaltenen Vorträge drucken zu lassen, doch ließ sich dazu nichts ermitteln; Delbrücks Nachlaß enthält keinerlei entsprechende Unterlagen. Die einzige Abweichung von der üblichen Sitzungsgestaltung ergab sich mit dem von v. Aufseß am 30.1.1893 beantragten und am 26.6.1893 durchgeführten Stiftungsfest zum Zehnjahresjubiläum, das als Souper im Anschluß an den auf 7 Uhr vorverlegten Vortrag von Bartels stattfand; die Festrede hielt der Vorsitzende Prof. Gierke, Prof. Rößler als eines der ältesten und verdientesten Mitglieder feierte den als Gast eingeladenen preußischen Kultusminister Bosse.

Von der in den Statuten vorgesehenen Möglichkeit, auswärtige Gäste zu einzelnen Sitzungen einzuladen, wurde bis 1901 nur selten Gebrauch gemacht. An der Diskussionssitzung am 3.3.1884, die sich an Bödikers Vortrag über die Unfallgesetzgebung der europäischen Staaten und die nachfolgende Diskussion vom 4.2.1884 anschloß, nahmen aus Breslau Prof. Miaskowski und aus Carlsruhe Geheimrat Hardeck teil. Weitere Gäste waren am 4.1.1886 Hildebrand aus Graz zum Vortrag Diltheys über die Erziehungsfragen der Gegenwart, am 4.6.1887 Prof. Hadley vom Yale-College in New Haven zu Bosses Vortrag über den Verwaltungsnachwuchs, am 25.2.1889 und dann wieder am 23.2.1891 Präsident v. Reitzenstein, am 31.10.1892 der Schmoller eng verbundene Prof. Cohn aus Breslau zu dessen Vortrag über die Reform der Effektenbörse und schließlich am 28.12.1899 in ungewöhnlicher Vielfalt der zwei Jahre später zum Admiral ernannte Borckenhagen, General Rathgen sowie Landrat Kapp zu Schmollers Vortrag über die zukünftige deutsche Handelspolitik, der offenbar in Zusammenhang mit dem im Sommer 1900 verabschiedeten zweiten Flottengesetz zu sehen ist.[117]

Überblickt man die in dem gedruckten Statuten-, Vortrags- und Mitgliederverzeichnis von Januar 1920 mitgeteilten 317 Sitzungen[118] vom 25.6.1883 bis zum 30.1.1920 mit insgesamt 309 Vorträgen[119], so verbietet sich angesichts der eindrucksvollen Bandbreite der behandelten Fragen eine vollständige Würdigung; vielmehr werden nachfolgend einige Themenkomplexe herausgegriffen, die die enge Verflechtung der Gesellschaft mit aktuellen und grundsätzlichen Problemen des Sozial-, Wirtschafts-, Bildungs- und Verfassungslebens insbesondere unter legislativen und administrativen Aspekten beleuchten. Darüberhinaus wurde eine Fülle weiterer Themenkomplexe erörtert bis hin zum Universitäts- und allgemeinen Erziehungswesen, wurde vornehmlich historischen Themen breiter Raum gewährt, die auf die Zusammensetzung der Mitglieder verweisen und zugleich eine sehr weit gefaßte Vorstellung der Gesellschaft von staatswissenschaftlicher Bildung widerspiegeln. Unser kleiner Überblick muß sich indes auf einige wenige Schneisen beschränken, die geeignet erscheinen, den eigentümlichen Charakter der Staatswissenschaftlichen Gesellschaft in der Zeit des Kaiserreichs genauer zu bestimmen.

In seinem in diesem Band abgedruckten Rückblick von 1933 auf ein halbes Jahrhundert Staatswissenschaftliche Gesellschaft gliederte das Gründungsmitglied Prof. v. d. Leyen die bis dahin gehaltenen Vorträge in fünf Hauptgruppen, nämlich handelspolitische Fragen, Fragen der Sozialpolitik, agrarpolitische Fragen, Fragen auf dem Gebiete des Verkehrs und schließlich Fragen auf juristischem Gebiet. Ein Gesamtüberblick bestätigt diese Gewichtung, die indes bei abgehobener Berücksichtigung einzelner Phasen der Modifizierung bedarf. Das überragende Gewicht der Handelspolitik dokumentierten bereits die ersten beiden Vorträge von Schmoller und Schraut im Sommer 1883, doch standen bis

---

[117] Vgl. Handels- und Machtpolitik. Reden und Aufsätze im Auftrag der „Freien Vereinigung für Flottenvorträge", hg. von Gustav Schmoller, Max Sering, Adolph Wagner (alle Mitglieder der Staatsw. Ges.), 2 Bde., Stuttgart 1900.

[118] Das Verzeichnis enthält nach meiner Zählung 318 Daten, vermerkt allerdings unter dem 23.5.1914 den Ausfall der Sitzung wegen dienstlicher Verhinderung des Referenten. Gleichfalls ausgefallen, aber nicht in das Verzeichnis aufgenommen ist die Sitzung vom 12.10.1885.

[119] Am 3.3.1884 wurde die Diskussion zum Vortrag Bödiker vom 4.2. fortgesetzt; Rößlers „Diagnose der sozialen Frage" erfolgte in zwei Teilen am 9.3. und 30.3.1885; die Diskussion zu Serings Vortrag vom 1.7.1895 über die Bedeutung der Agrarkrise für die Bauernschaft wurde am 28.10.1895 fortgesetzt. Am 27.4.1914 fand eine von Exz. Thiel eingeleitete Diskussion über den Entwurf eines Grundteilungsgesetzes, am 27.3.1916 eine von Geheimrat Zacher eingeleitete allgemeine Kriegszieldiskussion statt. Am 30.3.1917 berichtete wegen Verhinderung von Exz. Harms Prof. Delbrück über seine Reise nach Wien und wurde das Problem des künftigen Polenstaates diskutiert. Am 25.4.1919 fand eine von Prof. Kaufmann eingeleitete Aussprache über den Fortgang der Arbeit an der deutschen Verfassung statt. Am 2. und 30.1.1920 sprach Dernburg über die Reichsfinanzreform.

1899 insgesamt Fragen der Sozialpolitik, stand, allgemeiner gesagt, die ‚soziale Frage' im Vordergrund, beherrschend in den Jahren 1884—1886. Dies ist in zweierlei Hinsicht bemerkenswert. Zum einen trat seit den späten 1870er Jahren bis 1890 der Verein für Sozialpolitik als entscheidende Plattform des sog. Kathedersozialismus bekanntlich in den Hintergrund, nahm er an Konzeptionalisierung und Ausgestaltung der Arbeiterversicherungsgesetzgebung der 1880er Jahre praktisch keinen Anteil. Mit der Staatswissenschaftlichen Gesellschaft stand indes ein bislang von der Forschung übersehener Transmissionsriemen für eine zumindest indirekte Mitwirkung und Diskussion zwischen führenden ‚Kathedersozialisten' und den wichtigsten sozialpolitischen Mitarbeitern Bismarcks in der hohen Beamtenschaft bereit. Eine jüngst erschienene Untersuchung[120] bestätigt und ergänzt ältere Forschungsergebnisse[121], denen zufolge neben Theodor Lohmann, der bis zu seinem Konflikt mit Bismarck im September 1883 und seiner anschließenden sozialpolitischen ‚Kaltstellung' entscheidenden Einfluß auf die Versicherungsgesetze und dann wieder seit 1890 zusammen mit dem preußischen Handelsminister Freiherr von Berlepsch auf die qualitativ neuartige Arbeiterschutzpolitik unter Wilhelm II. hatte, insbesondere — von dem in der Staatswissenschaftlichen Gesellschaft nicht vertretenen Staatssekretär von Boetticher abgesehen — drei hohe Beamte an den Versicherungsgesetzen mitwirkten, nämlich der 1881 von Bismarck zur Bearbeitung des Gewerbe- und Versicherungswesens in das Reichsamt des Innern berufene Tonio Bödiker, seit 1884 erster Präsident des neugeschaffenen Reichsversicherungsamtes, der Geheimrat von Woedtke sowie Freiherr von Gamp, Referent des seit dem Spätsommer 1880 direkt von Bismarck geleiteten Handelsministeriums und nebenamtlicher Mitarbeiter des Reichsamts des Innern seit Dezember 1883[122]; ergänzend wäre auf Robert Bosses sozialpolitische Tätigkeit als Staatssekretär in den 1880er Jahren hinzuweisen[123]. Zum zweiten spiegelt die Frühgeschichte der Gesellschaft über die genannten Personen hinaus ein hohes Maß an Aufgeschlossenheit für die weitverstandene „soziale Frage" in maßgeblichen Teilen der preußischen Spitzenbürokratie wider, das den Hoffnungen Schmollers und Delbrücks auf deren langfristig wirksames Reformpotential für eine umfassende soziale Integration nicht nur, aber insbesondere auch der Fabrikarbeiterschaft in den jungen Staat einen nicht unbegründeten Auftrieb gab. Den sicherlich nicht unbedeutenden Einfluß dieser Beamten auf die unmittelbare Gesetzgebung sollte man nicht überschätzen; zu Recht hält Ritter es für „verfehlt, die

---

[120] Gerhard A. Ritter, Sozialversicherung in Deutschland und England. Entstehung und Grundzüge im Vergleich, München 1983 (Mitglied der Gesellschaft seit 1962).
[121] Besonders Hans Rothfels, Theodor Lohmann und die Kampfjahre der staatlichen Sozialpolitik (1871—1905). Nach ungedruckten Quellen, Berlin 1927; Walter Vogel, Bismarcks Arbeiterversicherung. Ihre Entstehung im Kräftespiel der Zeit, Braunschweig 1951.
[122] Vgl. Ritter, S. 47.
[123] Bödiker, Bosse und Lohmann waren Gründungsmitglieder der Staatswiss. Gesellschaft, v. Woedtke wurde am 9.2.1885 aufgenommen.

vielfältig von den Kathedersozialisten beeinflußte Beamtenschaft mit Walter Vogel, der in seiner Darstellung die öffentlichen und parlamentarischen Diskussionen zugunsten der Entscheidungsprozesse innerhalb der Exekutive zu sehr vernachlässigt, als ‚eigentliche Trägerin der sozialen Gesetzgebung' anzusehen", doch „hatten diese Mitarbeiter Bismarcks einen nicht zu unterschätzenden Einfluß vor allem auf die Details der Gesetzgebung"[124].

Darüber hinaus strahlten viele Mitglieder der Gesellschaft als leitende Regierungs- und Verwaltungsbeamte auf die preußische und Reichsbürokratie aus, formten sie nicht zuletzt einen Teil der deutschen „politischen Kultur" des Kaiserreichs[125] und wirkten sie etwa durch die von Berlepsch geleitete Gesellschaft für Soziale Reform tief in die gesellschaftlichen Spannungsfelder hinein. Von Bismarcks Motiven für die Arbeiterversicherung[126] unterschieden sich Beamte wie Bödiker, Lohmann und Berlepsch grundlegend, da sie mit ihr und stärker noch mit der von Bismarck seit 1875 weitestgehend abgeblockten Arbeiterschutzgesetzgebung „eine Versöhnung der Arbeiter mit der bestehenden Ordnung" zu fördern trachteten[127], wie sie auch konservativ-gouvernementale ‚Kathedersozialisten' wie Schmoller und Delbrück verfolgten. Im Mittelpunkt stand zunächst die Gesetzgebung. Für Bödiker „handelte es sich bei der Arbeiterversicherung auf ‚moralischem Gebiet' wie bei der Dampfkraft und Elektrizität ‚auf dem materiellen Gebiete', um ein segenbringendes Prinzip von großer Tragweite (...). Sie bildet einen integrierenden Teil des Kulturfortschritts der Menschheit"[128]. In den folgenden Jahrzehnten stellten Schmoller und Delbrück einen sozialreformerisch wirkenden Geist innerhalb der hohen Beamtenschaft in den Vordergrund. Freilich verbarg sich hinter entsprechenden Aussagen beider etwa im Jahre 1912[129] eine euphemistisch gewendete Zurückhaltung angesichts der stagnierenden, 1913/14 von Rückschritten bedrohten sozialpolitischen Gesetzgebung[130]. Auf dem Berliner Hansatag erklärte Del-

---

[124] Ritter, S. 47.
[125] Dies wäre kritisch zu Michael Stürmer, Eine politische Kultur – oder zwei? Betrachtungen zur Regierungsweise des Kaiserreichs, in: Otto Pflanze, Hg., Innenpolitische Probleme des Bismarck-Reiches, unter Mitarbeit von Elisabeth Müller-Luckner, München 1983, S. 143–154 anzumerken, der recht plakativ Reichstag und öffentliche Meinung einer weitgehend als verkrustet-konservativ eingeschätzten politischen Kultur der preußischen adeligen, Hof- und Regierungseliten (neben Kirche und Militär) gegenüberstellt.
[126] Vgl. dazu Ritter, S. 26–39.
[127] Lohmann-Zitat nach Werner Pöls, Theodor Lohmann, in: Hans Herzfeld, Hg., Geschichte in Gestalten, Bd. 3, Frankfurt 1963, S. 62, Ritter, S. 46, Rothfels, S. 38. Zu Berlepsch vgl. entsprechend Bruch, Bürgerliche Sozialreform, S. 582. Zu Bödiker vgl. Ritter, wie Anm. 130, S. 50f.
[128] Tonio Bödiker, Die Arbeiterversicherung in den europäischen Staaten, Leipzig 1895, S. III, zitiert nach Ritter, S. 12.
[129] Für Schmoller vgl. seinen Brief an Brentano vom 10.10.1912 (oben Anm. 56).
[130] Vgl. dazu ausführlich Klaus Saul, Staat, Industrie, Arbeiterbewegung im Kaiserreich. Zur Innen- und Außenpolitik des Wilhelminischen Reiches 1903–1914, Düsseldorf 1974, ferner Gerhard A. Ritter, Staat, Arbeiterschaft und Arbeiterbewegung in Deutschland. Vom Vormärz bis zum Ende der Weimarer Republik, Berlin, Bonn 1980, S. 79.

brück am 17.11.1912 in seinem Hauptvortrag „Sozialpolitik und Unternehmertum", man erreiche nicht alles im öffentlichen Leben auf dem Wege der Gesetzgebung; die soziale Fürsorge solle nicht einschlafen, aber auf etwas anderem Wege als bisher weitergeführt werden, vor allem durch eine in sozialem Geist geleitete Verwaltung im Bereich des Bundesrats, der Ministerien der Landes- und Lokalverwaltung, da diese „eine leichtere Hand als die Gesetzgebung" habe und sich „leichter den wechselnden Verhältnissen anpassen" könne. „Was wir wünschen und fördern müssen, ist, daß der soziale Geist, der die großen Gesetze hervorgebracht hat, nun auch in der Verwaltung weiter lebt."[131]

Erstmals nahm Stieda am 15.10.1883 mit seinem Vortrag über das Arbeitsbuch in Frankreich zu sozialpolitischen Fragen Stellung. In dichter Folge wurden in den folgenden drei Jahren vorwiegend 1) Aspekte der Sozialversicherung erörtert[132], wobei Bödikers Ausführungen vom 4.2.1883 erste Einblicke in sein 1895 erschienenes Standardwerk gegeben haben dürften und ein Vortrag Lohmanns etliche Jahre später über frei Hilfskassen vor dem Hintergrund einer notwendigen Revision des unbefriedigenden und durch die Versicherungsgesetze erheblich betroffenen Hilfskassengesetzes von 1876 zu sehen ist[133], 2) vornehmlich durch Lohmann[134] sehr nachdrücklich auf Probleme des von Bismarck zurückgestellten Arbeiterschutzes hingewiesen — zu einem Zeitpunkt als in Österreich eine entsprechende beispielhafte Gesetzgebung verabschiedet wurde[135]. Beide Bereiche verfolgte man auch künftig[136], daneben standen im Umkreis der sozialen Frage im Vordergrund Probleme der staatlichen und pri-

---

[131] Abgedruckt in Preuß. Jahrbücher, Bd. 151, 1913, S. 1–14, Zitate S. 7. Im Auftrag des Präsidiums und Direktoriums des Hansa-Bundes dankte mit Schreiben vom 19.11. 1912 Jacob Riesser, Mitglied der Staatsw. Gesellschaft, Delbrück für seine „glänzenden Ausführungen", die überall die ihnen gebührende Beachtung und großen Beifall gefunden haben", Korr. Riesser im Berliner Delbrück-Nachlaß.
[132] Bödiker 4.2.1884 (Fortsetzung 3.3.), Bosse 8.12.1884, v. Woedtke 29.3.1886, Bödiker 23.5.1887, Lohmann 27.2.1888.
[133] Vgl. dazu Ritter, Sozialversicherung, S. 31f.
[134] Lohmann 12.1.1885 über Frauenarbeit, 29.6.1885 über Kinderarbeit. Vgl. auch Rothfels, Theodor Lohmann, S. 93: „Sehr gern und möglichst regelmäßig besuchte er die Sitzungen der „Staatswissenschaftlichen Gesellschaft", zu deren Begründern er gehörte. Eine Reihe von Vorträgen, die er im Laufe der Jahre in diesem Kreise gehalten hat, sind Zeugen seiner lebhaften Beteiligung." Der Vortrag über Frauenarbeit erschien 1885 in Schmollers Jahrbuch.
[135] In Anlehnung an die Vorbilder England und Schweiz wurde mit den Novellen zur Gewerbeordnung von 1883 und 1885 in Österreich u.a. die Kinder- und Frauenarbeit weitgehend eingeschränkt.
[136] Versicherungsfragen u.a.: 5.11.1889 v. Woedtke, 23.1.1891 Wilhelmi, 7.5. 1894 Landmann, 9.4.1895 Bödiker, 31.10.1899 Bödiker, 2.1.1905 Zacher, letztmalig zu der die entsprechende Gesetzgebung vereinheitlichenden und zusammen mit der Angestelltenversicherung des gleichen Jahres abschließenden Reichsversicherungsordnung von 1911 Zacher am 28.6.1909.
Arbeitsschutzfragen u.a.: 12.1. und 29.6.1885 Lohmann, 3.3.1896 Lohmann, 25.1.1897 Wilhelmi, 28.3.1898 Gaebel, 23.5.1898 Brunner, 28.1.1907 Francke über Internationalen Arbeitsschutz.

vaten Wohlfahrtspflege[137], womit über die sog. „Arbeiterfrage" ebenso hinausgegriffen wurde wie mit Vorträgen zu einzelnen Problemen des „alten" und des „neuen" Mittelstandes sowie der Landarbeiter[138].

Auf eine erfreuliche Leistungsbilanz konnte Lohmann am 3.3.1896 mit seinem Vortrag über die Entwicklung der Gewerbe-Inspektion in Preußen verweisen, da diese „mit der ständigen Erweiterung ihrer Aufgaben und vor allem der seit 1890 einsetzenden Vermehrung ihres Beamtenkorps" „wesentlich zur Aufdeckung und Beseitigung schlechter Arbeitsbedingungen und zur tatsächlichen Durchsetzung der Arbeiterschutzbestimmungen in ihrem Kompetenzbereich beigetragen hat"[139]. Demgegenüber gelang bis zum Weltkrieg keine gesetzliche Regelung der Arbeitslosenunterstützung, ist hier „die große Lücke im System der sozialen Sicherheit in Deutschland vor 1914 zu sehen"[140]. Nicht nur blieb das Arbeitsvermittlungswesen ungenügend entwickelt, befürchtete man zudem die Ausnutzung einer Arbeitslosenversicherung durch arbeitsscheue Elemente, es fehlte vielmehr an genauen Kenntnissen über das tatsächliche Ausmaß der Arbeitslosigkeit und dementsprechend über die zu erwartenden Kosten einer Arbeitslosenversicherung. Diesem Komplex hat die Staatswissenschaftliche Gesellschaft besondere Aufmerksamkeit geschenkt, die wiederholt seine versicherungsrechtlichen, organisatorischen (Arbeitsnachweise) und statistisch-methodologischen Aspekte würdigte. Als der ursprünglich für den 13.10.1884 vorgesehene Vortrag entfallen mußte, erfolgte statt dessen erstmals eine von Delbrück eingeleitete Diskussion über das „Recht auf Arbeit", die vermutlich durch die Reichstagsrede Bismarcks vom 9.5.1884 veranlaßt wurde, in der der Reichskanzler ein ausdrücklich gegen die Sozialdemokratie gerichtetes Bekenntnis zum „Recht auf Arbeit" abgab, das eine allgemeine gesellschaftliche Sozialverpflichtung beinhaltete, aber vielfach als Einschwenken auf staatssozialistische Ideen mißinterpretiert wurde[141]. Am 29.5.1893 referierte v. Woedtke „Einiges über die Bekämpfung der Erwerbslosigkeit", am 25.11.1885 diskutierte wiederum Delbrück „Über Schanz' Buch ‚Zur Frage der Arbeitslosenversiche-

---

[137] 29.11.1886 Barkhausen über Innere Mission, 29.11.1890 Nobbe über das Unterstützungswohnsitzgesetz, 24.1.1893 Post über Armenpflege.

[138] 29.3.1886 v. Woedtke über Unfall- und Krankenversicherung der Landarbeiter, 28.6.1886 v. Rheinbaben über die Handwerkerfrage, 23.1.1891 Wilhelmi über die Handlungsgehilfen, 26.4.1897 Wilhelmi über die Handwerkerfrage, 30.10.1899 Delbrück über polnische Wander-Landarbeiter.

[139] Ritter, Staat, S. 61.

[140] Ritter, Sozialversicherung, S. 59–61, Zitat S. 59; vgl. auch Frank Niess, Geschichte der Arbeitslosigkeit. Ökonomische Ursachen und politische Kämpfe: ein Kapitel deutscher Sozialgeschichte, Köln 1979.

[141] Ritter, Sozialversicherung, S. 34, Abdruck der entsprechenden Passagen der Rede S. 124f. Zu Delbrücks Sozialkonservatismus vgl. vom Bruch, Wissenschaft, S. 347–353 (Hans Delbrück als Sozialpolitiker), zum Inhalt des Vortrags Delbrück, Die Arbeitslosigkeit und das Recht auf Arbeit, in: Preuß. Jahrbücher, Bd. 85, 1896, S. 80–96, dazu auch Anselm Faust, Der Staat und die Arbeitslosigkeit in Deutschland 1890–1950, Stuttgart 1982, S. 159–172.

rung'", wobei die aus der Berufszählung vom Juni 1885 abgeleiteten Arbeitslosenziffern in diesem Kreis herausragender Statistiker gewürdigt worden sein dürften[142]. Am 29.12.1902 hielt Schmoller „einen sehr wertvollen Vortrag" (v. d. Leyen 1933) über „Arbeitslosigkeit, Arbeitsnachweis und Arbeitslosenversicherung" — im gleichen Jahr war die Abteilung für Arbeiterstatistik im Kaiserlichen Statistischen Amte errichtet worden, die aufgrund einer Reichstagsinitiative mit einer 1906 dreibändig vorgelegten Bestandsaufnahme über die Arbeitslosenversicherung beauftragt wurde. Letztmalig wandte sich die Gesellschaft diesem Bereich mit einem Vortrag Zachers vom 22.2.1915 zu („Die moderne Arbeitslosigkeit und die Mittel zu ihrer Bekämpfung"), der die wesentlich verbesserten Erwerbslosenfürsorge und Arbeitsnachweise in Reaktion auf die nach Kriegsausbruch sprunghaft angestiegene Arbeitslosigkeit thematisiert haben dürfte[143].

Heftige und unvorhergesehene Arbeitskonflikte, die die öffentliche Meinung aufwühlten, den Blick auf moralische und rechtliche Mängel in der Konfliktaustragung und im Streikrecht lenkten und neue Stadien und Vorstöße in der Geschichte bürgerlicher Sozialreform auslösten[144], schlugen sich gleichermaßen in den Erörterungen der Gesellschaft nieder. Am 27.5.1889 trug Thiel über den Ausstand der Bergarbeiter im Ruhrgebiet vor, dem eine initiierende Rolle für den sozialpolitischen „Neuen Kurs" von 1890 zukam und der zu einer deutlichen Politisierung des Vereins für Sozialpolitik beitrug; am 27.3.1905 berichtete Steinbrinck über die Reform der Berggesetzgebung, die durch den großen Ruhrbergarbeiterstreik zu Jahresbeginn ausgelöst wurde und in die im gleichen Jahr unter wesentlicher Mitwirkung der Gesellschaft für Soziale Reform verabschiedete Bergrechtsnovelle mündete[145]. In diesem Zusammenhang sind wohl auch Roesickes Ausführungen am 27.6.1892 über das Verhältnis zwischen Arbeitnehmern und Arbeitgebern, Fürsts Referat vom 27.12.1897 über Arbeiter-

---

[142] Als führender Wissenschaftler auf diesem Gebiet verfolgte Georg Schanz gleichermaßen die Versicherungsproblematik und Fragen der Arbeitslosenstatistik im Anschluß an die Berufszählung vom 14.6.1895, die erstmals, wenn auch mit erheblichen Mängeln belastet, genauere Kenntnisse ermöglichte. Für Zahlenangaben s. Ritter, Sozialversicherung, S. 142.

[143] Als beste Unterrichtung über die Entwicklung im Krieg und in der Weimarer Republik vgl. immer noch Ludwig Preller, Sozialpolitik in der Weimarer Republik, Neudruck Kronberg/Ts., Frankfurt 1978.

[144] Zur Streikproblematik vgl. Klaus Tenfelde, Heinrich Volkmann, Hg., Streik, München 1981, die Einführung der Herausgeber (Zur Geschichte des Streiks in Deutschland) sowie zum Zusammenhang von bürgerlicher Sozialreform und Bergarbeiterstreiks 1889 und 1905 darin vom Bruch, Streiks und Konfliktregelung, S. 262f., ferner in Kürze Rüdiger vom Bruch, Hrg., Bürgerliche Sozialreform in Deutschland vom Vormärz bis zur Ära Adenauer (München 1984).

[145] Am 27.10.1913 sprach noch einmal Rießer über „Streikexzesse und die Gesetzgebung", vermutlich im Rahmen der in diesen Jahren verschärften Bemühungen um eine Verschlechterung des Streikrechts und von einem entschiedenen Arbeitgeberstandpunkt aus.

vertretungen und der Vortrag des Generalsekretärs der Gesellschaft für Soziale Reform Ernst Francke vom 25.4.1904 über die gewerblichen Tarifverträge in Deutschland zu sehen. Vornehmlich den innerbetrieblichen Arbeitsbeziehungen galt das Interesse der beiden sozialreformerischen Unternehmer Richard Roesicke und Heinrich Freese, die sich aus unmittelbarer persönlicher Erfahrung am 21.1.1895 über den Aufsehen erregenden Berliner Bierboykott[146] von 1894, am 9.1.1899 über die Gewinnbeteiligung von Beamten (Angestellten) und Arbeitern bzw. am 25.4.1910 über „absolute und konstitutionelle Fabriken" äußerten.

Weitere Themenschwerpunkte stellten Arbeiterselbsthilfebestrebungen dar, insbesondere die in Gewerkschaften und Sozialdemokratie organisierte Arbeiterbewegung und Fragen der Arbeiterbildung, denen angesichts der von Schmoller und anderen vertretenen Auffassung, die Arbeiterfrage sei wesentlich eine Bildungsfrage, besondere Bedeutung zukommen mußte[147]. In den weiteren Umkreis der „sozialen Frage" wird vermutlich auch ein Vortrag von Genzmer vom 29.3.1909 über den Gemeindesozialismus und seine Schranken im preußischen Kommunalrecht zu stellen sein, da die Ausweitung kommunaler Leistungsverwaltung in diesen Jahren nicht nur Befürchtungen vor einem entstehenden „Munizipalsozialismus"[148] nährten, sondern auch von Schmoller als Ansatz für eine schrittweise Mitverantwortung der Arbeiterschaft in öffentlichen Gremien und Funktionen als Probe auf eine später zu erweiternde politische Mitverantwortung gewertet wurde[149].

Den Vortragsthemen zufolge traf man sich auch einige Male zu prinzipiellen Diskussionen der sozialen Frage, als Rössler am 9. und 30.3.1885 in zwei Teilen eine „Diagnose der sozialen Frage" vorlegte, Schmoller am 25.10.1886 „Monarchische oder radikale Sozial-Reform?" als Alternativen vorstellte und vermutlich seine an Lorenz von Stein angelehnte Konzeption eines in Preußen

---

[146] Zum Berliner Bierboykott und zur schwierigen Position des als reformfreudig bekannten Brauereidirektors Roesicke vgl. Werner K. Blessing, Konsumentenprotest und Arbeitskampf. Vom Bierkrawall zum Bierboykott, in: Tenfelde, Volkmann, Streik, bes. S. 116ff.
[147] Delbrück 24.11.1890 über Arbeiterbildung, Schmoller 25.6.1894 über die englischen Gewerkvereine, Nobbe 27.11.1899 über die SPD auf dem Lande, Neumann 26.1.1903 und 30.3.1908 über die Gewerkschaftsfrage, Herkner 25.1.1909 über sozialrevolutionäre Strömungen in der Demokratie, Mueller 26.11.1911 über den sozialdemokratischen Zukunftsstaat, Neumann 24.6.1912 über die gelbe (= wirtschaftsfriedliche, von Unternehmern geförderte) Arbeiterbewegung.
[148] Dazu Wolfgang R. Krabbe, Munizipalsozialismus und Interventionsstaat. Die Ausbreitung der städtischen Leistungsverwaltung im Kaiserreich, in: Geschichte in Wissenschaft und Unterricht, Jg. 30, 1979, S. 265–283.
[149] Vom Bruch, Wissenschaft, S. 345f.

historisch bewährten „sozialen Königtums" vorgestellt haben dürfte[150] und als schließlich Adolph Wagner am 11.3.1911 über „Sozialpolitik, Katheder- und Staatssozialimus" vortrug; seine Grundgedanken sind aus Wagners kurz darauf publizierten und letztmalig diesen Gesamtkomplex aufgreifenden Broschüre zu entnehmen[151].

Teilweise mit sozialpolitischen Fragen verknüpft, im Ganzen aber davon unabhängig erscheint ein zweiter großer Komplex, der die Gesellschaft wiederholt beschäftigte, auf unterschiedliche Aspekte der Steuerpolitik gerichtet war und engen Bezug zu gleichzeitigen staatlichen Maßnahmen aufwies. So stand Meitzens Vortrag vom 25.5.1891 über das Verhältnis von Einkommen- und Grundsteuer offenbar in Verbindung mit der am 24.6.1891 in Kraft getretenen, von den Zeitgenossen als einschneidend betrachteten Steuerreform Miquels, ebenso Sombarts Vortrag über die Reform der preußischen Steuerverfassung vom 19.12.1892[152]. Erstmals hatte dieser Zuckergroßindustrielle am 26.5.1884 in der Gesellschaft mit einem Vortrag über die Zuckersteuer – neben der Branntweinsteuer zentrale und umstrittene Finanzquelle des Reiches aus Verbrauchssteuern[153] – zu diesem Bereich das Wort ergriffen. Am 26.6.1899 trug Wagner über „Neuere Deutsche Steuerreformen" vor, der zu seiner Zeit wohl bedeutendste, wenn auch erfolglose Vertreter einer „sozialen Steuerpolitik"[154]. Lebhaftes Interesse fand in der Gesellschaft die große Finanzreform von 1908/09, die die beabsichtigten finanzpolitischen Auswirkungen nicht erreichen konnte, die aufgrund konservativer Widerstände gegen die mit ihr verbun-

---

[150] Schmoller hat seine These von der „sozialen Mission" der Hohenzollern, die engstens mit seinem Glauben an die überparteilich-ausgleichende Reform- und Regulierungskraft der Staatsbürokratie verknüpft war, unzählige Male dargelegt, vgl. als kritische Auseinandersetzung Karl-Heinz Noack, Der soziale Aspekt der Hohenzollernlegende bei Gustav Schmoller, in: Festschrift Ernst Engelberg, hg. von Horst Bartel u.a., Berlin (O) 1976, S. 327–343, als verständnisvoll nachvollziehende Würdigung Carl Brinkmann, Gustav Schmoller und die Volkswirtschaftslehre, Stuttgart 1937 sowie mehrere Beiträge in der von Arthur Spiethoff hg. Festgabe zur 100. Wiederkehr seines Geburtstags am 24.6.1938: Gustav v. Schmoller und die deutsche geschichtliche Volkswirtschaftslehre, Berlin 1938.

[151] Adolph Wagner, Die Strömungen in der Sozialpolitik und der Katheder- und Staatssozialismus, Berlin 1912. Zum Problem des Staatssozialismus vgl. auch Delbrücks entsprechenden Vortrag in der Gesellschaft vom 27.11.1893.

[152] Vgl. dazu ausführlich Hans Herzfeld, Johannes von Miquel. Sein Anteil am Ausbau des Deutschen Reiches bis zur Jahrhundertwende, 2 Bde., Detmold 1938. Am 8.1.1906 machte Otto Hintze in der Gesellschaft „Mitteilungen über die Ministerlaufbahn Miquels"; vgl. ferner zum finanzpolitischen Hintergrund Peter-Christian Witt, Die Finanzpolitik des Deutschen Reiches von 1903 bis 1913, Lübeck, Hamburg 1970.

[153] Dazu eingehend Witt, S. 41ff.

[154] Adolph Wagner, Finanzwissenschaft, T. 1, ³Leipzig 1883, S. 48. Wagner forderte die „Soziale Steuerpolitik" hier zu dem „Zweck, eine andere Verteilung des Volkseinkommens als die im System der freien Konkurrenz auf der Basis der heutigen Eigentums- und Erwerbsordnung sich vollziehende mit Hilfe des Besteuerungssystems", vgl. auch Witt, S. 40f.

dene Erbschaftssteuer zum Sturz des Reichskanzlers und zur Auflösung des im liberal-konservativen Bürgertums und von großen Teilen der Bürokratie 1907 mit Freuden begrüßten „Bülow-Blocks" (Linksliberale, Nationalliberale, Frei- und Deutschkonservative) führte. Am 25.5.1908 berichtete der Vortr. Rat im Finanzministerium Schwarz über die Reichsfinanzreform; Schmollers Vortrag vom 7.6.1909 über die preußischen Finanzminister in der ersten Hälfte des 19. Jahrhunderts — während des Höhepunkts der kontroversen Verhandlungen im Reichsschatzamt, im preußischen Staatsministerium, im Bundesrat und im Reichstag, wenige Wochen vor dem erzwungenen Rücktritt Bülows — wird wohl auch hierher gehören, zumal Schmoller und Delbrück neben Berlepsch und Ernst Francke die Initiatoren eines Bülow unterstützenden Aufrufs vom 24.3.1909 der „Vereinigung zur Förderung der Reichsfinanzreform" waren[156]. In Anbetracht der gewahrten Vertraulichkeit der Sitzungen wird es in der Staatswissenschaftlichen Gesellschaft zu erheblichen sachlichen Kontroversen gekommen sein, da Gegner und Befürworter der Reform gleichermaßen versammelt waren; gleichsam auf einem Nebenkriegsschauplatz focht Delbrück am 26.4.1909 mit seinem „Bericht über die Frage des Verhältnisses von Volksvermögen und Steuerdeklaration" im Umkreis der Erbschaftssteuerfrage, da sein auch öffentlich geführter Kampf um eine gerechtere Handhabung der preußischen Steuererhebung auf dem Lande zwar das preußische Finanzministerium zu einer intensiven Überprüfung veranlaßte, zugleich jedoch Delbrück in offenen Konflikt mit dem Gesellschaftsmitglied und Finanzminister von Rheinbaben brachte[157].

Erhebliche Differenzen bestanden offenbar innerhalb der Gesellschaft in der Beurteilung der Polenfrage, dem politischen Vorgehen in den überwiegend polnisch besiedelten preußischen Ostprovinzen mit Rückwirkungen auf die deutsch-russischen Beziehungen. Insbesondere Hans Delbrück setzte sich seit den frühen 1890er Jahren, in denen er die gemäßigt-liberale Polenpolitik des Reichskanzlers Caprivi nachdrücklich unterstützte, durchgängig für eine moderat-elastische Integration der ethnischen Minderheiten in Preußen ein und wandte sich scharf gegen Ausweisungen — mit der Folge eines Disziplinarverfahrens gegen ihn 1899 —, gegen eine germanisierende Schul-, Sprachen- und Ansiedlungspolitik und gegen den durch wirtschaftliche Interessen abgestützten Nationalismus des Deutschen Ostmarkenvereins („Hakatisten"). Demgegenüber vertraten innerhalb der Gesellschaft Regierungsbeamte die in der Ära Bülow verschärfte Ansiedlungs- und Enteignungspolitik, unterstützt von dem politisch einflußreichen Nationalökonom und Agrarspezialisten Max Sering

---

[155] Ausführlich Witt, S. 311ff.
[156] Ebd., S. 276.
[157] Vgl. vom Bruch, Wissenschaft, S. 332f.

und weiteren Gelehrten[158]. Im Anschluß an die erste große Ausweisungswelle von Polen seit Mitte der 1880er Jahre hatte von Rheinbaben am 30.1.1892 über „die neuen Ansiedlungen in Westpreussen und Posen" referiert, am 28.6.1897 äußerte er sich über „Professor Delbrücks Ansicht von der Polenfrage"[159]. Delbrück selbst sprach am 30.10.1899 über „die Frage der polnischen Wander-Landarbeiter in Deutschland", die seit der grundlegenden, 1891/92 erstellten, von Thiel, Conrad und Sering geleiteten und für den ostelbischen Raum von dem jungen Max Weber durchgeführten Landarbeiter-Enquete des Vereins für Sozialpolitik und der 1892 vorgelegten, von Max Weber und Paul Göhre verfaßten Landarbeiter-Enquete des Evangelisch-Sozialen Kongresses in wissenschaftlich vertiefter Perspektive erörtert wurde[160] und mit der wachsenden „Leutenot" eine ökonomisch wie politisch verschärfte Dimension gewann — am 27.2.1899 trug Gamp über die „Arbeiternot auf dem Lande" vor. Über die „Zukunft der Polenfrage" sprach Delbrück wieder am 28.3.1904 — vermutlich vor dem Hingergrund der verschärften und auch von Schmoller befürworteten Ansiedlungspolitik, nachdem von Bitter kurz zuvor am 25.1.1904 einen Vortrag „zur Polenfrage" gehalten hatte. Das Problem der „Binnen-Kolonisation" griff vor dem Krieg noch einmal am 24.2.1913 Max Sering auf, während Delbrücks Vortrag „Die Neuorientierung der Polenfrage" vom 26.10.1914 mit Befriedigung den durch den Krieg mit Rußland veranlaßten Kurswechsel der amtlichen Polenpolitik vermerkt haben dürfte. Letztmalig wurde der Komplex an dem allgemeinen Diskussionsabend über den zukünftigen Polenstaat am 30.3.1917 erörtert.

Handels- und wirtschaftspolitische Fragen nahmen in der Staatswissenschaftlichen Gesellschaft einen breiten Raum ein; lediglich einige Vorträge mit evidentem Bezug zu umstrittenen politischen Entwicklungen seien herausgegrif-

---

[158] Zu Delbrücks Haltung in der Polenfrage vgl. Annelise Thimme, Hans Delbrück als Kritiker der wilhelminischen Epoche, Düsseldorf 1955, S. 77–100. Max Sering hatte bereits vor seiner amtlichen Tätigkeit während der Flottenpropaganda 1897/1900 dem Wissenschaftlichen Beirat des preußischen Landwirtschaftsministeriums angehört. Zu seiner agrarpolitischen Konzeption vgl. Gerhard Heitz, Max Sering oder die Apologetik der „inneren Kolonisation", in: Jb. f. Regionalgeschichte, Bd. 4, Weimar 1972, S. 48–70. Zur preußischen Ansiedlungsgesetzgebung seit Mitte der 1880er Jahre, die in dem umstrittenen Enteignungsgesetz von 1908 gipfelte und zur Sprachen- und Schulpolitik vgl. mit weiterführender Literatur Hans-Ulrich Wehler, Polenpolitik im Deutschen Kaiserreich 1871–1918, in: ders., Krisenherde des Kaiserreichs, Göttingen 1970, S. 181–199, 382ff.
[159] In seinen Preuß. Jahrbüchern nahm Delbrück immer wieder Stellung zu verschiedenen Aspekten der Polenfrage, Rheinbabens Vortrag wird sich indes vor allem gegen seine Schrift Die Polenfrage, Berlin 1894 gerichtet haben, zu deren Thesen und statistischen Angaben vgl. Thimme, S. 82ff.
[160] Zu beiden Enquêten s. Käsler, Max Weber, S. 56–67, zur Frage der polnischen Wanderarbeiter S. 62ff. Eine kritische Edition dieser Arbeiten Webers liegt jetzt im Rahmen der Max-Weber-Gesamtausgabe bei der Bayerischen Akademie der Wissenschaften vor.

fen. Rößlers Beitrag vom 30.5.1892 über die nationale Bedeutung des deutschen Getreidehandels läßt sich ebenso wie von Scheels Vortrag vom 27.2.1893 „über die volkswirtschaftliche Bedeutung unseres auswärtigen Handels" in die Auseinandersetzungen um die zollsenkende Handelsvertragspolitik des Reichskanzlers von Caprivi einordnen, die auf entschiedenen Protest der Großagrarier in der Deutsch-Konservativen Partei stieß, deren radikales Tivoli-Programm vom 8.12.1892 nach sich zog und am 18.2.1893 die Gründung des scharf oppositionellen Bund der Landwirte auslöste[161]. Erstaunlicherweise fand demgegenüber die das innenpolitische Klima vergiftetende agrarprotektionistische Zollpolitik 1901/02 keinen unmittelbaren Niederschlag in der Gesellschaft, allerdings griff sie mit Vorträgen des vormaligen ESK-Präsidenten Nobbe vom 1.5.1905 („Aphorismen über Agrar- und Industriestaat") und von Thiel am 31.10.1910 („Brentanos Denkschrift über die deutschen Getreidezölle") die vor dem aktuellen politischen Hintergrund lebhaft diskutierte Kontroverse zwischen dem konservativen Staatssozialisten Wagner und dem freihändlerisch-linksliberalen Brentano über Deutschlands Entwicklung vom überwiegenden Agrar- zum überwiegenden Industriestaat auf[162]. Über den Zusammenhang von Handels- und Weltpolitik referierte Schmoller am 28.12.1899 vor erstmals drei Gästen (siehe oben) auf dem Höhepunkt der Agitation für die zweite Flottenvorlage; sein Vortrag vom 20.6.1904 über „die zukünftige englische Handelspolitik" wird gleichfalls diesen Komplex vor dem Hintergrund der sich verschärfenden und mit der ersten Marokkokrise einen Höhepunkt erreichenden „Einkreisung" des Reiches zuzurechnen sein.

Vielfach wurden Fragen des Verkehrs- und Nachrichtenwesens besprochen, im Vordergrund standen Post und Telegraphie sowie das kurz vor Gründung der Gesellschaft in Preußen und in anderen Ländern verstaatlichte Eisenbahnwesen, dem das besondere Interesse des ‚Verkehrsexperten' v. d. Leyen galt; politischer Zündstoff scheint sich in diesem Bereich kaum angesammelt zu haben.

Ein zentraler Stellenwert kam einem weiteren, als Recht und Verwaltung zu umschreibenden Themenkomplex zu. Unter den zahlreichen Vorträgen, die der

---

[161] Vgl. dazu Rolf Weitowitz, Deutsche Politik und Handelspolitik unter Reichskanzler Leo v. Caprivi 1890–1894, Düsseldorf 1978, zum BdL Hans-Jürgen Puhle, Agrarische Interessenpolitik und preußischer Konservatismus im wilhelminischen Reich, 1893–1914, ²Bonn 1975.
[162] Lujo Brentano/Robert Kuczynski, Die heutige Grundlage der deutschen Wehrkraft, Stuttgart 1900, Lujo Brentano, Die Schrecken des überwiegenden Industriestaates, Berlin 1901, Adolph Wagner, Agrar- und Industriestaat. Eine Auseinandersetzung mit den Nationalsozialen und mit Prof. Brentano über die Kehrseite des Industriestaates und zur Rechtfertigung agrarischen Zollschutzes, Jean 1901, vgl. auch Kenneth D. Barkin, The Controversy over German Industrialization 1890–1901, Chicago, London 1970, ders., Adolph Wagner and German Industrial Development, in: Journal of Modern History, Bd. 43, 1971, S. 276–286.

Staats- und Kommunalverfassung, einzelnen Gesetzen und weiteren Rechtsfragen gewidmet waren, fallen zwei Schwerpunkte auf, die zum einen auf grundsätzliche Weichenstellungen innerhalb der bürgerlich-rechtsstaatlichen Gesellschaft des Kaiserreichs verweisen, zum anderen in auffälliger Dichte die Ausbildung des Verwaltungsnachwuchses betreffen. Es konnte nicht ausbleiben, daß in dieser Gemeinschaft hochqualifizierter Juristen und Rechtslehrer den über Jahrzehnten sich hinziehenden Beratungen des Bürgerlichen Gesetzbuches besondere Beachtung geschenkt wurde, das am 1.7.1896 vom Reichstag gebilligt, am 18.8.1896 verkündet wurde und gemeinsam mit dem Handelsgesetzbuch am 1.1.1900 als Nachfolger des Allgemeinen Landrechts in Kraft trat[163]. In der Sitzung vom 28.1.1889 erörterte Otto Gierke die „sozialpolitischen Gesichtspunkte des Entwurfs eines Bürgerlichen Gesetzbuchs". Neben v. Liszt und Stammler gehörte Gierke zu den wenigen Rechtslehrern dieser Zeit, die sich von dem vorherrschenden, von Savigny hergeleiteten Rechtspositivismus der Laband-Schule abhoben und — aufgrund seiner Betonung germanisch-genossenschaftlicher Traditionen — aufgeschlossen für soziale Aspekte der Rechtspolitik waren, welche sich ja vorwiegend auf das Privatrecht konzentrierte[164]. Eher als Gegenposition ist Bosses Vortrag vom 28.12.1891 „über Savignys Schrift ‚vom Berufe unserer Zeit für die Gesetzgebung und Rechtswissenschaft' im Hinblick auf die Herstellung eines deutschen Bürgerlichen Gesetzbuches" zu sehen. Gleichsam eine Scharnierfunktion nahmen in diesem Themenkomplex Fragen des Rechtsstudiums ein; im Hinblick auf das BGB setzte sich seit 1878/79 reichsweit eine von Preußen ausgehende zunehmende justizjuristische Dominanz in der juristischen Ausbildung durch, die gegen Jahrhundertende noch verstärkt wurde — Otto Gierke sprach am 25.10.1897 „über die bevorstehende Umwälzung des Rechtsstudiums". Andererseits verschärfte diese Entwicklung ein seit Beginn des Jahrhunderts sich ausformendes „Juristenprivileg"

---

[163] Zum ALR vgl. Reinhart Koselleck, Preußen zwischen Reform und Revolution. Allgemeines Landrecht, Verwaltung und soziale Bewegungen von 1791 bis 1848, Stuttgart 1967; zur Einordnung und Entstehung des BGB vgl. Jakobs/Schubert, Die Beratung des Bürgerlichen Gesetzbuchs: Materialien zur Entstehungsgeschichte des BGB, Berlin 1978, Horst Heinrich Jakobs, Wissenschaft und Gesetzgebung im bürgerlichen Recht, Paderborn etc. 1983, Franz Wieacker, Industriegesellschaft und Privatrechtsordnung, Frankfurt/M. 1974, ferner H. Coing, W. Wilhelm, Hg., Wissenschaft und Kodifikation des Privatrechts im 19. Jahrhundert, 4 Bde., Stuttgart 1979.
[164] Zu Gierke und zu seinem Verhältnis zum Rechtspositivismus s. Peter v. Oertzen, Die soziale Funktion des staatsrechtlichen Positivismus, Frankfurt/M. 1974, Ernst-Wolfgang Böckenförde, Gesetz und gesetzgebende Gewalt. Von den Anfängen der deutschen Staatsrechtslehre bis zur Höhe des staatsrechtlichen Positivismus, Berlin 1958, Erik Wolf, Große Rechtsdenker der deutschen Geistesgeschichte, ⁴Tübingen 1963, Gerhard Dilcher, Das Gesellschaftsbild der Rechtswissenschaft und die soziale Frage, in: Klaus Vondung, Hg., Das wilhelminische Bildungsbürgertum, Göttingen 1976, S. 53–66, ders., Genossenschaftstheorie und Sozialrecht, in: Quaderni Fiorentini, 1974/75, T. 1,319–365.

in der höheren Verwaltungsbeamtenschaft[165], begünstigte sie eine als zunehmend problematisch beobachtete juristische Einseitigkeit der Ausbildung, die zu geringen Raum für Staatswissenschaften ließ und etwa die Verwaltungswissenschaft durch die Verwaltungsrechtswissenschaft ablöste[166]. Gleichzeitig warf der juristische Arbeitsmarkt immer wieder das Problem von „Juristenschwemmen" auf, verschärft nach 1830, um 1860 und wieder 1880[167], das auf das Verhältnis von Ausbildungs- und Karrierechancen zurückwirken mußte. Angesichts der hohen Zahl führender Verwaltungs- und Regierungsbeamter und des überragenden Gewichts, das gelehrte Mitglieder der Gesellschaft wie Schmoller, Delbrück und Otto Hintze der Bürokratie für die Fortentwicklung des Reiches und seiner Sozialverfassung zumaßen, war es naheliegend, Probleme der Beamtenausbildung in Zusammenhang mit strukturellen Fragen der preußischen Verwaltung in den Vordergrund zu stellen. So galt von Bitters Vortrag vom 11.10.1886 der preußischen Verwaltungsreform, die Innenminister von Puttkamer im Anschluß an die endgültige preußische Provinzialordnung von 1881 fortgeführt hatte; Bitters Vortrag vom 24.10.1887 über die Reform der ländlichen Kommunalverfassung führte diese Problematik weiter. Robert Bosses Ausführungen vom 4.6.1887 „über den Nachwuchs in den Ämtern des höheren Verwaltungsdienstes" dürften seinem gleichzeitig erschienenen vergleichenden Beitrag über die Verwaltungsbeamtenvorbildung in den deutschen Staaten, Österreich und Frankreich innerhalb einer gleichnamigen Untersuchung des Vereins für Sozialpolitik entsprochen haben, die sich mit den Auswirkungen des Regulativs vom 29.5.1879 und der Angleichung der Verwaltungsbeamtenausbildung der süddeutschen und südwestdeutschen Staaten an die zweistufige preußische Regelung (wissenschaftliches juristisches Studium, praxisorientiertes Referendariat) beschäftigte, die das Juristenprivileg zementierte und den staatswissenschaftlich/nationalökonomischen Ausbildungsanteil beschnitt[168]. Bartels setzte die Diskussion am 28.10.1889 fort und weitete sie auf die Fortbildungsfrage aus, die, wie oben dargelegt, erst nach der Jahrhundertwende eine institutionalisierte Pflege erfuhr. Ulrich knüpfte am 28.11.1892 an die Ausbildungsfrage mit besonderer Berücksichtigung der Eisenbahnverwaltung an; von Meier sprach am 26.10.1896 über juristisches Prüfungswesen, vermutlich eben-

---

[165] Vgl. Wilhelm Bleek, Von der Kameralausbildung zum Juristenprivileg. Studium, Prüfung und Ausbildung der höheren Beamten des allgemeinen Verwaltungsdienstes in Deutschland im 18. und 19. Jahrhundert, Berlin 1972.
[166] Dazu Erk Volkmar Heyen, Entwicklungsbedingungen der Verwaltungsrechtswissenschaft, in: Der Staat, Bd. 22, 1983, S. 21–32.
[167] S. Th. Kolbeck, Juristenschwemmen. Untersuchungen über den juristischen Arbeitsmarkt im 19. und 20. Jahrhundert, Kronberg 1978, Hans Hattenhauer, Geschichte des Beamtentums, Köln etc. 1980, S. 249ff.
[168] Zum Umfang der zeitgenössischen Diskussion über notwendige Reformen in der Vorbildung der höheren Verwaltungsbeamten Preußens zwischen 1887 und 1914 in Wissenschaft, Publizistik und Parlament vgl. vom Bruch, Wissenschaft, S. 436–438.

so in Bezug auf die Vorbildungsfrage der Verwaltungsbeamten wie auf Einwirkungen des soeben verkündeten BGB und fand seine Ergänzung in Gierkes bereits erwähnten Vortrag vom folgenden Jahr. Letztmalig ergriff Genzmer am 30.5.1910 zu diesem Bereich das Wort mit seinem Vortrag über die Reform der Staatsverwaltung in Preußen, der den Kreis zu Bitters Vortrag von 1886 schloß. In zahlreichen weiteren Beiträgen wurden spezifische Beamtenfragen erörtert, mit aktuellem politischen Hintergrund in Rheinbabens Vortrag vom 28.12.1908 über „die Pflichten der Staatsbeamten inbetreff der Ausübung ihrer bürgerlichen Rechte"[169].

Historischen Fragen wandten sich gleichfalls sehr viele Sitzungen zu; bereits eine flüchtige Durchsicht des Themenverzeichnisses bestätigt ihr Gewicht. Daß sie vielfach aktueller Bezüge nicht entbehrten, ergab sich bereits aus Schmollers Eröffnungsvortrag vom 25.6.1883, doch muß auf eine eingehendere Würdigung verzichtet werden. Gleichfalls über den engeren staatswissenschaftlichen Bereich hinaus führten Sitzungen, die sich mit Fragen des Bildungswesens und der Schul- und Wissenschaftspolitik beschäftigten, zum einen in grundsätzlicher Perspektive wie etwa Diltheys Vortrag vom 4.1.1886, zum anderen als Reflex auf anstehende Entscheidungen oder politisch kontroverse Maßnahmen. So trug Otto Brunner am 26.5.1902 „über die Errichtung einer deutschen Universität in Posen" ein Jahr vor der Eröffnung der Königlichen Akademie zu Posen und wenige Monate vor der Eröffnung der vorbereitenden Bibliothek vor, die „zur Beförderung vaterländischen Geistes" (Wilhelm II.) und als „Bastion" gegen den Panslawismus nach jahrzehntelangen kontroversen Diskussionen ein „Bollwerk deutschen Geistes" aufrichtete und flankierend der weitgehend gescheiterten Ansiedlungspolitik zur Seite treten sollte[170]. Zu einer in Parlament und öffentlicher Meinung leidenschaftlich, vielfach auch kulturkämpferisch umstrittenen Tagesfrage nahm Thiels Vortrag vom 28.3.1892 über „Schule und Konfession" Stellung, zehn Tage nach dem Rücktritt des preußischen Kultusministers von Zedlitz-Trützschler im Gefolge der Proteststürme gegen die Volksschulvorlage, von der man eine Klerikalisierung im Schulwesen befürchtete und die der neue Minister Bosse, der am gleichen Tag aus der Gesellschaft austrat, stillschweigend zurückzog[171].

---

[169] Hintergrund dürfte das im Sommer 1908 eingeleitete Disziplinarverfahren gegen den Husumer Bürgermeister Engelbert Schücking sein, vgl. vom Bruch, Wissenschaft, S. 324f., Hattenhauer, S. 227f., ferner zur allgemeinen Einordnung Harro-Jürgen Rejewski, Die Pflicht zur politischen Treue im preußischen Beamtenrecht (1850–1918), Berlin 1973.
[170] Vgl. Lothar Burchardt, Hochschulpolitik und Polenfrage: Der Kampf um die Gründung einer Universität in Posen, in: Ekkehard Mai, Stephan Waetzoldt, Hg., Kunstverwaltung, Bau- und Denkmal-Politik im Kaiserreich, Berlin 1981, S. 147–164.
[171] Vgl. Kurt Richter, Der Kampf um den Schulgesetzentwurf des Grafen Zedlitz-Trützschler vom Jahre 1892, Phil. Diss. Halle 1934.

Auf den hohen Stellenwert statistischer Fragen innerhalb der Gesellschaft wurde bereits hingewiesen und in den meisten bislang vorgestellten Sachkomplexen fielen die Ergebnisse der durchweg von Wissenschaftlern geleiteten statistischen Ämter ins Gewicht. Daneben beschäftigten sich eine Reihe von Vorträgen mit zahlreichen Fragen der Sozialstatistik; so berichtete Becker am 7.1.1884 über die „Abnahme der Heiratsfrequenz in Deutschland" seit 1874, legte Boeckh am 23.6.1884 „Beiträge zur Religionsstatistik" Preußens vor, beleuchtete er am 2.6.1890 „die statistische Messung der ehelichen Fruchtbarkeit", verfolgte Becker am 31.3.1890 „die Jahresschwankungen in der Häufigkeit verschiedener Bevölkerungs- und moralstatistischer Erscheinungen", trug wiederum Boeckh am 25.2.1895 „aus der Statistik der Ehescheidungen" vor. Am 29.4.1907 würdigte Blenck „die Tätigkeit des Königlich Preussischen Statistischen Landesamts im ersten Jahrhundert seines Bestehens sowie eine Anzahl von hellen und dunklen Bildern aus der preussischen Statistik". Blieben auch vornehmlich in methodologischer Hinsicht noch viele Wünsche offen und war man sich der Anzahl „dunkler Bilder" bewußt, so bestand doch weitgehend ein Konsens darüber, daß die „unparteiische Statistik" „wenigstens soweit Friede wirkt als es sich um die Anerkennung der Tatsachen handelt", wie der bereits zitierte Seibt 1908 in der Schmoller-Festschrift meinte. Aber nicht nur hier wird man für die Vorkriegszeit einen Grundkonsens innerhalb der Staatswissenschaftlichen Gesellschaft festhalten dürfen, der durch Vorbildung, Staatsverständnis und konstruktive Reformbereitschaft geprägt war, wenn auch in der Beurteilung einzelner Fragen heftige Differenzen auftraten, wie sie sich etwa in der Polenfrage zeigten.

Ist dieser Konsens im Weltkrieg erschüttert worden, pflanzten sich die leidenschaftlich aufgewühlten innen- und außenpolitischen Kriegszieldiskussionen im Bildungsbürgertum und die hierdurch bedingte Polarisierung des akademisch geprägten Segments deutscher öffentlicher Meinung[172] in der Staatswissenschaftlichen Gesellschaft fort? Das Vortragsverzeichnis läßt nicht erkennen, inwieweit der „regelmäßige Gedankenaustausch" in diesem „kleinen Kreis staatswissenschaftlicher Gebildeter" in dem Sinne „politisiert" worden ist, daß politische Optionen von Gesellschaftsmitgliedern und ihre Zugehörigkeit zu einander bekämpfenden Lagern in Fragen der äußeren Kriegsziele, der Sozial-, Wirtschafts- und Verfassungspolitik die sachbezogene Integrationskraft der Gesellschaft bedroht hätte. Allerdings läßt ein Vergleich der Mitgliederlisten von

---

[172] Vgl. dazu Klaus Schwabe, Wissenschaft und Kriegsmoral. Die deutschen Hochschullehrer und die politischen Grundfragen des ersten Weltkrieges, Göttingen, Frankfurt 1969; Herbert Döring, Der „Weimarer Kreis". Untersuchungen zum politischen Bewußtsein deutscher Hochschullehrer in der Weimarer Republik, Meisenheim 1973; Klaus Böhme, Aufrufe und Reden deutscher Professoren im Ersten Weltkrieg, Stuttgart 1975; Klaus Vondung, Hg., Kriegserlebnis. Der erste Weltkrieg in der literarischen Gestaltung und symbolischen Deutung der Nationen, Göttingen 1980.

1913 und 1920 eine auffällige Kontinuität bzw. Verstärkung (Rohrbach, Troeltsch, Meinecke, Dernburg) bei der reformorientierten Gruppe der sogenannten „Gemäßigten" erkennen, während der 1914 aufgenommene Osteuropahistoriker und politische Publizist Theodor Schiemann eine schärfere Gangart befürwortete. Ein Bruch in der bisherigen Entwicklung ist nicht zu erkennen, wohl aber ein tiefer Einschnitt, und es verdient festgehalten zu werden, daß trotz starker Fluktuation[173] die Gesellschaft über den Krieg hinaus fortzubestehen vermochte, obgleich sie, ihrer Tradition gemäß und im Gegensatz zur Mittwochs-Gesellschaft[174] politische Relevanz bei der Themenformulierung und in den Diskussionen in den Vordergrund stellte und von wenigen Ausnahmen abgesehen aktuelle Probleme die Sitzungen zwischen Herbst 1914 und Anfang 1920 beherrschten. Friedrich Meinecke, Mitglied der Staatswissenschaftlichen wie der Mittwochs-Gesellschaft, vermerkte von letzterer in seinen Erinnerungen, man sei sich nicht menschlich so nahe gekommen wie in seinen Straßburger und Freiburger Kränzchen, „immer herrschte ein feiner und vornehmer Ton und eine Aufgeschlossenheit für das, was die anderen geistig zu geben hatten. (...) Es war eine Mischung von akademischer und gouvernementaler Luft, die ich hier atmete"[175]. Eben dies galt auch für die Staatswissenschaftliche Gesellschaft und wird eine sachliche Diskussion umstrittener Themen auch in den Kriegsjahren erlaubt haben, in denen das Zeitgeschehen fast alle Sitzungen bestimmte. Zwei Briefe vom Dezember 1914 an Hans Delbrück zeigen plastisch das Eindringen der Kriegssituation in die Sitzungsabende. So schrieb Theodor Schiemann, man könne die Frage der Internierung, öffentliche Meinung im Krieg etc. am besten in der nächsten Sitzung der Staatswissenschaftlichen Gesellschaft besprechen[176], die für den 28.12. angesetzt war. Am 1. Dezember nahm der Hansa-Bund-Präsident Rießer Bezug auf die Sitzung vom Vorabend, an dem der Historiker Otto Hintze über „die Gleichgewichtsidee im Staatensystem" gesprochen hatte (siehe auch den Faksimile-Abdruck): „Sehr geehrter Herr College: zu meinem lebhaften Bedauern habe ich erfahren, daß

---

[173] Ein anschauliches Bild vermitteln die handschriftlichen Korrekturen auf drei Exemplaren des gedruckten Mitgliederverzeichnisses von 1913 im Koblenzer Teilnachlaß Delbrücks, die zwischen 1913 und Anfang 1920 erfolgten und für den Neudruck vom Januar 1920 verwandt wurden.
[174] Erstaunt registrierte der Berliner Kunsthistoriker Wilhelm Weisbach, daß ohne jedes Anzeichen des sonst aufblühenden Chauvinismus noch im Herbst 1914 ruhige wissenschaftliche Vorträge in der Mittwochs-Gesellschaft gehalten wurden. W. Weisbach, Geist und Gewalt, Wien, München 1956, S. 89f.
[175] Friedrich Meinecke, Erlebtes 1862/1919, Stuttgart 1964, S. 263. Erstaunlicherweise berichtet Meinecke S. 263–269 eingehend über seine Eindrücke von der Mittwochs-Gesellschaft und von Delbrücks Mittwoch-Abend während des Krieges, ohne die Staatswissenschaftliche Gesellschaft zu erwähnen. Allerdings verweist Meineckes berühmter Berliner „Spaziergang" 1917/18 (vgl. ebd., S. 257–262) auf unsere Gesellschaft, da er diesen mit den Gesellschaftsmitgliedern Hintze, Troeltsch und Herkner unternahm.
[176] Berliner Delbrück-Nachlaß, Korresp. Schiemann.

Sie sich durch den von mir bei der gestrigen Diskussion in der Staatswissenschaftlichen Gesellschaft gebrauchten Ausdruck verletzt gefühlt haben, daß teilweise eine gewisse ‚flaue Stimmung' zu Tage getreten sei. Ich möchte feststellen, daß es nur meine Absicht war, hervorzuheben, daß meine Meinung über die jetzige Lage eine entschieden optimistischere ist, als die, gegen die ich mich wandte. Ich halte es daher umsomehr für meine Pflicht, den oben wiedergegebenen Ausdruck ohne Zögern zurückzuziehen, als ich, was ich kaum zu betonen brauche, selbstverständlich nicht die Absicht hatte, irgend Jemanden zu verletzen. Ich gebe ergebenst anheim, diese Zeilen, welche ich auch Herrn Collegen Hintze geschrieben habe, bei Beginn der nächsten Sitzung zu verlesen und begrüße Sie in aufrichtiger Hochschätzung Ihr Rießer."[177] Bei aller Verschärfung der innenpolitischen Fronten blieb doch das Bemühen um eine Aufrechterhaltung der sachbezogenen Gemeinsamkeiten vorherrschend.

Spiegeln die Themenformulierungen seit Oktober 1914 deutlich den jeweiligen aktuellen Hintergrund wider, so entsprach ihre Bandbreite der Vorkriegszeit, insofern Fragen der Sozial-, Handels- und Wirtschaftspolitik, Rechts- und Verkehrsfragen sowie Fragen der Umgestaltung von Lokal- und Staatsverwaltung im Vordergrund standen; die weiterhin gepflegten historischen Vorträge trugen nun sehr viel deutlicher einen politischen Bezug als vordem (Hintze November 1914, Meinecke November 1915, Schiemann Januar und Dezember 1917). Eine genauere, hier nicht zu leistende Überprüfung des Verzeichnisses im Spiegel des inneren und äußeren Geschehens im Kriege erklärt sehr häufig den jeweiligen Zeitpunkt der Vorträge, während andererseits bei zu starker Polarisierungsgefahr etwa im Frühsommer 1915 eine Erörterung in der Gesellschaft vermieden wurde[178]. Zu einer allgemeinen Aussprache über die Kriegsziele kam es nur einmal am 27.3.1916 nach einer Einführung von Geheimrat Zacher; unmittelbar vorangegangen war der am 12. März durch Bethmann-Hollweg erzwungene Rücktritt seines Intimfeindes Tirpitz und die Warnung des Kanzlers im Reichstag vom 18. März vor den Folgen des verschärften U-Boot-Krieges, der die USA in den Krieg ziehen werde („Man wird uns erschlagen wie einen tollen Hund"). Am 31.1.1916 hatte Triepel über „die Freiheit der Meere" gesprochen, für die der Kanzler erst im Sommer in Reaktion auf die Pariser Konferenz vom 14.–17. Juli eintrat, auf der die Alliierten Blockade-Maßnahmen gegen die Mittelmächte vereinbarten. Über das Hilfsdienstgesetz von Dezember 1916, das einen zentralen Einschnitt in der deutschen Wirtschafts- und Sozialgeschichte markiert[179], sprach unter dem Aspekt der Neuorientie-

---

[177] Ebd., Korresp. Rießer.
[178] Ein unmittelbarer Reflex auf die alldeutsch initiierte „Intellektuelleneingabe" vom 20.6.1915 an den Reichskanzler mit 1347 Unterschriften, darunter 352 Professoren und Delbrücks Gegeneingabe vom 8./9. Juli mit 141 Unterschriften läßt sich in der Gesellschaft nicht feststellen.
[179] Vgl. dazu Jürgen Kocka, Klassengesellschaft im Krieg. Deutsche Sozialgeschichte 1914–1918, ²Göttingen 1978.

Die Staatswissenschaftliche Gesellschaft

**Geheimer Justizrat
Dr. Riesser**, Mitglied
ordentl. Honorar-Professor an der
Universität Berlin
Lichtenstein-Allee 4

Fernruf: Lützow, 1053.

Telegramm-Adresse:
Geheimrat Riesser Berlin

Berlin W 10, den 1. Dec. 1914

Sehr geehrter Herr
Collega!

Zu meinem lebhaften Bedauern sehe ich ersehen, daß Sie sich durch den von mir bei der gestrigen Diskussion in der Staatswissenschaftlichen Gesellschaft gebrauchten Ausdruck verletzt gefühlt haben, daß theilweise eine gewisse „flaue Stimmung" zu Tage getreten sei.

Ich möchte feststellen, daß es nie meine Absicht war, vorauszusehen, daß meine Meinung über die jetzige Lage eine erheblich optimistischere ist, als die, gegen die ich mich wandte. Ich halte es daher umsomehr für meine Pflicht, den oben wiedergegebenen Ausdruck ohne Zögern zurückzuziehen, als ich, was ich kaum zu betonen brauche, selbstverständlich nicht die Absicht hatte, irgend Jemanden zu verletzen.

Ich gebe angeheft anheim, diese Zeilen, welche ich auch Herrn Coll. Hintze geschrieben habe, bei Beginn der nächsten Sitzung zu verlesen u. begrüße Sie

Ihr aufrichtiger Hochschätzung
J. Riesser

S.h.
Herrn Geh.Rat
Prof. D. Hans Delbrück
Hier.

rung der inneren Politik Admiralitätsrat Harms am 27.4.1917. Zwanzig Tage nach der von Kiel aus entfachten Novemberrevolution sprach Admiral Dick am 19.11.1918 „über die jüngsten Vorgänge in der Marine"[180]. Nach dem Zusammenbruch des Kaiserreichs stand nach einem Vortrag Zachers vom 27.12.1918 über die Regelung des Arbeitsmarktes — vermutlich im Rahmen der Demobilmachung und des Übergangs von der Kriegs- zur Friedenswirtschaft — in den ersten Monaten des Jahres 1919 die Frage der neuen Reichsverfassung beherrschend im Mittelpunkt mit Vorträgen Triepels und Freunds sowie einer von Kaufmann eingeleiteten Aussprache. Es ist sehr zu bedauern, daß über die einzelnen Sitzungen keine inhaltlichen Aufzeichnungen vorliegen, da die Verfassungsdiskussionen innerhalb der Gesellschaft ein interessantes Schlaglicht auf die Frühgeschichte der Weimarer Republik werfen dürften[181]. Der Gedankengang von Ernst Troeltsch' Vortrag vom 27.6.1919 („Angriff auf die Demokratie") wird aus seinen Spektator-Briefen zu rekonstruieren sein[182].

Den Beschluß unseres Berichtes, der sich — äußerlich — an dem Sekretariat Delbrücks und dem Vortragsverzeichnis von Januar 1920 orientiert, stellen die beiden Sitzungen vom 2. und 30.1.1920 dar, in denen der frühere Kolonial-Staatssekretär und Mitbegründer der Deutschen Demokratischen Partei Bernhard Dernburg[183] nach einer allgemeinen Einleitung über die einzelnen Steuergesetze der Reichsfinanzreform Matthias Erzbergers berichtete, die seit seinem Amtsantritt Mai 1919 vorbereitet, März 1920 mit der Reichsabgabenordnung und dem Landessteuergesetz realisiert und durch den Beleidigungsprozeß Helfferich ./. Erzberger überschattet wurde, der Mitte März die Demission des Ministers nach sich zog[184], dessen parteipolitische Karriere in der Zentrumspartei und dessen persönlicher Habitus in krassem Widerspruch zum Milieu der Staatswissenschaftlichen Gesellschaft standen. 1914 hatte der ungewöhnlich fleißige Politiker die Forderung nach Parlamentarisierung mit einer grundsätzlichen Kritik am deutschen konstitutionellen Verfassungssystem des Kaiserreichs verbunden[185], die den Gegenpol zu Delbrücks gleichzeitig erschienener Verteidigung eben dieses vorwiegend auf Bildung, Bürokratie und Monarchie beruhenden Systems darstellte[186], das der Gründer der Staatswissenschaftlichen Gesellschaft, Gustav v. Schmoller, letztmalig 1916 in einer vergleichenden Kritik der Delbrück-Broschüre und der 1915 erschienenen linksliberal-demokra-

---

[180] Leider fehlt der Raum, um die Kriegsvorträge eingehend zu würdigen, die ein faszierendes Spiegelbild dieser Jahre in hoher Reflexion ergeben. Erst die jüngere Weltkriegsforschung hat sich vielen hier erörterten Fragen wieder zugewandt.
[181] Vgl. dazu Ernst Rudolf Huber, Deutsche Verfassungsgeschichte seit 1789, Bd. 5, Stuttgart 1980.
[182] Ernst Troeltsch, Spektator-Briefe. Aufsätze über die deutsche Revolution und die Weltpolitik 1918/22, hg. von H. Baron, Tübingen 1924.
[183] Vgl. Werner Schiefel, Bernhard Dernburg 1865-1937, Zürich, Freiburg 1974.
[184] Vgl. Theodor Eschenburg, Matthias Erzberger, 1973.
[185] Matthias Erzberger, Politik und Völkerleben, Paderborn 1914.
[186] Hans Delbrück, Regierung und Volkswille, Berlin 1914, ²Berlin 1920.

tisch gefärbten Schrift des Mitbegründers der Weimarer Reichsverfassung Hugo Preuß („Das deutsche Volk und die Politik") warm verteidigte[187].

Mit dem so unerwartet raschen und vollständigen Zusammenbruch des Kaiserreichs Ende 1918 endete auch das erste Kapitel in der Geschichte der Staatswissenschaftlichen Gesellschaft, die von dem Glauben an die klärende politische Erkenntnis- und Gestaltungsmächtigkeit von Bürokratie und Bildung im obrigkeitsstaatlichen Beamtenstaat getragen war und ein eindrucksvolles Zeugnis von dessen Leistungsfähigkeit jenseits politischer und sozialer Verkrustungen ablegte. „Die große Zeit der Verwaltung in der deutschen Staatsgeschichte wird immer das 19. Jahrhundert bleiben", stellte Ernst Forsthoff einmal fest, wenngleich Max Webers kritische Analyse dieses Verwaltungsstaates nach wie vor Gültigkeit besitzt[188]. Zutreffend, wenn auch mit überspitzt kritischem Tenor formulierte jüngst Graf von Krockow: „Ausbildungsmonopol für höhere Beamte in einem von Beamten beherrschten Obrigkeitsstaat, durch gelehrte Leistungen erworbenes nationales und internationales Ansehen, politische Wortführerschaft: Keiner der drei Faktoren hätte für sich genommen wohl viel bedeutet. Erst aus ihrer Kombination ergab sich Ungewöhnliches, ja Einzigartiges."[189]

---

[187] Gustav v. Schmoller, Obrigkeitsstaat und Volksstaat, ein mißverständlicher Gegensatz, in: Schmollers Jahrbuch, N.F., Jg. 40, Bd. 4, 1916, S. 423–434.
[188] Ernst Forsthoff, Rechtsstaat im Wandel, Stuttgart 1964, S. 58; Max Weber, Parlament und Regierung im neugeordneten Deutschland (Mai 1918), in: Gesammelte politische Schriften, ²Tübingen 1958, S. 294ff.
[189] Christian Graf von Krockow, Scheiterhaufen. Größe und Elend des deutschen Geistes, Berlin 1983, S. 60.

Wolfram Fischer

Die Vorträge vor der Staatswissenschaftlichen Gesellschaft als Spiegel ihrer Zeit, 1919–1945

Es hat immer zu den Zielen der Staatswissenschaftlichen Gesellschaft gehört, aktuelle Probleme zu diskutieren. In den ersten Jahrzehnten sah die Satzung deshalb vor, daß die Vorträge „streng vertraulich" gehalten werden und die sich anschließende Besprechung sogar „geheim gehalten werden müsse", um den Beamten unter den Mitgliedern Gelegenheit zu geben, „über laufende von ihnen bearbeitete Angelegenheiten vorzutragen". Sie sollten aus den Verhandlungen der Gesellschaft „Anhaltspunkte für die weitere Bearbeitung ihrer Sachen finden können".[1]

Im Laufe der Jahre traten freilich solche Vorträge gegenüber mehr akademischen zurück, weil der größere Teil der Mitglieder von den Universitäten kam. Dennoch spiegeln sich auch in ihren Vorträgen die jeweiligen wirtschaftlichen, sozialen, politischen, aber auch kulturellen Probleme der Zeit wider.

Daneben scheint jedoch auch die jeweils fachliche und berufliche Zusammensetzung der Mitglieder durch, denn es liegt nahe, daß der Redner sich vor allem zu denjenigen Problemen äußerte, für die er eine Fachkompetenz besaß. Dieses Moment wird besonders bei den Vorträgen derjenigen Mitglieder deutlich, die nicht „Staatswissenschaftler" im engeren Sinne, Politiker oder Beamte waren, sondern aus dem Umfeld der Staatswissenschaft hinzugezogen wurden: Geographen, Pädagogen, Philosophen, Historiker. Beginnen wir daher mit der Vortragstätigkeit einiger solcher „Außenseiter" innerhalb der Staatswissenschaftlichen Gesellschaft. Es wird sich herausstellen, daß auch sie, soweit es ihnen von ihrem Fach her möglich war, zu jeweils aktuellen Problemen Stellung nahmen.

Im Jahr 1922 wurde der Philosoph, Pädagoge und Psychologe Eduard Spranger, der 1920, von Leipzig kommend, Ordinarius an der Berliner Universität geworden war, in die Staatswissenschaftliche Gesellschaft aufgenommen. Im Januar 1923 hielt er den ersten von insgesamt sechs Vorträgen vor

---

[1] v. d. Leyen, Ein halbes Jahrhundert Staatswissenschaftliche Gesellschaft. Vortrag gehalten bei der Festsitzung am 28. April 1933, S. 4.

der Gesellschaft. Er handelte von der „Soziologie der gegenwärtigen Jugendbewegung". Spranger, ein Schüler des großen Kulturphilosophen Wilhelm Dilthey, der ebenfalls für kurze Zeit Mitglied der Gesellschaft gewesen, dann aber ausgetreten war, „weil er das Tabaksrauchen nicht vertragen konnte"[2], beschäftigte sich in diesen Jahren mit der „Psychologie des Jugendalters", die 1924 erscheinen und zahlreiche Auflagen, auch noch nach dem Zweiten Weltkrieg, erleben sollte. In diesem Zusammenhang interessierte ihn auch die Jugendbewegung, deren wichtigster Zweig, der Wandervogel, von einem Steglitzer Gymnasium ausgegangen war. Er sah in ihr „eine letzte Welle der großen individualistischen Emanzipationsbewegung, die die moderne Gesellschaft seit der Aufklärung und der Französischen Revolution durchzittert", und er erkannte in ihr einen seltsamen Kontrast: einmal einen zum „Individualitätskultus" gesteigerten Individualismus, zum anderen das Bekenntnis zum „Gemeinschaftserlebnis", und er formulierte: „Das Zentralerlebnis der Jugendbewegung ist die ‚Erweckung' zur Gemeinschaft."[3] Spranger sprach damit ein zentrales Thema an, das den Generationenkonflikt des frühen 20. Jahrhunderts bestimmte.

Erst fünf Jahre später, im Januar 1928, ergriff Spranger zum zweiten Male das Wort, wieder um zu einem aktuellen, diesmal aber sehr viel nüchterneren Thema Stellung zu nehmen. Er behandelte das Reichsschulgesetz von 1927 „als Ausdruck der geistigen Krisis der Gegenwart". Der Zusammenhang von Organisationsfragen des Schul- und Hochschulwesens mit den Sinnfragen der Gegenwart hat ihn immer wieder beschäftigt. Vier Jahre später, im Januar 1932, trägt er den Mitgliedern der Gesellschaft seine Gedanken zu „Abiturientenexamen und Universitätsreform" vor, und im Mai 1936 spricht er über die „Schicksale der Wissenschaft in der modernen Kultur". Kurz darauf meldete er sich bei der Gesellschaft für ein Jahr ab, um die Leitung des deutsch-japanischen Kulturinstituts in Tokio zu übernehmen. Dieses Japan-Jahr war für ihn ein großes, spätes Bildungs- und Kulturerlebnis. Nach seiner Rückkehr wird er im Juni 1938 in der Festsitzung darüber berichten: „Japanische Kulturfragen" ist dieser Festvortrag überschrieben. Im letzten Kriegsjahr spricht Spranger zum letzten Male vor der Gesellschaft. „Entstehung und Gegenwartsaufgaben der deutschen Volksschule" heißt nun das Thema, scheinbar losgelöst von den drängenden Fragen der Zeit. Knapp vier Wochen vor dem 20. Juli, in den mehrere Mitglieder der Gesellschaft verwickelt waren und in dessen weiterem Umkreis auch Eduard Spranger stand[4], widmete er sich einem streng fachlichen Thema.

Öfter noch als Spranger sprach der Historiker Fritz Hartung vor der Gesellschaft, nämlich sieben Mal. Hartung war 1923 von Kiel an die Friedrich-Wil-

---

[2] Ebd., S. 9.
[3] Eduard Spranger, Psychologie des Jugendalters. [19] 1949, S. 299.
[4] Vgl. dazu u.a. K. Scholder (Hg.), Die Mittwochsgesellschaft. Protokolle aus dem geistigen Deutschland 1932–1944. Berlin 1982, S. 35ff.

helms-Universität in Berlin berufen und 1926 in die Staatswissenschaftliche Gesellschaft aufgenommen worden. Seinen Einstand gab er erst 1930 mit einem Vortrag über „Berufsbeamtentum und Staat", ein in den Spätjahren der Weimarer Republik erneut aktuell gewordenes Thema, für das Hartung aus seinen Studien zur deutschen Verfassungs- und Verwaltungsgeschichte eine große Expertise besaß. Hartung war der Vertreter einer nüchternen, preußisch geprägten deutschen Geschichtsbetrachtung. 1935 sprach er zum zweiten Male, diesmal über „Volk und Staat in der deutschen Geschichte", damit einen Titel vorwegnehmend, unter dem er 1940 eine Reihe seiner Aufsätze, die zum Teil noch aus der Zeit von vor dem Ersten Weltkrieg stammten, wieder abdruckte.[5] Was er mit seinem dritten Vortrag „Ein Fabeltier unserer Zeit" im Februar 1939 meinte, ist heute nicht mehr auszumachen, aber im Spätherbst des gleichen Jahres stellte er sich einem höchst aktuellen Thema. Wenige Wochen nach Beendigung des Polenfeldzugs sprach er über „Die deutsche Polenpolitik im Weltkrieg". Ob er Parallelen ziehen wollte? In den späteren Kriegsjahren wandte er sich dann ganz den Fragen der preußisch-deutschen Geschichte zu, für die er Experte war, und doch schwingt auch in diesen Themen ein Stück Aktualität mit, und die Vermutung geht wohl nicht fehl, daß er im historischen Vergleich auf Schwächen der nationalsozialistischen Gegenwart aufmerksam machen wollte. „Die Frage der einheitlichen Staatsführung der preußisch-deutschen Monarchie" konnte man angesichts des Kompetenzwirrwars im NS-Staat in März 1942 durchaus in kritischer Absicht stellen, ebenso wie man die Gestalt des „politischen Beamten im alten Preußen" als Vorbild hinstellen konnte (Mai 1944) oder den „Landsturm von 1813" (November 1944) als Vergleich zu dem letzten Aufgebot des Zweiten Weltkriegs behandeln konnte. Wer Hartung kannte, wird eine historisch genaue, der Gegenwart gegenüber skeptische, weder jubelnde noch völlig verneinende Grundhaltung vermuten. Hartung war eher ein preußischer Patriot als ein überschwenglicher Nationalist.

Hartung blieb auch nach dem Kriege in Berlin, und zwar als Professor an der alten Friedrich-Wilhelm-Universität, die bald in Humboldt-Universität umbenannt werden sollte. Dort galt er als einer der letzten „bürgerlichen Historiker". An die Freie Universität wechselte er trotz seines Wohnsitzes im Westen der Stadt nicht, weil er den Zusammenhalt der alten Institutionen soweit als möglich erhalten wollte. Noch jahrelang nach seiner Emeritierung blieb er Mitglied der ehem. Preußischen, nun Deutschen Akademie der Wissenschaften in (Ost)-Berlin und gab in dieser Eigenschaft die „Jahresberichte zur deutschen Geschichte" in der alten Akademietradition heraus. Auch an der Wiederbelebung der Staatswissenschaftlichen Gesellschaft beteiligte er sich und war von 1958 bis 1960 einer der beiden Vorsitzenden.

---

[5] F. Hartung, Volk und Staat in der deutschen Geschichte. Leipzig 1940.

Anders als die zurückhaltend-skeptischen „Preußen" Spranger und Hartung war der Publizist und Dozent für Kolonialwirtschaft Paul Rohrbach eher Nationalist und Verfechter der europäischen Kulturmission in aller Welt. Seine Herkunft aus Livland, wo er 1869 geboren worden war, und seine Ausbildung als Theologe mögen eine Erklärung dafür sein. Er war seit 1917 Mitglied der Staatswissenschaftlichen Gesellschaft und äußerte sich noch im gleichen Jahr, kurz vor der russischen Revolution, über die „Friedens- und Fremdvölkerfrage in Rußland". Dann sprach er erst 1921 wieder, und zwar über „Methoden psychologischer Beeinflussung in der auswärtigen Politik". In den folgenden Jahren trug er öfter als jeder andere vor (insgesamt zehn Mal), meist über fremde Länder, die er bereist hatte, 1923 über England und Frankreich, 1925 über die Vereinigten Staaten von Amerika. Im Sommer 1926 muß es eine heiße Diskussion gegeben haben, denn sein Vortrag über „Deutsche Minderheitsfragen" am 4. Juni fand nach nur dreiwöchiger Pause eine Fortsetzung. Im Januar 1927 besprach er ein Buch „Der Aufstand gegen die Kultur". Nach längerer Pause kehrte er wieder zu seinen Hauptthemen zurück: 1936 referierte er über „Die Kolonialfrage", 1940 über eine Reise in seine baltische Heimat während der Umsiedlung und 1942, kurz vor seinem 73. Geburtstag, über das höchst aktuelle Thema „Osteuropa, politisch und wirtschaftlich gesehen".

Mit Otto Auhagen, der ebenso wie Rohrbach 1869 geboren war, hatte die Staatswissenschaftliche Gesellschaft seit 1928 einen zweiten Rußlandsachverständigen als Mitglied, der in der Öffentlichkeit allerdings weit weniger bekannt geworden ist, weil er sehr viel stärker als wissenschaftlicher Experte denn als Publizist wirkte. Seit 1906 lebte er meistens in Berlin, war aber vorübergehend als Sachverständiger der deutschen Botschaft in Moskau (1927) bzw. als Direktor des Osteuropainstituts in Breslau (1931–33) tätig. Vor der Gesellschaft hat er bis 1942 insgesamt sechs Mal das Wort ergriffen. Seine Beiträge galten stets seinem Spezialgebiet. Seinen Einstand gab er im Januar 1929 mit einem Vortrag über „Die russische Agrarfrage", die mit der Kollektivierungspolitik Stalins und dem ersten Fünfjahresplan eben in ein neues Stadium getreten war. Im nächsten Jahr informierte er die Mitglieder über „Die wirtschaftliche Lage in der Sowjetunion", 1934 über „Die Ethik des Bolschewismus", im nächsten Jahr über „Entwicklungstendenzen in der Sowjetunion", kurz nach Kriegsbeginn, im Herbst 1939 sprach er über „Die Sowjetwirtschaft in ihrer Bedeutung für Deutschland" und im Januar 1942 über die „Ansiedlung deutscher Bauern in den neuen Ostgebieten". Dagegen hatte er sich in den 1920er Jahren in Moskau erfolgreich dafür eingesetzt, daß deutsche Bauern aus der Sowjetunion ausreisen durften. Für Tausende konnte er eine Ansiedlung in Brasilien erwirken, wo man aus Dankbarkeit ein Dorf nach ihm benannte. Er starb beim Einmarsch der sowjetischen Truppen in Berlin, am 25. April 1945.

Osteuropäische Probleme kehrten bei den Veranstaltungen der Gesellschaft oft wieder. 1925 und 1927 sprach Landrat Erich v. Oettingen über „Die kommunistische Wirtschaft und Politik Sowjetrußlands" und über den „Marxismus in seiner praktischen Durchführung in der Sowjetunion", 1937 der Nationalökonom und ehemalige deutsche Gesandte in Moskau, Kurt Wiedenfeld, der im Jahr zuvor zur Staatswissenschaftlichen Gesellschaft gestoßen war, über das „Kosaken- und Nomadenleben in der Kirgisensteppe".

Auch der letzte Vortrag, der im Angesicht des Angriffs sowjetischer Truppen auf Berlin am 10. März 1945 in der Privatwohnung Dr. de la Chevalleries in Zehlendorf stattfand, war einem sowjetischen Thema gewidmet, das nun freilich für die Bürger Berlins selbst sehr relevant zu werden drohte. Er galt dem „Recht des persönlichen Eigentums der Bürger in der Sowjetunion". Vortragender war Ministerialrat Dr. jur. Walter Spieß von der Direktion der Reichsbahn.

In den vierziger Jahren wurden gelegentlich auch Probleme des Nahen Ostens berührt. So sprach der Wirtschaftspublizist Dr. Reinhold Hüber 1940 über „Arabien als Schwelle und Riegel" und 1943 über „Die Türkei im Kriege'.

Stärker als der Nahe war der Ferne Osten vertreten. Mit Otto Franke gewann die Staatswissenschaftliche Gesellschaft 1925 den bedeutendsten Sinologen des damaligen Deutschland. Franke (geb. 1863) hatte von 1888 bis 1901 in China gelebt, war 1910 Professor in Hamburg geworden und wurde 1923, also im Alter von 60 Jahren, an die Friedrich-Wilhelms-Universität berufen. Nach seiner Emeritierung veröffentlichte er von 1930 bis 1935 seine berühmte „Geschichte des chinesischen Reiches" in fünf Bänden, die für mindestens eine Generation ein Standardwerk der internationalen Chinaliteratur darstellte. In die Gesellschaft führte er sich 1927 mit einem Vortrag ein über „Die Krisis im Chinesentum". 1929 sprach er über die Auseinandersetzung der beiden Flügel in der chinesischen Politik der Gegenwart: „Sunyatsenismus und Bolschewismus in China". 1932 war „Die Bauernbewegung in China" sein Thema. 1934 gab er „Streiflichter zur Lage im Fernen Osten", und 1936 zeigte er, höchst aktuell zur Zeit der japanischen Versuche, Einfluß in China, Korea und der Mandschurei zu erringen, die „Geistigen Grundlagen im japanischen Machtstreben" auf. Auch seinem letzten Vortrag kann man aktuellen Bezug nicht absprechen. Nachdem die deutschen Winteroffensive in Rußland steckengeblieben war und die Möglichkeit einer Gegenoffensive Stalins nicht mehr von der Hand zu weisen war, informierte der fast achtzigjährige Gelehrte die Mitglieder der Gesellschaft am 14. Februar 1942 über Dschingis Khan. Otto Franke starb am 5. August 1946 in Berlin.

1942 hörte die Gesellschaft noch einen weiteren Vortrag über den Fernen Osten und zwar über „Die Umformung Ostasiens in der Weltkrise". Redner war Theodor Strewe, Geschäftsführendes Mitglied der China-Studiengesellschaft und seit 1939 Mitglied der Staatswissenschaftlichen Gesellschaft, und 1943 unterrichtete der General der Flieger, Erich Quade, seit 1936 in der

Gesellschaft, deren Mitglieder über „Japan und die Japanische Luftflotte im Kriege".

Auch die westlichen Länder und deren Politik nahmen sowohl in den zwanziger wie den dreißiger Jahren breiten Raum in den Veranstaltungen der Gesellschaft ein; dann traten sie zurück. Daß Paul Rohrbach sowohl über England wie Frankreich wie die USA gesprochen hatte, sahen wir schon. Der letzte Vortrag des langjährigen Sekretärs der Gesellschaft und bedeutenden Historikers und politischen Publizisten der Kaiserzeit, Hans Delbrück, galt am 31.10.1919 der heiklen, aber zu spät gestellten Frage: „Hätten wir uns mit Rußland oder England im Krieg verständigen sollen?" 1924 sprach der Agrarwissenschaftler Max Sering über die „Agrarverfassung Englands", und der Amerikareferent des Auswärtigen Amtes, Legationsrat Hermann Davidsen, über die amerikanische Präsidentenwahl, 1925 der im Vorjahr aufgenommene Geh. Regierungsrat Hermann Schlüpmann, Vorsitzender Geschäftsführer der OSRAM-Gesellschaft, über Reiseeindrücke aus den USA, 1926 der Nationalökonom Hermann Schumacher, seit 1917 in der Gesellschaft, über „Die amerikanischen Methoden der Rationalisierung der industriellen Produktion", ein damals viel diskutiertes Thema, 1927 erneut Hermann Davidsen über den „französisch-amerikanischen Zollkonflikt und seine Hintergründe", 1928 der Geographieprofessor Albrecht Penck über seine Reiseeindrücke in den USA und der Generalleutnant Kurt Moewes über „Das französische Heer nach den neuen französischen Militärgesetzen". 1929 machte der Leiter der Finanz- und Rechtsabteilung der Deutschen Reichsbahn, Ludwig Homberger, „Mitteilungen über die nordamerikanischen Eisenbahnen". Dann trat eine Pause ein. Aber 1931 folgte einem Vortrag über Planwirtschaft im englischen Elektrizitätswesen im April schon im Mai erneut Legationsrat Davidsen mit einem Amerikathema: Herbert Hoover. 1935 hielt Davidsen seinen vierten Vortrag, diesmal über Roosevelts Handelsvertragspolitik, 1937 führte sich der Fregattenkapitän Albert Scheibe mit einem Vortrag über Englands Lage im Mittelmeer in die Staatswissenschaftliche Gesellschaft ein. Noch im gleichen Jahr sprach der ehemalige Vizepräsident des Deutschen und Preußischen Städtetags, Fritz Elsaß, der von 1931 bis 1933 auch Berliner Bürgermeister gewesen war, über Kommunalpolitik in England („Englische Gemeindefragen") und der noch junge politische Geograph und Mitarbeiter des Auswärtigen Amtes, Albrecht Haushofer, über die Entwicklung der britischen Außenpolitik seit 1931. Ob auch der vielsagende Titel des großen Völkerrechtlers Heinrich Triepel über die „Auswärtige Politik der Unverantwortlichen" mit England zu tun hatte, oder ob sie eher eine Kritik am eigenen Hause war, läßt sich heute nicht mehr sagen. Triepel stand damals schon im 70. Lebensjahr. Er war 1915 der Gesellschaft beigetreten, und dies war sein sechster Vortrag.

1939 befaßte sich Fregattenkapitän Scheibe erneut mit den „Vereinigten Staaten von Amerika wirtschaftlich und politisch", und 1941 gab der im Jahr zuvor aufgenommene ehemalige Kammerdirektor Dr. phil. Dr. jur. Martin Asmis Reiseeindrücke aus Brasilien wieder, einer Region, die sonst in den Besprechungen der Gesellschaft nicht vorkam.

Häufig wurden jedoch internationale Themen oder Probleme der deutschen Außenpolitik und Außenwirtschaft diskutiert. Dazu trugen sowohl Praktiker wie Völkerrechtler bei. So berichtete der Ministerialdirektor im Auswärtigen Amt Hubert Knipping im Frühjahr 1921 über „Unsere handelspolitische Lage in Ostasien" und kurz darauf Professor Alfred von der Leyen über „Die Konferenz des Völkerbundes in Barcelona". Im Jahr darauf behandelte Staatssekretär Dr. Karl Stieler die Verkehrsfragen auf der Konferenz in Genua, auf der 1922 sich überraschend die beiden Verliermächte des Ersten Weltkriegs, Rußland und Deutschland, zusammengefunden hatten und nach einer ergebnislosen Konferenz mit den Alliierten im benachbarten Rapallo den Vertrag abschlossen, mit dem sie gegenseitig auf Ansprüche aus dem Ersten Weltkrieg verzichteten, diplomatische Beziehungen aufnahmen und eine Zusammenarbeit auf wirtschaftlichem und militärischem Gebiet vereinbarten.

1925 nahm von der Leyen noch einmal „Internationale Eisenbahnfragen" auf. 1927, im Februar, berichtete der Staatssekretär a. D. Carl Bergmann, der Deutschland bei den Reparationsverhandlungen unmittelbar nach dem Krieg oft vertreten und das maßgebende Buch über den „Weg der Reparationen" geschrieben hatte, über den „gegenwärtigen Stand der Reparationsleistungen". Zu dieser Zeit war der von ihm gepriesene Dawes-Plan, der dieses Thema zu entpolitisieren suchte, in Kraft, und es sah so aus, als ob auf diesem Weg allmählich eine dauerhafte Lösung des Problems zu finden sei. 1930 trat an seine Stelle der Young-Plan, der dem Deutschen Reich eine Reihe von Souveränitätsrechten wiedergab, andererseits aber den Transferschutz entzog, den ihm die Dawes-Kommission zugebilligt hatte für den Fall, daß es nicht genügend Devisen zur Bezahlung erlangen konnte. Kaum in Kraft gesetzt, erschien auch der Young-Plan wieder revisionsbedürftig, und Carl Bergmann war der geeignete Mann, um im Februar 1931 die Mitglieder der Gesellschaft sachkundig zu unterrichten. Im gleichen Jahr sprach der Historiker und Reserveoffizier Erich Marcks über die nicht recht vorankommenden Bemühungen des Völkerbundes um Abrüstung, im Jahr darauf der Geograph und Ozeonograph Albrecht Penck über das sehr viel erfreulichere Thema der internationalen wissenschaftlichen Beziehungen. In den Bereich der internationalen Beziehungen gehörte auch der letzte Vortrag während der Weimarer Republik. Am 27. Januar 1933, drei Tage vor der Machtübertragung an Hitler, sprach der Staats- und Völkerrechtler Heinrich Triepel „Über Hegemonie". War es nur wissenschaftliches Interesse oder auch Prophetie, die ihn das Thema wählen ließen? 1938 jedenfalls veröffentlichte er dann sein gleichnamiges Werk.

Internationale Themen rissen auch nach dem 30. Januar nicht ab. Noch im

Frühjahr 1933 äußerte sich der Präsident des Preußischen Statistischen Landesamtes, Konrad Saenger, über „Die Bevölkerungsfrage im Lichte der Weltwirtschaft", 1936 Prof. Wilhelm Freiherr von Bissing, der nach dem Krieg zu einem Wiederbegründer der Gesellschaft werden sollte, über „Wandlungen des deutschen Außenhandels" und im folgenden Jahr der Ministerialrat Wilfried von Eisenhart-Rothe „Zur Lage der Weltwirtschaft", die gerade 1937 in eine neue Rezession fiel, während in Deutschland infolge der Aufrüstung Hochkonjunktur herrschte. 1938 waren gleich zwei Vorträge dem Verhältnis zum westlichen Nachbarn gewidmet. Der Geheime Oberbergrat Fritz Bennhold, einer der besten Kenner des deutschen Bergrechts und der deutschen Bergwirtschaft, befaßte sich mit der „Rückgliederung der Saarkohle", und der Botschaftsrat Oskar Freiherr von der Lancken-Wakenitz sprach über das deutsch-französische Verhältnis. 1941 spricht dann Theodor Strewe über „Deutschland und die Probleme des Fernen Ostens". Auch der Vortrag von Albrecht Haushofer über „Wandlungen des geschichtlichen Raumwertes" vom 29.11.1941 gehört noch in diese Gruppe vorwiegend weltpolitischer und weltwirtschaftlicher Themen.

Die Mehrzahl der Vorträge widmet sich freilich deutschen Problemen. Das wird besonders deutlich in den ersten Jahren der Weimarer Republik, als zahlreiche verfassungs- und innenpolitische Fragen besprochen werden, gelegentlich aber auch Historiker oder Offiziere Rückblicke auf vergangene Ereignisse in Krieg und Frieden geben. Berichtet noch im Spätherbst 1918 Admiral Dick über „Die jüngsten Vorgänge in der Marine", d.h. die Meuterei, die den Anstoß zur Revolution gegeben hatte, so stand das Jahr 1919 ganz im Zeichen der Arbeit an der Verfassung. Heinrich Triepel nahm als erster im Januar zu den Grundfragen der künftigen Reichsverfassung Stellung. Gleich im nächsten Monat berichtete der Staatssekretär im preußischen Ministerium des Innern, Friedrich Freund, über die Beratungen des Entwurfs einer Reichsverfassung im Staatenausschuß, und im April setzte man die Aussprache fort, nachdem ein anderer Staatsrechtler, der geniale Erich Kaufmann, der 30 Jahre später als Rechtsberater der Bundesregierung tätig werden sollte, einige einleitende Worte gesagt hatte. Kaufmann war im Alter von 37 Jahren 1917 von Königsberg nach Berlin berufen worden und veröffentlichte 1919 ein Buch über die Grundfragen der zukünftigen Reichsverfassung.

1920 stand dann die Reichsfinanzreform im Mittelpunkt der Beratungen. Der ehemalige Staatssekretär im Reichskolonialamt, Bernhard Dernburg, seit 1915 Mitglied der Gesellschaft, war als Demokratischer Reichstagsabgeordneter im April 1919 zum Reichsfinanzminister im ersten Kabinett des Sozialdemokraten Hermann Müller ernannt worden und benutzte die Staatswissenschaftliche Gesellschaft noch im ersten Monat seiner nur kurzen Amtszeit, um in zwei Sitzungen den Entwurf einer Allgemeinen Einleitung und der einzelnen Steuergesetze zur Diskussion zu stellen. Im nächsten Jahr war es dann wieder an Heinrich Triepel, einige Anmerkungen zur neuen Preußischen Verfassung vorzutragen, und 1924 verglich Rudolf Smend, ein weiterer brillanter Staatsrechtler, der seit 1922 an der Berliner Universität tätig war und noch im gleichen Jahr in die Gesellschaft aufgenommen wurde, die Weimarer Verfassung mit der des Bismarckreichs.

Auch in den nächsten beiden Jahren häuften sich die aktuellen Themen aus der deutschen Innenpolitik: Der Major v. Gierl sprach über die Deutsche Reichswehr, der Fabrikant Heinrich Freese, der schon in den Jahrzehnten vor dem ersten Weltkrieg die Mitbestimmung der Arbeitnehmer in seinem Betrieb eingeführt und sich auch literarisch als praktischer Sozialreformer einen Namen gemacht hatte, berichtete über die ersten Erfahrungen mit dem Betriebsrätegesetz von 1920. Über „Beamtenräte und Beamtenausschüsse als Organe der Verwaltung" diskutierte man schon im Frühjahr 1919, als das Rätesystem noch als eine Alternative der deutschen Verfassungsentwicklung möglich schien. Der Vortragende war ein Verwaltungsfachmann, Geheimrat Felix Damme. 1922 standen die Sozialisierung, die Strafrechtsreform, die neue Stadt- und Landgemeindeordnung und die Sozialversicherung auf der Tagesordnung, im Mai 1923 „Die wirtschaftlichen Folgen des Ruhreinbruchs" der Franzosen und Belgier, die zur Sicherung ihrer Reparationsansprüche am 11. Januar ihre Truppen in das Ruhrgebiet hatten einmarschieren lassen. Die Reichsregierung rief den „passiven Widerstand" aus, und der Wert der Mark fiel ins Bodenlose. Im Spätherbst entschloß sich die neue Regierung Stresemann, den passiven Widerstand aufzugeben und eine Währungsreform durchzuführen. Finanz- und Währungsprobleme wurden daraufhin gleich dreimal diskutiert: noch im Sommer 1923 sprach der Staatssekretär im preußischen Finanzministerium, Heinrich Popitz, über den Finanzausgleich zwischen Reich und Ländern; im November legte der neue ernannte Reichswährungskommissar Hjalmar Schacht, seit 1921 Mitglied der Gesellschaft, in dem einzigen Vortrag, den er vor ihr hielt, seine Vorstellungen über die „Mobilisierung der Währung" dar. Im Januar 1924 schließlich erklärte der Geheime Regierungsrat Friedrich Schwartz den Mitgliedern den Zweck und die Organisation der Rentenbank, die für eine Übergangszeit die neue Währung, die Rentenmark, sichern helfen sollte.

Zu den Maßnahmen, die nach dem Dawes-Plan zur Sicherung der deutschen Reparationszahlungen zu treffen waren, gehörte die Verselbständigung der Reichsbahn, aus deren Erträgen ein beträchtlicher Teil der Reparationen kommen sollte. Professor Ludwig Homberger, Direktor der neu gegründeten Reichsbahngesellschaft, erläuterte 1925 den Mitgliedern das Unternehmen. Im Herbst 1926 nahm der Staatssekretär Georg Bodenstein das Thema noch einmal auf, diesmal mit besonderem Bezug auf „Die Bedeutung der Reichsbahngesellschaft für das deutsche Wirtschaftsleben und die von ihr zu tragenden Lasten". Auch 1934, als die Reparationszahlungen längst eingestellt waren, kam Homberger noch einmal auf Wirtschaftsfragen der Reichsbahn zurück. Selbst im Krieg widmete man sich nochmals der Eisenbahntarifpolitik.

Ein anderes Thema, das öfter wiederkehrte, war die Elektrizitätswirtschaft und Elektrizitätsversorgung. Gern ließen sich offensichtlich die Mitglieder von den Experten unter ihnen unterrichten. Dr. Ing. Hermann Schlüpmann, Vorsitzender Geschäftsführer der Osramgesellschaft, sprach 1925 über die Lichtwirtschaft. Der Direktor im Reichspostamt P. Fischer behandelte 1928 die wirtschaftlichen Probleme bei der Erzeugung und Verteilung von elektrischem Strom. Der TH-Professor Otto Kammerer nahm 1929 Deutschlands Energieversorgung unter die Lupe. Öfter kamen auch die Fragen der Kohlewirtschaft einschließlich ihrer internationalen Verteilung zur Sprache, wobei der Geheime Oberbergrat Fritz Bennhold als Redner besonders hervortrat.

Energieerzeugung und Kohlewirtschaft waren eng mit einem Problem verbunden, das in der Anfangsperiode der Weimarer Republik heiß diskutiert wurde, dann aber langsam in Vergessenheit geriet: der Sozialisierung. 1921 behandelte der Geheime Oberbergrat Carl Völkel die Sozialisierung des Kohlenbergbaus und im nächsten Jahr machte Werner Sombart, der bekannte Nationalökonom, dessen Vater Mitglied der Staatswissenschaftlichen Gesellschaft gewesen war, „einige Bemerkungen zum Sozialisierungssystem".

Es würde zu weit führen, auch die anderen innenpolitischen Themen im einzelnen aufzuführen, mit denen sich die Staatswissenschaftliche Gesellschaft in den zwanziger und dreißiger Jahren befaßte. Zu ihnen gehören Probleme der Landwirtschaft, der Bevölkerungsentwicklung, von Wohnung und Siedlung, des Kreditwesens, des gewerblichen Rechtsschutzes, des Beamten- und Strafrechts, der Verbände und der Kommunen. So sprach beispielsweise im Dezember 1932 Bürgermeister Fritz Elsaß über „Berliner Verwaltungsprobleme".

Die Machtübernahme durch die nationalsozialistische Regierung brachte eine Reihe neuer Themen in die Gesellschaft. Im Oktober 1933 referierte Dr. phil. Ernst Bräuer über den neuen Staatsbegriff, im November der Agrarwissenschaftler Prof. Kurt Ritter über das Bäuerliche Erbhofrecht. Wir wissen nicht, in welchem Sinne diese Referate gehalten wurden. Ritters Veröffentlichungen aus dieser Zeit, die den landwirtschaftlichen Produktionsbedingungen in vielen Ländern der Welt galten, lassen aber darauf schließen, daß er ihm eher kritisch gegenüberstand. Ganz gewiß war dies der Fall bei den Ausführungen, die der frühere Reichsminister Eduard Hamm, Mitglied der Demokratischen Partei, zum „Problemkreis Staat und Wirtschaft, unter Berücksichtigung des Nationalsozialismus" am 23. Februar 1934 hielt. Eduard Hamm war nach seinem Ausscheiden aus der Reichsregierung von 1925 bis 1933 geschäftsführendes Präsidialmitglied des Deutschen Industrie- und Handelstages. In der Deutschen Wirtschaftszeitung, dem Organ des Industrie- und Handelstages, hatte er 1932 eine Artikelreihe veranlaßt, die das Wirtschaftsprogramm der NSDAP einer scharfen Kritik unterzog. Noch in den letzten Wochen des Jahres 1932 verbreitete er sie in einer Broschüre mit seinem Geleitwort. Im Frühjahr 1933 mußte er daher seine Position verlassen. Er lebte zunächst weiter als Rechtsanwalt in Berlin, zog sich 1936 jedoch in seine bayerische Heimat zurück. Da er zu dem Kreis des deutschen Widerstandes gehörte, wurde er im Herbst 1944 verhaftet und setzte am 23. September 1944 seinem Leben durch einen Sprung aus dem Fenster ein Ende.

Hamm war 1879 geboren und 1929 in die Staatswissenschaftliche Gesellschaft aufgenommen worden. Zu seiner Altersgruppe gehörte auch der schon erwähnte Staats- und Völkerrechtler Erich Kaufmann. Er war 1920 nach Bonn gegangen, 1934 jedoch nach Berlin zurückberufen, im gleichen Jahr jedoch aus „rassischen" Gründen zwangsemeritiert worden. 1935 sprach er noch einmal in der Staatswissenschaftlichen Gesellschaft, und zwar über die „Grundlagen des heutigen europäischen Paktsystems". 1939 emigrierte er nach Holland, wo er überlebte. Als Berater der Bundesregierung in völkerrechtlichen Fragen und Professor in München und Bonn erwarb er sich nach dem Krieg großes Ansehen. Er starb 1972.

Auch der liberale Agrarwissenschaftler Constantin von Dietze, der der Bekennenden Kirche und dem Kreis um Goerdeler angehörte, überlebte trotz mehrfacher Verhaftung und schließlichen Einlieferung in das KZ Ravensbrück. Er stieß 1935 zur Staatswissenschaftlichen Gesellschaft und sprach 1936 über „Agrarische Planwirtschaft"; es kann kein Zweifel bestehen, daß er sie kritisch betrachtete. Nicht überlebt hat hingegen Johannes Popitz, seit 1922 Mitglied der Staatswissenschaftlichen Gesellschaft. Er war von April 1933 bis Juli 1944 Preußischer Finanzminister, wurde nach dem 20. Juli verhaftet, am 3. Oktober 1944 zum Tode verurteilt und am 2. Februar 1945 hingerichtet. Nicht überlebt hat auch Albrecht Haushofer, der Sohn des bekannten Geopolitikers und Freundes von Rudolf Heß. Haushofer war wie sein Vater politischer Geograph, stand jedoch dem Nationalsozialismus nicht nur kritisch gegenüber, sondern beteiligte sich am Widerstand. Seit 1936 war er Mitglied der Gesellschaft. Nach dem 20. Juli wurde er verhaftet und im April 1945 von der Gestapo erschossen. Wie er starb auch der 1939 in die Gesellschaft aufgenommene ehemalige Diplomat Albrecht Graf Bernstoff im April 1945 unter den Kugeln der Gestapo. Er hatte den diplomatischen Dienst verlassen und war in ein Berliner Privatbankhaus eingetreten, wodurch er in die Lage kam, vielen jüdischen Bürgern zu helfen. Kaum ein Jahr nach seiner Aufnahme in die Gesellschaft wurde er zum ersten Mal in das Konzentrationslager Dachau eingeliefert. 1943 wurde er erneut verhaftet, in das KZ Ravensbrück und später in das Berliner Gefängnis in der Lehrter Straße geschafft. Dort wurde er in der Nacht vom 24. auf den 25. April 1945 von der Gestapo abgeholt und ermordet. Zwei Tage vorher hatte schon den erst 1943 in die Gesellschaft aufgenommenen Rechtsanwalt und Syndikus der Deutschen Lufthansa Klaus Bonhoeffer, den Bruder des Theologen Dietrich Bonhoeffer, das gleiche Schicksal ereilt. Er wurde am 23. April 1945 hingerichtet.

Schon einige Monate zuvor, im Januar 1945, war ein anderes Mitglied der Staatswissenschaftlichen Gesellschaft ohne Gerichtsurteil von der Gestapo erschossen worden, Fritz Elsas. Der gebürtige Stuttgarter war in den 1920er Jahren als geschäftsführendes Vorstandsmitglied des Deutschen und Preußischen Städtetages nach Berlin gekommen und 1931 zum Bürgermeister und damit Stellvertreter des Oberbürgermeister gewählt worden. Am 1. Oktober 1933 mußte er aus „rassischen" Gründen aus diesem Amt scheiden. Seit langem mit Carl Goerdeler, den er aus der gemeinsamen Kommunalpolitik kannte, befreundet, gehörte er zu dessen Widerstandskreis und war nach der Beseitigung Hitlers als Chef der Reichskanzlei vorgesehen. Nach dem 20. Juli gewährte er Goerdeler Unterschlupf, wurde selbst verhaftet und am 4. Januar 1945 umgebracht.

Es ist wohl kein Zufall, daß außer Elsas, Hamm und Haushofer keiner dieser Regimekritiker in der Gesellschaft nach 1933 das Wort ergriffen hat. Auch die anderen Mitglieder gingen mehr und mehr zu unverfänglichen Themen über. 1934 nahm der fast 70jährige Maschinenbauer Prof. Otto Kammerer noch zum „Kampf gegen die Maschine" Stellung, den die nationalsozialistischen Arbeitsbeschaffungsprogramme in den ersten Jahren auf ihre Fahnen geschrieben hatten, und 1935 sprach der 75jährige Mediziner Eduard Dietrich noch über das Gesetz zur Verhütung erbkranken Nachwuchses. Andere Redner zogen sich jedoch auf Preußen zurück. Von Fritz Hartung war schon die Rede. Auch der Historiker Walter Elze nahm Clausewitz und Friedrich den Großen zum Thema. Der Senatspräsident beim Oberverwaltungsgericht Otto Lindemann erläuterte das Verhältnis von Staatsmann und Feldherr am Beispiel Bismarcks und Moltke, der Generalleutnant Kurt Moewes wandte sich dem Wiederaufbau des preußischen Heeres nach dem Tilsiter Frieden zu oder sprach unverbindlich über „Napoleon und die Frauen". Ein anderer Generalstabsoffizier behandelte die Geschichte der Kriegsakademie, der Professor und Reserveoffizier Freiherr von Bissing nahm sich Schlieffen vor, und der Historiker der Außenpolitik, Wolfgang Windelband, Bismarcks Friedenspolitik nach 1871. Im Juni 1939 war dieses Thema wohl nicht ohne Bedacht gewählt.

Noch immer gab es jedoch auch aktuelle und heikle Themen, so das Erbgesundheitsgesetz für den Mediziner Schulte oder den Pflegesatz ausländischer Arbeitskräfte, über den der Osram-Direktor Hans Krumbeck sprach. Einige Offiziere nahmen sich Fragen aus der neueren Kriegsgeschichte bzw. dem aktuellen Kriegsgeschehen an. Aber 1943 und 1944 tauchten Themen auf, die von der Gegenwart merkwürdig entrückt scheinen: Anthroposophie und Pflanzenschutz, Denkmalspflege, die Brennmaterialversorgung Berlins im 18. Jahrhundert. Auch im Bombenhagel geht aber das „normale" Leben weiter, und Fachleute widmen sich ihren Aufgaben. So spricht der Provinzialkonservator Walter Peschke von der „Planung und Durchführbarkeit der Instandsetzungsarbeiten in der Blankenfelder Dorfkirche" (September 1944) und der Pharmakologe Wolfgang Heubner, der später zu den Mitbegründern der Medizinischen Fakultät der Freien Universität gehören sollte, über den „Widerstreit der Interessen an Arzneimitteln" bzw. die „Vergiftungsgefahren in der Industrie". Auch erkenntnistheoretische Probleme der Rechtswissenschaft oder Veränderungen in der nationalökonomischen Theorie durch die moderne Kredittheorie werden noch in den letzten Kriegsjahren behandelt. Normalität und Abnormalität stehen dicht nebeneinander.

Ungleich der Mittwochsgesellschaft, der auch mehrere Mitglieder der Staatswissenschaftlichen Gesellschaft angehörten, hat unsere Gesellschaft keine Protokolle geführt. Wir wissen daher kaum etwas über den Inhalt und den Ton der Diskussionen, die formell und informell stattfanden. Man wird aber kaum fehlgehen, sie nicht sehr anders zu sehen als die der Mittwochsgesellschaft, die unlängst dokumentiert und kommentiert worden sind.[6] Auch die Staatswissenschaftliche Gesellschaft war eine kleine Gruppe von vorwiegend Wissenschaftlern und Beamten, die Gedanken über Gegenstände öffentlichen Interesses austauschen wollten und damit sowohl zu ihrer eigenen Bildung wie zum öffentlichen Wohl beizutragen hofften. Dazu war zwar seit 1933 immer weniger Gelegenheit gegeben, aber die Gesellschaft blieb bis zum bitteren Ende zusammen in der Hoffnung, daß Deutschland nicht mit dem Nationalsozialismus zugrunde gehen werde. Am 23. März 1944 teilte der Sekretär den Mitgliedern mit, daß die Märzsitzung ausfallen mußte, weil der Tagungsraum „in der voraufgegangenen Nacht durch Fliegerschaden unbenutzbar geworden war". Er hoffte, daß die Sitzungen nun in Wannsee oder Potsdam abgehalten werden können. Da er jedoch festgestellt habe, daß die Zahl der Mitglieder zunehme, „die durch Kriegsaufgaben oder durch Kriegseinwirkungen ihren Wohnsitz bis auf weiteres aus Berlin verlegen mußten", fragte er an, „ob für die nächsten Monate mit einer ausreichenden Beteiligung zu rechnen ist". Dies war offensichtlich der Fall. Nun tagte man nicht mehr in der Stadtmitte, sondern im Harnackhaus in Dahlem. Die älteren in Berlin verbliebenen Herren hielten Vorträge: Fritz Hartung und Eduard Spranger. Für den 28. Juli 1944 lud der Inhaber der Julius-Pintsch Kommanditgesellschaft, Dr. Bormann, zur 522. Sitzung mit Werksbesichtigung nach Fürstenwalde ein. Er empfing die 15 Teilnehmer an der Sitzung „in der mehr ländlichen Umgebung des Industrieunternehmens wie ein Gutsherr" und stärkte sie „durch ein vorzügliches Fischgericht aus der Spree" und einen „ausgezeichneten Moselwein", wie sich der Sekretär der Gesellschaft, de la Chevallerie, noch 1970 aus Anlaß des 93. Geburtstages des damaligen Gastgebers erinnerte.[7]

Im Herbst 1944 ist sogar der alte Versammlungsraum im „Nationalen Club" in der Bellevuestraße wieder benutzbar. Wie meist, geht dem Vortrag ein spätes

---

[6] Siehe Anm. 4.
[7] Brief de la Chevalleries vom 7.8.1970 an Dr. Bormann im Archiv der Staatswissenschaftlichen Gesellschaft.

„Frühstück" voraus, zu dem 50 g Fleisch-, 10 g Fett- und 50 g Brotmarken abzuliefern sind. Der Sekretär grüßt die Mitglieder zum Weihnachtsfest 1944 und sendet für 1945 „aufrichtige Wünsche und herzliche Grüße". Zugleich teilt er das Programm für die Monate Januar bis März 1945 mit: forensische Psychiatrie, die Geschichte der bolschewistischen Partei und die Preußische Sozialpolitik im Spiegel unserer Zeit sollen diskutiert werden. Ganz so läßt sich das Programm nicht mehr durchführen. Aber der Psychiater Professor Schulte spricht im Januar 1945 noch über die forensische Bedeutung der Homosexualität; die Februarsitzung fällt aus. Der Sekretär teilt am 15.2.1945 mit: „Herr Prof. Auhagen hat krankheitshalber seinen Vortrag vertagen müssen. Die Räume in der Bellevuestraße sind bis auf weiteres unbenutzbar, das Harnack-Haus ist ohne Heizung und Küche. Der Kreis der zu erwartenden Teilnehmer ist weiter erheblich eingeschränkt. Die Sitzungen müssen infolgedessen einstweilen unterbrochen werden."[8] Aber Ministerialrat Spieß springt in doppelter Hinsicht ein: er hält am 10. März den schon erwähnten Vortrag über das Recht des persönlichen Eigentums der Bürger in der Sowjetunion, und er übernimmt das Sekretariat. Am 17. März geht die letzte Notiz vor Kriegsende an die Mitglieder heraus. Sie besagt: „In ihrer von zehn[*] Teilnehmern besuchten Sitzung am 10. März hat die Staatswissenschaftliche Gesellschaft beschlossen, ihre Monatssitzungen jeweils am letzten Sonnabend im Monat fortzusetzen, solange dies irgendwie möglich ist. Als Tagungsort wurde das Harnackhaus in Aussicht genommen, als nächster Sitzungstag Sonnabend, der 28. April. Ein gemeinsames Frühstück kann nicht stattfinden. Sitzungsbeginn: 15 Uhr pünktlich. Am 28. April wird Herr Dr. Rehfeld seinen bereits angekündigten Vortrag halten, wenn dies mit seiner Einberufung als Heeresbeamter vereinbar ist. Nähere Mitteilungen ergehen noch. Dr. de la Chevallerie kann infolge seiner Notdienstverpflichtung der Gesellschaft nicht mehr wie bisher zur Verfügung stehen. Auch ist seine Teilnahme an den Sitzungen fraglich geworden. Er hat infolgedessen das Schriftführeramt niedergelegt. Zum Sekretär der Gesellschaft wurde darauf gewählt: Ministerialrat Dr. Spieß, Potsdam, Seestraße 33."[9]

Im Februar 1946 nahmen Heubner, der noch im April 1945 mit Teilen seines Instituts aus Berlin verlagert worden war, und Spieß wieder Verbindung miteinander auf. Die Gesellschaft lebte jedoch noch nicht wieder auf. Zu groß war das Chaos, zu zerstreut die überlebenden Mitglieder. Erst nach Rückkehr Prof. Frhr. v. Bissings und Dr. de la Chevalleries aus mehrjähriger sowjetischer Kriegsgefangenschaft konnte sie 1957 ihre Tätigkeit wieder aufnehmen.

---

[8] Ebd.
[9] Ebd.

[*] nach dem Sitzungsbericht „neun".

Karl C. Thalheim
Die Staatswissenschaftliche Gesellschaft seit der Reaktivierung im Jahre 1957

Mehr als ein Jahrzehnt hat es nach dem Ende der nationalsozialistischen Diktatur gedauert, bis die Staatswissenschaftliche Gesellschaft ihre Tätigkeit wieder aufnehmen konnte. Sie war zwar formell nie aufgelöst worden; doch war der Mitgliederbestand in Berlin durch den Krieg, die Teilung Deutschlands und den Verlust der Hauptstadtfunktion so zusammengeschrumpft, daß zunächst an eine Wiederaufnahme ihrer Aktivitäten nicht zu denken war. Wie aus dem Aufsatz von Wolfram Fischer zu entnehmen ist, waren mehrere Mitglieder als Angehörige des Widerstandes noch in den letzten Kriegsmonaten Opfer des Nationalsozialismus geworden; eine ganze Anzahl der überlebenden Mitglieder war nach Westdeutschland übersiedelt. Infolgedessen blieb der erste Versuch einer Wiederbelebung, den der 1945 gewählte letzte Sekretär, Ministerialrat Dr. Spieß, bereits im Sommer 1946 unternahm, ergebnislos.

Daß dann im Jahre 1957 ein zweiter Versuch der Reaktivierung glückte, ist vor allem zwei Männern zu verdanken: Dr. rer. pol. Otto de la Chevallerie und dem der Gesellschaft seit 1938 angehörenden Prof. Dr. Wilhelm Moritz Freiherrn von Bissing, der nach seiner Rückkehr aus sowjetischer Kriegsgefangenschaft zusammen mit Dr. de la Chevallerie die Wiederbelebung der Gesellschaft mit großem Engagement betrieb.

In Berlin lebten 1957 außer ihnen nur noch 3 ehemalige Mitglieder: der Historiker Prof. Dr. Fritz Hartung, der Diplomat Geh. Legationsrat Dr. Davidsen und Dr. Paul Rehfeld. Diese (ausgenommen Dr. Davidsen) fanden sich am 6. Juni 1957 zu der 528. Sitzung zusammen; sie begann — ein deutliches Zeichen für die Kontinuität unserer Gesellschaft — mit der Verlesung des Protokolls der 527. Sitzung, die mehr als 12 Jahre früher, am 10. März 1945, stattgefunden hatte. Die Zusammenkunft am 6. Juni 1957 war, ebenso wie die folgende am 19. November 1957, ausschließlich den Erörterungen über die Wiederbelebung der Gesellschaft gewidmet; da bei Persönlichkeiten, die für eine Mitgliedschaft in Frage kamen, ein entsprechendes Interesse festgestellt werden konnte, wurde bereits am 6. Juni die Neukonstituierung der Gesellschaft beschlossen. Am 19. November wurden zu Vorsitzenden Prof. Dr. Hartung und Prof. Dr. von Bissing, zum Sekretär Dr. de la Chevallerie gewählt. Dieser hat dem Amt, das er schon von 1933 bis Anfang 1945 geführt hatte, bis zu seinem Tode im Jahre 1970 mit dem gleichen Engagement wie früher gedient und dadurch aufgrund seiner langjährigen Erfahrung einen entscheidenden Beitrag zur Reaktivierung der Staatswissenschaftlichen Gesellschaft geleistet. Wie stark auch Prof. W. M. von Bissing sich der Gesellschaft verbunden fühlte, beweist die Zahl der von ihm gehaltenen Vorträge; es waren von 1958 bis 1973 nicht weniger als 13. Ein weiteres Verdienst um die Gesellschaft erwarb sich Herr von Bissing dadurch, daß er ihr in seinem Testament ein ansehnliches Legat aussetzte; dieses bildete den Grundstock für die Finanzierung der hier vorgelegten Festschrift zum hundertjährigen Bestehen der Gesellschaft.

An der Aufgabenstellung der Staatswissenschaftlichen Gesellschaft hat sich im Vergleich zur Vorkriegszeit nichts Wesentliches geändert; nach wie vor bestimmt die Satzung als Zweck, „einen kleinen Kreis staatswissenschaftlich Gebildeter zu regelmäßigem Gedankenaustausch zu versammeln"; die wesentliche Verpflichtung der Mitglieder ist, in den — mit Ausnahme der Sommerpause — einmal im Monat stattfindenden Sitzungen „durch Besprechung eines Themas, Gesetzes, Buches etc. die Anregung zu einer Debatte" zu geben. Die alte Tradition der Gesellschaft lebte auch insofern wieder auf, als sich der offiziellen Veranstaltung ein gemeinsames Essen anschließt, bei dem die vorangegangene Diskussion fortgeführt wird. Die einzige wesentliche Veränderung der Satzung war die Erhöhung der Maximalzahl der Mitglieder von 36 auf 50. Außerdem wurde einige Jahre nach der Wiedergründung beschlossen, auch Frauen, die die Voraussetzung der „staatswissenschaftlichen Bildung" erfüllen, als Mitglieder aufzunehmen; das war zwar früher nach der Satzung nicht ausgeschlossen, doch wurde damals von dieser Möglichkeit noch kein Gebrauch gemacht.

Im ganzen kann also auch nach der Reaktivierung der Staatswissenschaftlichen Gesellschaft eine große Kontinuität festgestellt werden. Verändert hatten sich jedoch die Voraussetzungen für die Gewinnung von Mitgliedern, vor allem dadurch, daß Berlin (West) seine Hauptstadtfunktionen verloren hatte und für Bewohner von Ostberlin eine Mitgliedschaft aufgrund der politischen Situation nicht möglich war. Bis zur Einstellung der Tätigkeit der Gesellschaft kurz vor Ende des Zweiten Weltkrieges galt es als „ungeschriebenes Gesetz", daß die Zahl der Mitglieder aus der Professorenschaft der Berliner Universitäten und Hochschulen etwa gleich groß sein sollte wie die der Persönlichkeiten aus dem öffentlichen Leben, die mit den Staatswissenschaften verbunden sind. Für diese zweite Kategorie kamen bis 1945 vor allem hohe Beamte aus den zahlreichen Behörden und Institutionen des Deutschen Reiches und des preußischen Staates infrage, die damals ihren Sitz in Berlin hatten. Die Ansiedlung der Bundeshauptstadt in Bonn, das Verschwinden des Staates Preußen und die Teilung Berlins führten dazu, daß eine Ergänzung der Mitgliedschaft aus dem Kreise der hohen Beamten nur in geringem Umfange möglich war. Das galt im Wesentlichen auch für führende Persönlichkeiten der Wirtschaft, da auch die Spitzen großer Unternehmungen und von Konzernverwaltungen großenteils aus Berlin nach Westdeutschland abgewandert waren. Wesentlich leichter war es dagegen, Mitglieder aus der Gelehrtenwelt zu gewinnen. Zwar liegt die alte Berliner Universität (heute „Humboldt-Universität") im Ostsektor Berlins; aber die 1948 in Westberlin gegründete Freie Universität war im Zeitpunkt der Wiederbelebung der Staatswissenschaftlichen Gesellschaft bereits zu beträchtlicher Größe – auch hinsichtlich des Lehrkörpers – angewachsen, und die ebenfalls im Westteil der Stadt gelegene Technische Universität (früher „Technische Hochschule") war wesentlich ausgebaut worden. Es kann deshalb nicht verwundern, daß in der ersten Zeit nach der Neukonstituierung überwiegend Professoren der beiden genannten Universitäten als neue Mitglieder gewonnen wurden. Von den 28 Personen, die in den Jahren 1957 und 1958 neu in die Gesellschaft eintraten, gehörten 18 zu dieser Gruppe. Unter den 13 Teilnehmern der ersten regulären Sitzung nach der Reaktivierung der Gesellschaft, die am 14. Januar 1958 abgehalten wurde – es war die 530. Sitzung –, waren 8 Universitätsprofessoren, doch kamen damals immerhin schon 5 aus Wirtschaft und Verwaltung.

In den folgenden Jahren gelang es ziemlich rasch, den Mitgliederkreis personell und fachlich zu erweitern und damit die Basis für die Vorträge und die Diskussionen wesentlich zu verstärken. Von den damals in die Gesellschaft eingetretenen neuen Mitgliedern seien genannt (ich beschränke mich dabei auf die inzwischen Verstorbenen): die Historiker Hans Herzfeld und Friedrich Zipfel, die Nationalökonomen Georg Jahn, Friedrich Bülow, Alfred Kruse, Carl Föhl und Bruno Kiesewetter, die Betriebswirtschaftler Wilhelm Eich, Karl Christian Behrens, Erich Thiess und Johannes Stupka, die Soziologen Georg Stammer und der aus südamerikanischer Emigration zurückgekehrte Richard F. Behrendt, der Philosoph Wilhelm Weischedel, der Politologe Otto-Heinrich von der Gablentz sowie der Anthropologe Ernst C. Büchi. Aus der Wirtschaftspraxis kamen u.a. Theodor Frenzel aus dem Hause Siemens, Kurt Kunow, ein führender Mann des Wirtschaftsprüfungswesens, sowie der Bankier Alexander von Quistorp.

In wachsendem Maße gelang es auch, Persönlichkeiten aus dem Rechtswesen – z.B. dem Bundesverwaltungsgericht, in dessen Räumen längere Zeit die Veranstaltungen der Gesellschaft stattfanden – und aus der Verwaltung als Mitglieder zu gewinnen. Genannt seien aus diesen Gruppen der frühere Ministerialdirigent im Bundesjustizministerium Heinrich Richter, der Generalstaatsanwalt beim Kammergericht Hans Günther und der frühere Oberbürgermeister Fritz David von Hansemann. Bemerkenswert ist, daß in der Nachkriegszeit mehr als in früheren Zeiten auch bei Medizinern, Natur- und Ingenieurwissenschaftlern Interesse für eine Mitwirkung in der Staatswissenschaftlichen Gesellschaft festzustellen war und ist.

Insgesamt zählte die Staatswissenschaftliche Gesellschaft seit ihrer Reaktivierung einschließlich der inzwischen Verstorbenen und der aus Berlin Weggezogenen 118 Mitglieder. Diese verteilten sich auf die verschiedenen Sparten folgendermaßen:

Volks- und Betriebswirte an Universitäten und in Forschungsinstituten	21
Wirtschaftspraktiker	16
Verwaltungsbeamte und ehemalige Diplomaten	16
Universitätsprofessoren der Rechtswissenschaft	11
Mediziner	8
Historiker	7
Soziologen	6
Richter	6
Politologen	5
Ingenieurwissenschaftler	5
Naturwissenschaftler	4
Geowissenschaftler	3
Agrarwissenschaftler	2
Rechtsanwälte	2
Kunsthistoriker	2
Andere	4

In dieser Zusammensetzung zeigt sich eine Vielseitigkeit, die ein entscheidendes Element der Aktivität unserer Gesellschaft ist; sie gibt den Mitgliedern die Möglichkeit, auch Probleme, Methoden und Ergebnisse benachbarter Wissenschaftszweige kennenzulernen und darüber zu diskutieren.

Vorsitzende waren seit der Reaktivierung:

1958–1960	Fritz Hartung (Historiker)
1958–1961	Wilhelm Moritz Freiherr von Bissing (Nationalökonom)
1961–1963	Bruno Kiesewetter (Nationalökonom)
1962–1964	Kurt Kunow (Wirtschaftsprüfer)
1963–1964	Gerhard Albrecht Ritter (Politologe und Historiker)
1965–1966	Arwed Blomeyer (Jurist)
1965–1971	Wilhelm Moritz Freiherr von Bissing (Nationalökonom)
1967–1969	Hermann Blei (Jurist)
1970–1976	Wilhelm Wöhlke (Geograph)
1972–1976	Karl C. Thalheim (Nationalökonom)
1976–1982	Walter Krauland (Rechtsmediziner)
1977–1980	Otto Schlichter (Jurist)
1980–1982	Bernhard Bellinger (Betriebswirt)
1982–1983	Ilse Kemter (Referentin für politische Bildung in der Landeszentrale für politische Bildungsarbeit Berlin)
1982–1983	Karl C. Thalheim (Nationalökonom)
seit 1983	Wilhelm Wöhlke (Geograph)
seit 1983	Volkmar Schneider (Rechtsmediziner).

Das für die Tätigkeit der Gesellschaft besonders wichtige Amt des Sekretärs führte von 1957 bis 1970, wie schon in den Jahren 1933 bis 1945, Dr. Otto de la Chevallerie, von 1970 bis 1980 Dr. Jürgen Feldmann, von 1980 bis 1982 Frau Prof. Dr. Herta Lange, von 1982 bis 1983 Dr. Andreas Zock; seit 1983 ist Sekretär Dr. Henning Germer.

Die Themen der Vorträge, die von 1958 bis 1983 gehalten wurden, lassen entsprechend der Zusammensetzung des Mitgliederkreises ebenfalls eine große Vielseitigkeit erkennen. Personell und thematisch standen dabei zunächst die Wirtschafts- und Sozialwissenschaften im Vordergrund. Von den 8 Vorträgen, die im Laufe des Jahres 1958 gehalten wurden, entfielen 5 auf diesen Bereich, je 1 auf Rechtswissenschaft, Politikwissenschaft und Theologie.

In den folgenden Jahren verbreitete sich das Spektrum der behandelten Themen rasch und intensiv. Bei dem hohen Anteil von Universitätslehrern an der Mitgliedschaft ist es nicht mehr als selbstverständlich, daß grundlegende wissenschaftstheoretische und methodologische Probleme oft auftauchten. Genannt seien als Beispiele Themen wie „Die wertfreie Wissenschaft", „Die moderne Gesellschaft zwischen Zerstörbarkeit und Gestaltbarkeit", „Der Staat in der Gesellschaft", „Aspekte der Totalitarismusforschung", „Soziologie zwischen Fortschritt und Tradition", „Über die Interdependenz zwischen Wirtschaftsordnung und Freiheit der Persönlichkeit".

Ein großer Teil der behandelten Themen stammt aus dem Bereich der gegenwartsbezogenen Problematik. In diesem Rahmen mußte für eine wissenschaftliche Gesellschaft, die ihren Sitz in Berlin hat, den Problemen des geteilten Deutschland und der Lage der ehemaligen Reichshauptstadt besonderes Gewicht zukommen. So verging kaum ein Jahr, in dem nicht mindestens in einem Vortrag derartige Themen aufgegriffen wurden. Z. B. wurden behandelt: „Aktuelle Wirtschaftsfragen Berlins"; „Die wirtschaftliche Verflechtung Westberlins mit Westdeutschland und dem Ausland"; „Die Auswirkung der sowjetischen Grenzmauer auf die Westberliner Wirtschaft"; „Probleme des Berlin-Verkehrs"; „Probleme des Luftverkehrs in Berlin"; „Fragen der Berliner Verwaltung"; „Planung der Stadtentwicklung von Berlin"; „Das westdeutsche und Westberliner Steuersystem"; „Der Interzonenhandel und seine Bedeutung"; „Sicherheit und Ordnung in Berlin"; „Wirtschaftliche Probleme des Kräfteverhältnisses zwischen Ost und West"; „Entwicklung des Volkseigentums in der DDR"; „DDR-Realität im Spiegel der DDR-Literatur"; „Die Lage in der Berlin-Brandenburgischen Kirche".

Da im Zeitpunkt der Reaktivierung der Staatswissenschaftlichen Gesellschaft in der DDR auf nahezu allen Lebensgebieten das sowjetische Modell weitgehend übernommen war und die DDR innerhalb des von der Sowjetunion geführten Ostblocks besonders wirtschaftlich eine wichtige Rolle spielte, lag die Beschäftigung mit Themen aus dem Problemkreis der Sowjetunion und der übrigen osteuropäischen Länder sowie ihrer Zusammenschlüsse, besonders im Rat für gegenseitige Wirtschaftshilfe (Comecon), nahe, zumal der Ostblock für einige Mitglieder ein wissenschaftliches Hauptarbeitsgebiet bildet. Die Gesellschaft nahm damit übrigens eine alte Tradition auf, da, wie Wolfram Fischer in seinem Beitrag zu dieser Festschrift erwähnt, Vorträge über Osteuropa, die Sowjetunion und den Bolschewismus auch schon in den dreißiger Jahren nicht selten waren. Die reguläre Tätigkeit der Gesellschaft nach ihrer Rekonstituierung wurde in der 530. Sitzung am 14. Januar 1958 mit einem Vortrag des Nationalökonomen Bruno Kiesewetter über „Wandlungen in der Handelspolitik der Ostblockstaaten" begonnen. In den folgenden Jahren wurde u. a. behandelt: „Naturbedingte Grundlagen und Grenzen der sowjetischen Wirtschaft"; „Die Entwicklung der Kulturlandschaft in Ostmitteleuropa"; „Gibt es eine Konvergenz der östlichen und westlichen Wirtschaftssysteme?"; „Überlegungen zur Wirtschaftsentwicklung und Integration der westlichen RGW-Länder"; „Management-Systeme sowjetischen Typs"; „Der deutsch-polnische Handelsvertrag"; „Wirtschaftsreform in Polen".

Wirtschaft, Politik, Geographie und Ethnographie des Auslands außerhalb der kommunistisch regierten Länder bilden einen weiteren umfangreichen Komplex von Vortragsthemen. Dabei konnten die Vortragenden meist auf die Erfahrungen aus eigenen Studien- und Forschungsreisen zurückgreifen, manchmal aus wenig bekannten Teilen der Erde, z. B. der zentralen Sahara, der Republik Tschad, dem Karakorum oder Neu-Guinea. Auch China, Japan und Indien konnten in mehreren Vorträgen aufgrund eigener Reiseerfahrungen der Vortragenden behandelt werden. Das Gewicht, das in Weltwirtschaft und Weltpolitik den Entwicklungsländern zukommt, zeigt sich in dem nicht seltenen Auftauchen von Themen, die dieser Ländergruppe besonders unter dem Gesichtspunkt der Entwicklungspolitik gewidmet waren. Damit wurde also ein Problemkreis aufgegriffen, den es in dieser Form vor dem Zweiten Weltkriege noch nicht gab.

Auch in einer Zeit, in der das Geschichtsbewußtsein vielfach verlorengegangen ist, muß im Themenkreis einer von Gustav Schmoller gegründeten Gesellschaft der Historie ein bedeutender Rang zukommen. Schon bald nach der Reaktivierung der Gesellschaft sprach Hans Herzfeld über „Methodenprobleme der Geschichte der Weimarer Zeit". Historische Themen wurden nicht nur von Historikern behandelt; gerade auch mehrere der Gesellschaft angehörende Wirtschaftswissenschaftler haben durch die Wahl ihrer Vortragsthemen ihr historisches Interesse bekundet, z. B. „Autoritärer Staat und pluralistische Gesellschaft in den ersten Jahrzehnten des Bismarckschen Reiches", „5000 Jahre Banken", „Die Ordnung der Weltwirtschaft vor dem 1. Weltkrieg". Andere historische Themen waren: „Neue Fragestellungen zur Geschichte des Bismarckschen Reiches und der Politik des ersten Weltkrieges", „Herbert Bismarck in seinen Briefen", „Neuere Hitlerliteratur", „Deutschland und Rußland zwischen

Brest-Litowsk und Rapallo", "Die institutionelle Sicherung des Friedens im Mittelalter", "SD und Gestapo. Organisation und Herkunft der höheren Funktionäre".

Entsprechend dem hohen Anteil der Juristen an der Mitgliederzahl finden sich unter den Vorträgen in beträchtlicher Zahl Probleme der Rechtswissenschaft und der Rechtspraxis, sowohl aus dem Bereich des Staats- und Verwaltungsrechts wie des Strafrechts, nur wenige dagegen aus dem Wirtschaftsrecht. Ähnlich wie in der früheren Geschichte der Staatswissenschaftlichen Gesellschaft wurde dabei verschiedentlich auch auf werdendes Recht eingegangen. Genannt seien von juristischen Themen: "Die Reform des Strafrechts in beiden Teilen Deutschlands", "Über den Entwurf des Ehrenschutzgesetzes", "Aktuelle Fragen des Zivilprozeßrechts", "Die neue türkische Verfassung", "Die Verfassungsgerichtsbarkeit im modernen Rechtsstaat", "Der gegenwärtige Stand der Strafrechtsreform", "Zwei Modelle einer internationalen Strafgerichtsbarkeit", "Verfassungsrechtliche Voraussetzungen einer Parlamentsreform", "Mißbrauch der Grundrechte als Gefahr für unsere Freiheit", "Aufgabe und Stellung des Richters in der heutigen Gesellschaft", "Eigentum und Bodenrecht". Eine für Berlin gegenwärtig besonders wichtige Rechtsfrage wurde 1983 in einem Vortrag über "Probleme des Asylrechts" erörtert. Über Jugendkriminalität wurde sowohl im Jahre 1958 als auch 1979 referiert.

Verhältnismäßig groß war die Zahl rechtsmedizinischer Themen, so z.B. "Das Abstammungsgutachten", "Die Rasterelektronenmikroskopie zur Beweissicherung in der Gerichtsmedizin", "Die chirurgische Kontrazeption aus forensisch-psychiatrischer Sicht", "Gerichtsmedizinische Aspekte zum Suizid". Im Jahre 1973 wurde in zwei aufeinanderfolgenden Vorträgen das Problem des Todes aus der Sicht einmal des Juristen, zum anderen des Mediziners behandelt.

Entsprechend dem hohen Anteil der Wirtschaftswissenschaftler und Wirtschaftspraktiker an der Mitgliedschaft der Gesellschaft war auch die Zahl der in Vorträgen behandelten wirtschaftlichen und sozialen Themen beträchtlich. Darunter finden sich solche aus der Geschichte der Wirtschafts- und Sozialwissenschaften; so erörterte auf einer der Festsitzungen, die alljährlich einmal zur Feier der Gründung abgehalten werden, der zu den führenden deutschen Nationalökonomen der Nachkriegszeit zählende Erich Schneider als Gast die "Entwicklungslinien der Wirtschaftstheorie im 20. Jahrhundert", auf einer anderen Festsitzung, ebenfalls als Gast, der aus Deutschland stammende, in den USA wirkende Soziologe Bendix das große Thema "Max Weber". "Geschichte und neuere Entwicklungstendenzen der Betriebswirtschaftslehre" wurden ebenso behandelt wie die Geschichte des – auch von Gustav Schmoller gegründeten – "Vereins für Socialpolitik" (der heutigen "Gesellschaft für Wirtschafts- und Sozialwissenschaften"). Weitere Gruppen ökonomischer Referate beschäftigten sich mit der Wirtschaftsordnung (auch in ihrem Zusammenhang mit der Staatsverfassung), mit Einzelfragen der Wirtschaftsentwicklung und der Wirtschaftspolitik, mit der Weltwirtschaft (unter besonderer Berücksichtigung der EWG einerseits, des wirtschaftlichen Ostblocks andererseits), mit modernen betriebswirtschaftlichen Methoden, auch mit Fragen der Finanzwirtschaft und des Steuerwesens. Recht stark vertreten waren auch Themen aus dem Verkehrswesen, besonders dem Luftverkehr.

Viele der im Vorstehenden genannten Referate hatten politische Relevanz. Dann gab es aber natürlich auch solche, die sich unmittelbar mit aktuellen politischen Problemen beschäftigten, so z.B. „Fragen der Koexistenz", „Sachverstand und Politik in der Demokratie", „Die Bundesrepublik zwischen Unitarismus und Föderalismus", „Die Strukturkrise und die Zukunft des atlantischen Bündnisses", „Polizei in der Reform", „Zu den Unruhen an den Universitäten" (1969). Solche Themen lösten in der Regel eine besonders lebhafte Diskussion aus. Parteipolitische Gesichtspunkte haben dabei nie eine Rolle gespielt; sowohl die Vortragenden als auch die Diskutanten hielten sich immer an die Grundsätze strenger Wissenschaftlichkeit.

Mit den genannten Bereichen ist der Umkreis der Gegenstände, die in den Jahren 1958 bis 1983 in insgesamt 223 Vorträgen behandelt wurden, noch keineswegs erschöpft; ich muß es mir aber versagen, hier auf die vielen anderen Problemgruppen einzugehen, die je nach dem individuellen Arbeitsbereich, den Erfahrungen und dem Interessenkreis der Vortragenden gewählt wurden. Das Gesagte dürfte jedoch zeigen, wie vielgestaltig die intellektuellen Anregungen waren, die den Mitgliedern der Staatswissenschaftlichen Gesellschaft seit ihrer Reaktivierung geboten wurden; daß dabei entsprechend der Satzung jedes Mitglied auch aktiv mitwirken muß, ist für die Gesellschaft ebenso typisch wie die Offenheit der den Vorträgen folgenden Diskussionen. Daß diese Gesellschaft jetzt, nach 100 Jahren, lebendig und beweglich genug geblieben ist, um sich den Wandlungen von Staat, Gesellschaft und Wirtschaft anzupassen, rechtfertigt die Erwartung, daß sie auch in Zukunft einen wichtigen Beitrag zum geistigen Leben Berlins liefern wird. Die Gründungsidee Gustav Schmollers hat sich nicht zuletzt dadurch bewährt, daß die Staatswissenschaftliche Gesellschaft die Zeit der nationalsozialistischen Diktatur ohne „Gleichschaltung" überstehen und nach der dem Zusammenbruch folgenden Zeit der Untätigkeit seit 1957 erneut ihre Lebensfähigkeit beweisen konnte.

Ilse Kemter und Otto Schlichter
Auszüge aus Vorträgen und Briefen

Vorbemerkungen

Die Geschichte der Staatswissenschaftlichen Gesellschaft wird in verläßlicher Weise durch eine Reihe von Vorträgen sowie durch die Korrespondenz früherer Mitglieder dokumentiert.

Aus der Fülle des Materials ragen insbesondere drei Vorträge heraus, die sich mit der Entwicklung der Gesellschaft befassen. Es sind das die Referate von der Leyen (28.4.1933), de la Chevallerie (9.1.1967) und von Bissing (24.1.1973).

Die beiden erstgenannten Vorträge werden nachfolgend in Auszügen wiedergegeben; dabei ist bei der Wiedergabe des zweiten Vortrages auf die Ausführungen verzichtet worden, die sich bereits im Vortrag von der Leyen finden. Auf Auszüge aus dem Vortrag v. Bissing wird hier verzichtet.

Im Anschluß an den Vortrag von der Leyen wird ein von Otto de la Chevallerie an Eduard Spranger gerichteter Brief wiedergegeben, der über die Probleme berichtet, mit denen die Gesellschaft unter der Herrschaft des Nationalsozialismus zu kämpfen hatte; diesem Briefwechsel ist auch zu entnehmen, welche Bedeutung die Widerstandsbewegung in der Gesellschaft hatte und welche Mitglieder ihren Widerstand mit dem Leben bezahlen mußten.

Ein halbes Jahrhundert
Staatswissenschaftliche Gesellschaft

Vortrag
gehalten bei der Festsitzung am 28. April 1933 von
Universitätsprofessor Dr. jur. und Dr. phil. h. c. v. der Leyen,
Wirklicher Geheimer Rat.

Am 24. Juni 1883 trat auf Einladung von Professor Gustav Schmoller eine Anzahl staatswissenschaftlich gebildeter Persönlichkeiten zusammen, um über die Bildung einer staatswissenschaftlichen Gesellschaft in Berlin zu beraten. Prof. Schmoller legte den Entwurf von Statuten vor und machte die Mitteilung, daß er in Straßburg eine ähnliche Gesellschaft gegründet habe. Der Entwurf der Satzung wurde mit unwesentlichen Änderungen angenommen. Die Versammlung schloß mit einem Vortrag von Prof. Schmoller über „Handelskrisen und die periodischen Schwankungen des deutschen Erwerbslebens im 18. Jahrhundert und ihren Zusammenhang mit der preußischen Zoll- und Handelspolitik".

Am 24. Juni d. J. ist ein halbes Jahrhundert seit der Gründung der Staatswissenschaftlichen Gesellschaft vergangen. Es ist beschlossen worden, dieses durch eine besondere Sitzung zu feiern. Ich habe den ehrenvollen Auftrag erhalten, diese Sitzung durch einen Vortrag über die Entstehung, die Ziele und die Entwicklung der Staatswissenschaftlichen Gesellschaft einzuleiten, und zwar hauptsächlich deswegen, weil ich das einzige in Berlin ansässige Mitglied bin, das der Begründung der Gesellschaft beigewohnt hat. Außer mir lebt noch — soviel mir bekannt ist — eines der bei der Gründung anwesenden Mitglieder, Universitätsprofessor Dr. Stieda, in Leipzig, der wegen seiner Versetzung aus Berlin nur kurze Zeit der Gesellschaft angehört hat.

Der Zweck der Gesellschaft ist nach § 1 der Satzung, einen kleinen Kreis staatswissenschaftlich Gebildeter zum regelmäßigen Gedankenaustausch zu vereinigen. Zu diesem Zweck ist die Anzahl der Mitglieder auf 30 beschränkt und später auf 35 erhöht worden. Für den Fall, daß die Mitglieder besonderen Wert auf die Teilnahme einer Persönlichkeit legen, können bei einstimmigem Beschluß Mitglieder berufen werden, auch wenn die Zahl 35 überschritten ist. Jedes Mitglied hat, wenn es an die Reihe kommt, einen Vortrag zu halten. In der ersten Zeit machte die Festsetzung der Reihenfolge keine Schwierigkeiten. Bald aber zeigte sich, daß es notwendig war, die Reihenfolge in anderer Weise für das laufende Jahr regelmäßig festzustellen. Diese Bestimmung ist einige Zeit aus der Übung geblieben, neuerdings aber mit Erfolg wieder eingeführt worden.

Die Leitung der Gesellschaft erfolgt durch zwei Vorsitzende, die in jedem Jahr neu gewählt werden, und die sich bei der Leitung der Sitzungen gegenseitig vertreten. Es schien nicht zweckmäßig, den Vorsitzenden auf längere Zeit zu wählen. Infolge der jetzigen Bestimmungen werden allmählich alle Mitglieder mit der Leitung der Sitzungen betraut. Den Vorstand der Gesellschaft bilden die beiden Vorsitzenden und ein Sekretär, der dauernd auf unbestimmte Zeit gewählt wird. Das Amt des Sekretärs hat zuerst der vorgenannte Prof. Stieda wahrgenommen. Nach seinem Fortgang von Berlin trat der Geheime Regierungsrat Prof. Dr. Delbrück an seine Stelle. Dieser hat die Geschäfte der Gesellschaft bis zum Jahre 1919 geleitet und unermüdlich musterhaft erledigt. Sein Nachfolger war der Geheime Regierungsrat Zacher, der nach kurzer Zeit starb. Ihm folgte der Geheime Rat Schwarz, der gleichfalls nur kurze Zeit — bis zu seinem Tode — die Geschäfte wahrgenommen hat. Der jetzige Geschäftsführer ist der Direktor der Reichsbahn, Herr Dr. Homberger.

Eine wichtige Bestimmung in der Satzung ist, daß die Vorträge streng vertraulich gehalten werden und daß nur der Vortragende selbst darüber bestimmen kann, ob sein Vortrag veröffentlicht werden kann und daß ferner die auf die Vorträge folgenden Besprechungen unbedingt geheim gehalten werden müssen. Diese Anordnung erfolgte, damit die Vortragenden Gelegenheit hatten, auch solche Fragen zu behandeln, die für die Öffentlichkeit nicht bestimmt sind, und daß insbesondere auch den zu den Mitgliedern gehörenden Beamten Gelegenheit geboten wird, über laufende von ihnen bearbeitete Angelegenheiten vorzutragen, daß sie selbst auch aus den Verhandlungen der Gesellschaft Anhaltspunkte für die weitere Bearbeitung ihrer Sachen finden können. Dem Vorsitzenden ist es untersagt, den Inhalt der Vorträge mit Dankesbezeugungen kurz wiederzugeben. Diese Bestimmung wurde auf Grund einer Anregung des Staatsministers Bosse eingeführt, der meinte, zu einer Dankesbezeugung liege kein Anlaß vor, da die Vortragenden nur eine ihnen durch die Satzung auferlegte Pflicht erfüllen. Außerdem meinte er, es wäre selbstverständlich, daß sämtliche in der Gesellschaft gehaltenen Vorträge so gut seien, daß es einer besonderen Dankesbezeugung durch den Vorsitzenden nicht bedürfe. Das Verfahren ist jetzt so, daß unmittelbar nach Abschluß des Vortrages vom Vorsitzenden die Besprechung eröffnet wird.

Ursprünglich sollte in jedem Monat ein Vortrag gehalten werden. Später aber zeigte sich, daß, weil in den Monaten Juli bis September die meisten Mitglieder von Berlin abwesend waren, es zweckmäßig sei, in diesen 3 Monaten keine Sitzungen zu halten. Im ganzen sind in den 50 Jahren des Bestehens der Gesellschaft über 400 Vorträge gehalten worden. Es kam außerordentlich selten vor, daß einmal ein Vortrag ausfallen mußte, weil es an einem Vortragenden fehlte. Die Vorträge sind auch im allgemeinen sehr gut von der größten Hälfte der Mitglieder besucht worden. Nur in wenigen Fällen war der Besuch etwas schwächer.

Über die Entwicklung der Gesellschaft ist wenig zu sagen. Die Sitzungen fanden in den ersten Jahrzehnten in einem eigenen Zimmer eines Restaurants statt. Seitdem die Beschaffung eines solchen Schwierigkeiten machte, genießt die Gesellschaft die Gastfreundschaft des Oberverwaltungsgerichts, das zu den Sitzungen einen seiner Säle zur Verfügung stellt.

Die Gesellschaft feierte ihr zehnjähriges Bestehen am 26. Juni 1893 mit einem Vortrag und einem gemeinsamen einfachen Abendessen. Sonstige Gedenktage sind nicht beachtet worden, hauptsächlich wohl auch infolge des Krieges, während dessen und während der Nachkriegszeit es oft mit Schwierigkeiten verbunden war, regelmäßige Sitzungen abzuhalten, weil die Findung eines Vortragenden besondere Schwierigkeiten bot. Die Folge davon war, daß dann auch viele Mitglieder während dieser Zeit wiederholt in die Lücken springen mußten. Zu diesen gehörte hauptsächlich Prof. Delbrück, der mit großem Eifer bemüht war, die fortlaufenden Geschäfte der Gesellschaft beizubehalten. Der Zweck unserer Gesellschaft war, eine Anzahl staatswissenschaftlich gebildeter Persönlichkeiten in regelmäßigen Versammlungen zu einem Gedankenaustausch über staatswissenschaftliche Fragen zu vereinigen. Dieser Zweck ist in den vergangenen 50 Jahren in vollem Umfang erreicht worden. Die Vorträge erstreckten sich auf alle Gebiete der Staatswissenschaft im weitesten Sinne. Es kann nicht meine Aufgabe sein, Ihnen den Inhalt all dieser Vorträge auch nur kurz wiederzugeben, zumal ich selbst ja auch nicht allen beigewohnt habe. Dagegen aber glaube ich, daß es für Sie von Interesse sein wird, wenn ich Ihnen über einige Vorträge Mitteilungen aus persönlicher Wahrnehmung mache.

Die Vortragenden gehörten zum größten Teil den Hochschulen an, und zwar der philosophischen und juristischen Fakultät der Universität sowie der Technischen Hochschule und der Handelshochschule. Ein weiterer größerer Teil entstammte den Ressortministerien sowie Provinzial- und Kommunalbehörden, in denen staatswissenschaftliche Fragen bearbeitet wurden und die auch aus ihrer amtlichen Tätigkeit berichten konnten. Einzelne Persönlichkeiten gehörten nicht beamteten Kreisen an. Sie waren bekannt durch hervorragende praktische und theoretische Tätigkeit in staatswissenschaftlichen Fragen. Zu den fast von Anfang an der Gesellschaft angehörenden Mitgliedern zählte der Gutsbesitzer und Industrielle Sombart, der Vater des Prof. Sombart, die Landwirte Nobbe und Edler zu Putlitz. Die der Landwirtschaft angehörenden Mitglieder waren in der Lage, wertvolle Vorträge besonders auf geschäfts- und zollpolitischem Gebiete zu halten und dadurch reiche Belehrung den Mitgliedern zu gewähren. Besonders erwähnt sei auch noch der nun bald achtzigjährige Fabrikant Dr. Freese, der in seinen eigenen Fabriken reiche Erfahrungen über die Beteiligung der Angestellten und Arbeiter am Gewinn gemacht hatte. Hieraus ergaben sich wertvolle Mitteilungen für die Staatswissenschaftliche Gesellschaft. Auch hat er über diese Angelegenheiten viel beachtete wissenschaftliche Arbeiten veröffentlicht.

Durchsieht man das Verzeichnis der Vorträge, so fällt es auf, daß in einer Reihe von Vorträgen Themen behandelt worden sind, die seit einigen Jahren in der gegenwärtigen Handels- und Wirtschaftspolitik eine große Rolle spielen und in den Versammlungen und Schriften viel erörtert werden. Allerdings mit einem Unterschied. Die Vorträge der Staatswissenschaftlichen Gesellschaft beruhen auf streng wissenschaftlicher Grundlage, von einseitigen politischen und wirtschaftlichen Betrachtungen hielt man sich vollständig fern. Gleichwohl würde es gewiß von Interesse sein, wenn einzelne der damals gehaltenen Vorträge auch jetzt noch weiteren Kreisen bekannt würden. Es ergibt sich aus dem Verzeichnis fernerhin, daß derselbe Gegenstand unter verschiedenen Gesichtspunkten in mehreren Vorträgen von einer Person oder aber auch von mehreren behandelt worden ist. Dieser Umstand sowie die sonstige Beschaffenheit des Verzeichnisses gibt die Möglichkeit, einzelne Vorträge in gewisse Gruppen einzureihen und dadurch ein allgemeines Bild über die Art der Vorträge und deren Erfolge zu geben. Ich will nachstehend versuchen, einzelne dieser Gruppen zusammenzufassen.

Es handelt sich um folgende:
1. Handelspolitische Fragen,
2. Fragen der Sozialpolitik,
3. agrarpolitische Fragen,
4. Fragen auf dem Gebiete des Verkehrs,
5. Fragen auf juristischem Gebiet.

Die *handelspolitischen Fragen*, die die Staatswissenschaftliche Gesellschaft sehr stark beschäftigt haben, umfassen die wichtigsten Angelegenheiten auf diesem Gebiete (freien Handel und Schutzzölle, Meistbegünstigung, Inhalt und Form der Handelsverträge, eine Reihe von Schutzzöllen, also Zuckerzoll, Branntweinzoll, Tabakzoll usw., Finanzzölle). Von besonderem Werte für die handelspolitischen Erörterungen waren die vielen Vorträge statistischen Inhalts, die meist von Vorsitzenden statistischer Ämter (des Statistischen Reichsamts, des Preußischen Statistischen Amts, der städtischen Ämter) und von Universitätsprofessoren, zu deren Referat die Statistik gehörte, gehalten wurden.

In die zweite Gruppe gehören die *sozialpolitischen Angelegenheiten*. Geheimrat Bödicker, ein besonderer Sachkenner auf diesem Gebiete, hat über diese gesetzlichen Vorgänge und die ersten Erfahrungen auf dem Gebiete der Krankenversicherung, der Altersversicherung und der Invalidenversicherung Vorträge gehalten, über Fragen, die damals im Vordergrunde der öffentlichen und der parlamentarischen Erörterungen standen. Es war von ganz besonderem Wert, von einem Sachverständigen hierüber sozusagen authentische Aufklärungen zu erhalten. An die Vorträge knüpften sich sehr eingehende Besprechungen an. Hieran schlossen sich eine Anzahl anderer sachverständiger Persönlichkeiten an, die später noch über eine Reihe von Einzelheiten nach den praktischen Erfahrungen berichteten.

Auch die Frage der Arbeitslosenversicherung ist damals schon von Mitgliedern unter wissenschaftlichem Gesichtspunkte und nach den Erfahrungen anderer Länder untersucht worden. Unter anderem hat Schmoller darüber einen sehr wertvollen Vortrag gehalten. Ferner ist über die Beschäftigung von Frauen und Kindern nach sozialen Gesichtspunkten verhandelt worden. Auch die Frage der Ausbildung und Beschäftigung der Frauen bildete den Gegenstand von Vorträgen. Die Vortragenden, die zum Teil bei ihrer amtlichen Tätigkeit diese damals und schon viel früher erörterten Fragen behandelten, waren in der Lage, nach den praktischen Erfahrungen eine Reihe wertvoller Anregungen zu geben.

Die dritte Gruppe bilden die *agrarpolitischen Fragen*, bei deren Betrachtung die handelspolitischen Fragen vielfach auch herangezogen wurden. Sie betrafen auch die Zölle; besonders waren es die Getreidezölle, die in Verbindung mit den für diese besonders wichtigen Eisenbahntarifen damals erörtert wurden. Ferner beziehen sich die landwirtschaftlichen Vorträge auf das Siedlungswesen und auf die Verteilung der Grundstücke, auf die Bodenreform, auf die Beleihung des Grundbesitzes und auf die damit in Zusammenhang stehenden Hypothekenfragen.

Die vierte Gruppe sind die *Verkehrsfragen*. Über die Wasserstraßen und die Kanäle ist nur wenig gesprochen worden. Flugzeuge, die erst in den letzten Jahren für den Verkehr an Bedeutung gewonnen haben, konnten erst in den letzten Jahren in einigen Vorträgen behandelt werden, hauptsächlich die Organisation der Luftschiffahrt und die Segel-Luftschiffahrt. Eine bedeutende Rolle spielten die Vorträge über das Post- und Telegraphenwesen, dessen Organisation und finanzielle Bedeutung und Fürsorge für die Beamten und Angestellten. Sehr umfangreich auf dem Gebiete des Verkehrswesens sind die Eisenbahnfragen. Der Übergang zum Staatsbahnsystem in Preußen und in anderen deutschen Ländern war wenige Jahre vorher, kurz vor Gründung der Staatswissenschaftlichen Gesellschaft, erfolgt, so daß kein Anlaß mehr vorlag, diese Fragen theoretisch zu erörtern. Eine kurze Übersicht über die Geschichte der Verstaatlichung findet sich in einem Vortrag über die Eisenbahnpolitik des Fürsten Bismarck.

Dagegen haben sich viele Einzelvorträge auf die politischen, finanziellen und wirtschaftlichen Folgen der neuen Eisenbahnpolitik erstreckt, vielfach unter Bezugnahme auf die Eisenbahnpolitik anderer Länder. Hierher gehören die Reformen der Personen- und Gepäcktarife sowie der Gütertarife und in Verbindung damit das Gesetz von 1907 über die Verkehrssteuer, besonders die Fahrkartensteuer, ferner über die wirtschaftlichen Beiräte der Eisenbahnen (Bezirkseisenbahnräte und Landeseisenbahnrat), über die finanziellen Fragen, besonders über die Auswirkung des Eisenbahnfinanzgesetzes von 1882. Sodann wurde gesprochen über die Ausbildung der Angestellten und Arbeiter. In Verbindung damit stehen allgemeine Erörterungen über die Ausbildung der höheren technischen Verwaltungsbeamten. Dabei kamen auch die Reformbestrebungen im

Unterrichtswesen bei den Universitäten und Gymnasien zur Sprache. Ich erinnere mich gern an einen grundlegenden Vortrag, den Professor Dilthey von der Berliner Universität über die Erziehungsfragen der Gegenwart und die pädagogische Wissenschaft gehalten hat. Leider ist dieser Vortrag, der sich durch formelle Schönheit und sachliche Bedeutung auszeichnete, der einzige, den Professor Dilthey in der Staatswissenschaftlichen Gesellschaft gehalten hat. Seine Gesundheit nötigte ihn auszutreten, weil er das Tabakrauchen nicht vertragen konnte.

Die Vorträge auf *rechtswissenschaftlichem Gebiete*, die ich zu einer weiteren Gruppe zusammenzufassen versuche, beziehen sich zunächst auf das deutsche Recht. Das Bürgerliche Gesetzbuch, über dessen Entwürfe in den ersten Jahren des Bestehens unserer Gesellschaft beraten wurde, gab Gelegenheit zu allgemeinen Vorträgen und zu solchen über Einzelfragen. Die Deutsche Eisenbahn-Verkehrsordnung erhielt eine neue Fassung, die in einzelnen Vorträgen mitbehandelt wurde. In das juristische Gebiet fallen auch die Vorträge über strafrechtliche Fragen (Strafprozeß- und Gefängniswesen). Zu diesen deutschrechtlichen Angelegenheiten kamen die internationalen Rechts- und Verkehrsfragen. Die Revision des Berner Internationalen Übereinkommens über den Eisenbahnfrachtverkehr wurde damals beraten und durch das Übereinkommen über den Personen- und Gepäckverkehr ergänzt.

Eine Anzahl der Redner behandelte die politischen und die Verkehrsverhältnisse anderer Länder auf Grund von Reisen und von Erfahrungen, die sie auf Kongressen gesammelt hatten. Diese Vorträge gaben dann häufig Anlaß zu Vergleichen zwischen deutschen und ausländischen Verhältnissen. Im Vordergrund stehen hier die Reisen nach den Vereinigten Staaten von Amerika. Besonders interessant war der Vortrag über den Streik der Eisenbahner in Chicago im Sommer 1894. Auch die Rechtsverhältnisse von Österreich, Ungarn, Großbritannien, der Schweiz, den orientalischen Bahnen, den Bahnen in China und Japan bildeten den Gegenstand wertvoller Betrachtungen. Ein rein politischer Vortrag war der über die venetianische Verfassung.

Die Ereignisse während des Weltkrieges und der Nachkriegszeit und die dort zur Erscheinung kommenden wirtschaftlichen und Rechtsfragen beschäftigten eine Anzahl Redner, die zum Teil auch über ihre eigenen Erlebnisse im Kriege berichten konnten. Über politische Fragen wurden von einigen Rednern nach streng wissenschaftlichen Gesichtspunkten Vorträge gehalten. Schließlich möchte ich noch aufmerksam machen auf einige Einzelvorträge, darunter solche zur Frage der Kolonialpolitik und des Konsulatswesens, über militärische und Marinefragen, eine Reihe technischer und historischer Vorträge sowie solche über das Patentwesen, das zur Zeit der Entstehung unserer Gesellschaft in seinen ersten Anfängen stand, dessen Entwicklung von einzelnen sachverständigen Rednern dargestellt werden konnte.

Das Reichsfinanzwesen, die Depositengesetzgebung und die Währungsfragen treten in verschiedenen Vorträgen scharf hervor. Ein besonderer Kenner der Verhältnisse war der Direktor einer unserer Großbanken mit seinen auf freiem wirtschaftlichem Standpunkt stehenden Anschauungen auf Grund sorgfältiger wissenschaftlicher Studien und seinen reichen praktischen Erfahrungen. Er hielt auch einen Vortrag über Karl Marx, dessen Lehre und deren Einfluß auf die Entwicklung der sozialen Fragen. Professor Alfred Wagner, der in vielen Fragen einen abweichenden Standpunkt verfocht, nahm bei Besprechungen über solche Finanzfragen häufig Anlaß, den Ansichten des Bankdirektors entgegenzutreten. Bei einigen Sitzungen war es ein Genuß, die Begründung dieser entgegengesetzten Anschauungen von sachverständiger Seite anzuhören. Es war eine besondere Freude zu sehen, wie die Gegner ihre Ansichten in eben so vornehmer wie sachlicher Weise verteidigten.

Hiermit will ich meine Ausführungen schließen. Ich konnte Ihnen nur einige meiner Meinung nach besonders wichtige Züge aus dem Bilde vorführen, das sich in einer 50jährigen Zusammenarbeit staatswissenschaftlich vor uns entrollt.

Auszug aus einem Brief des Herrn Otto de la Chevallerie an Herrn Eduard Spranger zur Frage, wie das Schicksal der „Gleichschaltung" in den dreißiger Jahren an der Staatswissenschaftlichen Gesellschaft zu Berlin vorüberging.

Berlin-Zehlendorf, den 28.9.1961

Hochverehrter Herr Professor!

Sie gedachten der diesjährigen Gründungsveranstaltung der Staatswissenschaftlichen Gesellschaft und hatten die Freundlichkeit, Ihren Dank dafür auszusprechen, daß ich diese wertvolle Gesellschaft „mit einer seltenen Energie" über die schwerste Krise, die ihr begegnen konnte, hinausgerettet hätte. Sie fügen freundlicherweise hinzu, daß man dies in der Geistesgeschichte Berlins nicht vergessen dürfe.

Wir haben in der damaligen Zeit alle miteinander getan, was wir irgendwie tun konnten, um unsere Gesellschaft so zu erhalten, wie sie von den Gründern gedacht war, und sie vor den Zugriffen des Nazisystems zu schützen. Daß mir als dem Sekretär der Gesellschaft dabei die Aufgabe einer besonderen Wachsamkeit gestellt war, lag in der Natur der Dinge. Ich bin dankbar für Ihre so freundliche Würdigung, die ich als Empfänger allerdings erheblich einschränken möchte.

Sie, verehrter Herr Professor, waren anwesend, als wir anläßlich des 90. Geburtstages den Mitbegründer der Gesellschaft Exz. von der Leyen durch ein gemeinsames Essen im Ratsweinkeller Schöneberg feierten. Dieser hatte etwa ein Jahr zuvor, am 28. April 1933 – Sie konnten damals leider nicht anwesend sein –, anläßlich des 50jährigen Bestehens der Gesellschaft ebenfalls im Schöneberger Ratsweinkeller den Festvortrag gehalten. Als ich am 90. Geburtstag selbst, am 28. Juni 1934, Exz. von der Leyen in seiner Wohnung die Wünsche der Gesellschaft aussprach, nahm er mich beiseite und fragte mich abseits des großen Gratulantenkreises – an seinem Geburtstag habe er vielleicht ein Recht, eine indiskrete Frage zu stellen –, wie es mir gelungen sei, daß der Kelch der Gleichschaltung, die alle wissenschaftlichen Gesellschaften in Berlin getroffen habe, an der Staatswissenschaftlichen Gesellschaft vorbeigegangen ist. Er war überrascht, als ich ihm sagte, das Verdienst läge wahrscheinlich mehr bei ihm und seinem Alter als bei mir und wenn ich ein Verdienst daran hätte, so läge es vielleicht darin verborgen, daß ich als Nichtraucher Wert darauf lege, nur gute Zigarren anzubieten oder zu verschenken.

Diese Antwort machte das ehrwürdige Geburtstagskind neugierig, und ich erzählte ihm, daß ich den Hausmeistern des Oberverwaltungsgerichts neben dem ihnen zustehenden Obolus jeweils eine wahrhaft gute Zigarre anläßlich unserer Sitzungen überreichte, sowohl dem an der Pforte Dienst tuenden als auch dem auf dem Stockwerk unseres Sitzungssaales tätigen. Aber außer dieser Brücke freundlicher Beziehungen hätten diese Männer aus dem Militäranwärterstande auch Vertrauen zu den Mitgliedern der Gesellschaft und auf Grund der gelegentlichen Unterhaltungen auch zu mir selber gefaßt. So wäre ich eines Abends, als ich das Protokollbuch der Gesellschaft, das Fräulein Tockan jeweils vor der Sitzung beim Pförtner abgab, von diesem mit den Worten empfangen worden „sie waren da". Obwohl man in der damaligen Zeit wußte, wer unter „sie" zu verstehen war, fragte ich, um Zeit und Abstand zu diesem Unterhaltungsgegenstand zu finden, wer war da? „Na, die Gestapo", war die Antwort. „Und was wollte sie?" „Sie wollte wissen, was mit der Staatswissenschaftlichen Gesellschaft los sei, ob die Mitglieder bekannt seien, aus welchen Kreisen sie stammten." Der Beamte hatte richtige und gute Auskunft gegeben, die Gesellschaft sei nur klein an Zahl – 36 –, diese kämen aber nicht alle jedes Mal zusammen, es wären überwiegend alte Herren, einer würde demnächst sogar 90 Jahre, er könnte aber noch ganz gut laufen, nur könnte er nicht mehr gut sehen; er müsse deshalb zum Fahrstuhl geführt werden. Ein anderer, Exz. Moewes, ein alter General, könne auch nicht mehr recht „kieken". Seine Haushälterin hole ihn immer ab, und der Pförtner besorge eine Taxe, damit der alte Herr nicht unter die Räder komme. Viele seien Professoren, aber nicht mehr alle im Dienst. In den Vorträgen erzählten sie sich von alten Zeiten, das wäre ganz interessant, er halte sich immer etwas auf, wenn er bei dem Saal Dienst zu tun hätte und abends die Vorhänge zuzöge. Da hätte doch neulich einer gesprochen, der im Jahre 1878 das Deutsche Reich auf dem Weltpostkongreß vertreten hätte und vieles andere aus der alten Zeit. Auf die Frage des Pförtners, ob er nun auch die anderen Herren nennen solle, dankte der Gestapobeamte, der es anscheinend eilig hatte, und meinte, es sei wohl genug, und verabschiedete sich von dem Pförtner, der ihm versicherte, er kenne sie alle und könne ihm ganz genaue Auskunft geben. Am Ende dieses Berichtes lachte er mich an und fragte: „Herr Doktor, habe ich das nun so richtig gemacht?" Meine Antwort war die gute Zigarre.

Bei einer Sitzung hatten wir, ohne darüber zu protokollieren, angesichts der Gleichschaltungsauflagen bei den wissenschaftlichen Gesellschaften auf meinen Vorschlag beschlossen, daß wir die Gesellschaft für aufgelöst betrachten wollten, wenn auf anderem Wege der Gleichschaltung nicht entgangen werden könnte. Die Entscheidung hierüber wurde in meine Hand gelegt. Es sollte dann keine Einladung zur nächstfolgenden Sitzung mehr ergehen, dagegen sollten die Mitglieder von mir eine persönliche Einladung zu einem Herrenabend erhalten, um damit eine zwanglose Übung einzuleiten, Vorträge und Aussprachen weiter zu pflegen gewissermaßen dadurch, daß die übliche Nachsitzung zum Hauptgegenstand gemacht und in private Räume verlegt werden sollte.

Zu dieser Notlösung brauchte es aber nicht zu kommen. Wir haben bis zum 10. März 1945, es war die 527. Sitzung, unsere Sitzungen in der gewohnten Weise fortgesetzt. Die Einwirkungen des Luftkrieges machten Verlegungen notwendig. So tagten wir längere Zeit im Nationalen Klub, dann im Harnack-Haus, bis die letzte Sitzung am 10. März 1945 in meinem Hause stattfand. Auch hier wehte der kühle Frühlingswind durch die fehlenden Fensterscheiben. Ich legte damals die Geschäfte des Sekretärs in die Hand des Ministerialrates Dr. Spieß, der an diesem Tage über den Eigentumsbegriff der Stalinschen Verfassung gesprochen hatte. Ich war damals entschlossen, Berlin nicht zu verlassen und mußte mit den Folgen einer sowjetischen Gefangenschaft rechnen. „Zumal seine Anwesenheit in Berlin fraglich wird" steht im damaligen Protokoll. Es folgte die fast 5jährige Gefangenschaft.

Im Protokoll der Sitzung vom 30. Juni 1933 hatte der stellv. Sekretär Berghauptmann Bennhold bemerkt: „Für Dr. Homberger, der wegen Überhäufung mit Dienstgeschäften das Amt als Schriftführer niedergelegt hat, wurde Dr. de la Chevallerie gewählt; er hat angenommen." Am 6. Juni 1957 fand die 528. Sitzung wieder in meinem Hause statt, um den Beschluß der Wiederbelebung der Gesellschaft zu fassen und mich erneut mit den Sekretärsgeschäften zu beauftragen.

Dr. Homberger, der als mein Vorgänger in diesem Amt lange Jahre die Geschäfte führte, konnte zwar, obwohl er Volljude war, sein Amt als Finanzreichsbahndirektor noch eine Zeitlang als nicht zu entbehrender Fachmann weiterführen. Später konnte ich ihm durch eine Erklärung vor dem amerikanischen Generalkonsulat in meiner Eigenschaft als Sekretär der Gesellschaft helfen, als Emigrant in den USA als Dozent Fuß zu fassen.

Solange es die Verhältnisse irgendwie erlaubten, blieben die jüdischen Mitglieder in der Gesellschaft in ihren vollen Rechten. Homberger sprach noch im Herbst 1934 über Wirtschaftsfragen der Reichsbahn; Kaufmann am 24. Mai über „die Grundlagen des heutigen europäischen Paktsystems". Fritz Elsas nahm 1935 an der Feier des Gründungstages teil. Flechtheim erklärte Oktober 1935 „aus gesundheitlichen Gründen" seinen Austritt. Elsas hielt am 30. April 1937 seinen letzten Vortrag über englische Gemeindefragen. Bis in das Jahr 1938 nahmen die Herren Homberger, Kaufmann und Elsas, von denen nur noch Erich Kaufmann unter den Lebenden ist, Homberger in den USA starb und Elsas von den Nazis ermordet wurde, an den Sitzungen teil, hatten aber bereits 1935 darum gebeten, nicht mehr durch Vorträge hervorzutreten.

Männer der Widerstandsbewegung hatten wir in der Gesellschaft in größerer Zahl; ihr Leben verloren in Verbindung mit dem 20. Juli 1944 Minister Popitz, Dr. Bonhoeffer, Dr. Albrecht Haushofer und General Lindemann. Sie selbst haben in der damaligen Zeit ja auch die Bitternis des Gefängnisses zu kosten bekommen, ebenso Herr von Dietze. Ich erinnere auch an Haushofer und den 1940 in Buchenwald zu Tode gehetzten Martin Gauger, den Mitarbeiter Liljes, der in seinem Vortrag im März 1940 „Wandlungen im Verwaltungsrecht" die Verlogenheit der Nazimethoden geißelte.

In aufrichtiger Verbundenheit bin ich
Ihr getreulich ergebener

gez. Otto de la Chevallerie

Die Entwicklungsphasen der Staatswissenschaftlichen Gesellschaft

Auszüge aus einem Vortrag von Dr. Otto de la Chevallerie
in der 611. Sitzung der Staatswissenschaftlichen Gesellschaft am 9.1.1967

Wiederholt wurde angeregt, ich möge den Bericht über unsere Gesellschaft „von der Zeit der Gründung im Jahre 1883 bis zur Einstellung ihrer Tätigkeit im Jahre 1945 sowie ihrer Ruhezeit bis zur Wiederbelebung im Jahre 1957" wiederholen. Herr Professor Blei wies mit Recht darauf hin, daß die Zusammensetzung unserer Gesellschaft sich seit der ersten Sitzung nach dem Wiederbelebungsbeschluß erheblich gewandelt hat und den nachwachsenden Mitgliedern die Geschichte unserer Gesellschaft weitgehend fremd ist. Wir müssen uns dazu vergegenwärtigen, daß der Mitgliederbestand bei der ersten Sitzung, die 1957 eine neue Phase in der Entwicklung unserer Gesellschaft einleitete — in der Zählung seit dem Bestehen der Gesellschaft war es die 529. — erst auf 16 angewachsen war und allmählich wieder auf die damals satzungsgemäße Zahl 36 gebracht wurde.

Im Juni 1957 lebten von den Mitgliedern der alten Gesellschaft noch etwa 20, aber nur 5 davon in Berlin. Die in Berlin wohnenden Mitglieder, es waren die Herren Frh. v. Bissing, de la Chevallerie, Davidsen, Hartung und Rehfeld, waren satzungsgemäß berechtigt, neue Mitglieder zu kooptieren und einen Vorstand zu bestellen, der ein geordnetes Leben der Gesellschaft wieder in die Wege leiten konnte.

Die diesbezüglichen Beschlüsse der Altmitglieder vom 6. Juni 1957 eröffneten den Weg oder bildeten den Übergang zu einer neuen Phase in der Geschichte unserer Gesellschaft. Sie begann mit dem Wintersemester 1957 und der im Osteuropa-Institut abgehaltenen Sitzung vom 19. November. Ich betrachte diese neue Phase als die dritte in der Geschichte unserer Gesellschaft.

Die erste Phase der Entwicklung rechne ich von der Gründung im Jahre 1883 bis zur Feier des 50jährigen Bestehens im Jahre 1933. Unmerklich beginnt mit dem Schicksalsjahr unseres Volkes die zweite Entwicklungsphase der Staatswissenschaftlichen Gesellschaft, deren Zweckerfüllung durch die politische Entwicklung gefährdet war und schließlich durch Kriegseinwirkung auf die Reichshauptstadt unmöglich wurde.

Die neun bei dieser vorerst letzten Sitzung versammelten Mitglieder waren die Professoren Hartung, Heubner, Spranger und Schulte, welch letzterer jetzt in Bremen als Psychiater tätig im Mai v.J. als nunmehr korrespondierendes Mitglied an der Festsitzung teilnahm, die Herren Dr. Spieß, Ministerialrat im Reichsverkehrsministerium, Dr. Rehfeld, Studienrat Wicht und ich. Den Vortrag hielt Dr. Spieß über „Das Recht des persönlichen Eigentums der Bürger in der Sowjetunion". Für April 1945 war ein Vortrag von Dr. Rehfeld in Aussicht genommen, soweit dieser wegen seiner Einberufung als Heeresbeamter dazu in der Lage sein würde. Als Tagungsort wurde das Harnackhaus in Erwartung seiner provisorischen Wiederherstellung bis zum Apriltermin bestimmt.

Aber keine der Erwartungen für eine Sitzung im April 1945 ging mehr in Erfüllung — die 528. Sitzung fand erst am 6. Juni 1957, also 12 Jahre später, wiederum in meinem Hause Rappoltsweiler Straße 5 statt. Ich erwähnte bereits die fünf wieder in Berlin seßhaft gewordenen Mitglieder, die mit dem Beschluß der Wiederbelebung der Gesellschaft den Ruhezustand beendeten und die jetzt laufende dritte Phase der Geschichte unserer Gesellschaft eröffneten.

Zwölf Jahre hat die Gesellschaft geruht. Sie hat aber nicht zu bestehen aufgehört. Sie lebte weiter im Herzen ihrer am Leben gebliebenen Mitglieder, die sobald sie konnten, Fühlung miteinander aufnahmen und den Plan der Wiederbelebung der Staatswissenschaftlichen Gesellschaft anstrebten, voran die Herren Dr. Spieß und Professor Heubner.

Es möge dahingestellt bleiben, ob und wie weit Sie meiner Auffassung von den zeitlich abgegrenzten Entwicklungsphasen unserer Gesellschaft folgen wollen. Wesentlich ist lediglich, daß Sie mit mir darin übereinstimmen, daß unsere Gesellschaft unverändert seit ihrer Gründung am 24. Juni 1883, unbeschadet durch die Einflüsse des Nationalsozialismus und des zweiten Weltkrieges fortbesteht.

Die Erfüllung ihrer Zielsetzung, „einen kleinen Kreis staatswissenschaftlich Gebildeter zu regelmäßigem Gedankenaustausch zu versammeln" verdankt die Gesellschaft an erster Stelle dem Aufbau und dem Vermächtnis ihrer Gründer. Unter ihnen ragt einer als Initiator hervor, und sein Name leuchtet vom Gründungstage an über alle drei Phasen der Entwicklung unserer Gesellschaft bis in unsere Tage: Gustav von Schmoller. (Es folgt ein Lebens- und Berufsbild, auf das in dieser Festschrift in einem anderen Zusammenhang eingegangen wird.)

Erst ein Jahr etwa war Schmoller in Berlin, als er einen Kreis „staatswissenschaftlich Gebildeter" einlud, um über die Gründung einer staatswissenschaftlichen Gesellschaft zu beraten. Schmoller brachte das Modell einer Staatswissenschaftlichen Gesellschaft aus Straßburg mit. Adolf Ernst von Ernsthausen schreibt in seinen „Erinnerungen eines preußischen Beamten", 1894 in seinem Todesjahr erschienen in Bielefeld und Leipzig bei Velhagen & Klasing (S. 318): „Ende 1872 wurde in Straßburg i.E. auf Anregung des Professors Schmoller ein staatswissenschaftlicher Verein gegründet, in welchem von den Mitgliedern abwechselnd Vorträge gehalten werden. Mitglieder waren meistens Professoren, Lehrer, Beamte und Offiziere. Auch einige Elsässer beteiligten sich ..." Ernsthausen war damals Präfekt in Straßburg i.E., Amstbezeichnung und Aufgabenbereich entsprachen denen der französischen Departementsverwaltung. Ein Herr von Ernsthausen, vermutlich derselbe, erschien später in der Staatswissenschaftlichen Gesellschaft zu Berlin. Er hielt 1890 einen Vortrag über die Entwicklung der venetianischen Staatsverfassung, den Exzellenz v. der Leyen als einen rein politischen Vortrag charakterisiert.

Ein Mitarbeiter aus der Straßburger Zeit stand Schmoller bei der Gründung der Staatswissenschaftlichen Gesellschaft in Berlin zur Seite in der Person von Dr. Stieda, der allerdings schon 1884 einen Ruf nach Leipzig erhielt. Er war der erste Sekretär der Berliner Gesellschaft und steht in der Reihe der Vortragenden mit oben an. Am 15.10.1883 sprach er über „das Arbeitsbuch in Frankreich". Prof. Stieda hat die erste Phase der Entwicklung unserer Gesellschaft, wenn auch zum größten Teil aus der Ferne, miterlebt. Er blieb zeitlebens in Leipzig und nahm am 50jährigen Bestehen der Gesellschft nur durch ein Glückwunschtelegramm teil. Sein Gesundheitszustand ließ die Reise nach Berlin nicht zu.

Dagegen blieb bis zu seinem Tode ein anderes Gründungsmitglied der Gesellschaft tätig verbunden: der Wirkl. Geh. Rat Exzellenz Prof. v. der Leyen. Er hielt trotz seines hohen Alters stehend an der Festtafel den Festvortrag bei der Festsitzung anläßlich des 50jährigen Bestehens der Gesellschaft am 28. April 1933 und feierte ein Jahr später am 22. Juni 1934 bei einem ihm zu Ehren von der Gesellschaft im Schöneberger Ratskeller veranstalteten Festessen seinen 90. Geburtstag. Sein Festvortrag wurde 1933 gedruckt. Professor Gerhard Albert Ritter ließ ihn 1964, als er den Vorsitz hatte, erneut vervielfältigen. Der Vortrag gibt ein gutes Bild der 50jährigen ersten Phase der Entwicklung der Gesellschaft.

Die Satzung ist kurz und klar und hat bis auf wenige im Wortlaut kenntlich gemachte Änderungen und Zusätze Geltung bis auf den heutigen Tag. Grundsätzliche Änderungen wurden nicht vorgenommen.

Es ergaben sich Interpretationen und gewohnheitsrechtliche Übungen. Z.B. wurde 1928 die Frage aufgeworfen, ob in § 1 der Satzung unter „staatswissenschaftlich Gebildeten" nur Akademiker zu verstehen seien. Die Frage wurde verneint. Die Aufnahme von Damen in den Kreis der Mitglieder ab 1962 erforderte keine Satzungsänderung, da unter „staatswissenschaftlich Gebildeten" ebenso gut Frauen wie Männer zu verstehen seien. Ein gewisses proportionales Verhältnis zwischen Hochschullehrern und Beamten einerseits, Freiberuflichen sowie Vertretern der Wirtschaft und Landwirtschaft andererseits, wurde innegehalten. Gewählt wurden die Mitglieder nach Sparten ihrer Fakultäts- oder Berufszugehörigkeit. Um eine möglichst große Vielseitigkeit des Erfahrungskreises der Mitglieder zu gewährleisten, wurde angestrebt, nicht mehr als zwei Vertreter einer jeden Sparte zu Mitgliedern zu haben. Eine Sonderstellung hatten aktive Offiziere. Sie wurden auf Vorschlag des Wehrministeriums gewählt.

Die Kooptationen neuer Mitglieder haben einstimmig zu erfolgen. Über Wahlvorgänge besteht die Pflicht der Verschwiegenheit. Ebenfalls über den Inhalt der Vorträge, über die der Vortragende das alleinige Verfügungsrecht hat. Das Protokoll der Sitzung enthält nur das Thema der Vorträge und die Namen der Teilnehmer, sowie der fehlenden Mitglieder und Geschäftliches. Die Satzung sagt: „Die Sitzungen sind als vertrauliche Zusammenkünfte zu betrachten."

Vortrag und Aussprache über den Vortrag sind die wesentlichen Aufgaben der Gesellschaft. Die sogenannte Nachsitzung mit Imbiß und Umtrunk ist nicht etwa ein unwesentlicher Bestandteil der Zusammenkünfte. Der Nachsitzung ist die weitere Klärung aufgeworfener Fragen zugedacht. Auch pflegt sie die

Geselligkeit unter den Mitgliedern und ermöglicht das nähere Bekanntwerden untereinander, das in schweren Zeiten zu so erfreulichen Hilfeleistungen und Kameradschaftsakten führen konnte.

Gäste können mit Zustimmung des Vorsitzenden eingeführt werden, allerdings nur auswärtige. Bei der Festsitzung ist dagegen die Einführung von Berliner Gästen besonders erwünscht. Aus der gastweisen Teilnahme hat sich schon manche spätere Mitgliedschaft entwickelt.

Eine Festsitzung mit Vortrag und festlicher Tafel fand erstmals anläßlich des zehnjährigen Bestehens der Gesellschaft statt. Der nächste Anlaß war die Feier des 50jährigen Bestehens und ein Jahr später der 90. Geburtstag von Exz. v. der Leyen. Der Jubilar, der sehr kurzsichtig war, wurde von seiner Tochter begleitet. Damit diese nicht die einzige Dame an der festlichen Tafel war, wurde auch eine Tochter von Hans Delbrück eingeladen. Damals gab Exz. v. der Leyen die Anregung, „auch die der Gesellschaft nahestehenden Damen an dem Aufgabenkreis der Gesellschaft teilnehmen zu lassen"; sie sollen an dem alljährlich in festlicher Form mit Vortrag und gemeinsamem Essen zu feiernden Gründungstage teilnehmen (Zum Beschluß erhoben am 29.6.1934).

Zum Schluß ist nur noch zu berichten über den Vorstand. Das Wort „Vorstand" kommt in Schmollers Satzung, die wie auch unsere heutige Satzung nur aus 10 §§ bestand, nur einmal vor. Er, Schmoller, wie auch wir heute sprechen mehr von den beiden Vorsitzenden und dem Sekretär.

Den Satz, daß nach § 6 die Vorsitzenden des Vorjahres nicht wiederwählbar sind, möchte ich zu streichen empfehlen. In den 30er Jahren empfahl es sich schon, von dieser Vorschrift abzuweichen — die Vorsitzerzeit des sehr rührigen Generals d. Fl. Quade wurde stillschweigend auf zwei Jahre — 1936 bis 1938 — verlängert — um so mehr empfahl es sich im letzten Jahrzehnt der wieder erstandenen Gesellschaft. Es ist den Vorsitzenden anheimzustellen, sich auf geschäftsordnungsmäßige Tätigkeit und die Führung des Vorsitzes in den Sitzungen zu beschränken und sich in diesen Aufgaben gegenseitig nach Bedarf zu vertreten, oder durch ihre Initiative in die Geschichte unserer Gesellschaft einzugehen.

Die Sekretäre hatten eine längere, satzungsmäßig nicht zeitbegrenzte Arbeitszeit. Prof. Dr. Stieda erwähnte ich bereits als Mitarbeiter Schmollers aus dessen Straßburger Zeit und als Sekretär der Jahre 1883 und 84 bis zu seiner Berufung nach Leipzig. Ihm folgte für die lange Zeit von 1884 bis 1919, für volle 35 Jahre, der Geh. Reg. Rat Prof. Dr. Hans Delbrück. Er hat das Gesellschaftsleben immer wieder befruchtet und mit oft kontroversen Ansichten angeregt. Als Vortragsredner stand er wohl an der ersten Stelle. Er war auch immer als Ersatzredner bereit, sei es mit einem Reisebericht oder einer Buchbesprechung, immer anregend, immer interessant.

Von 1919 bis 1923 übernahmen seine Nachfolge Geh. Rat Dr. Zacher, Direktor im Statistischen Amt, für nur ein Jahr bis zu seinem Tode, im Jahre 1924 folgte Exzellenz Diek, Admiral z.D. Auf vier Jahre schloß sich – ebenfalls bis der Tod ihn abberief – der Geh. Reg. Rat Dr. Schwartz, Präsident der Preuß. Zentral Bodenkredit AG, an. Die nächsten 5 Jahre setzte sich – bis in das kritische Jahr 1933 – Ministerialrat a.D. und Direktor der Deutschen Reichsbahngesellschaft Dr. Homberger – mit Fleiß und Tatkraft für die Gesellschaft ein. Er bat mich, seine Nachfolge anzutreten und die Wahl anzunehmen, weil er als sogenannter Nichtarier für sich und die Gesellschaft Schwierigkeiten befürchtete. Er blieb aber noch einige Jahre Mitglied, bis er sich gezwungen sah, in die USA zu emigrieren, wo wir ihm helfen konnten, als Dozent für Verkehrsfragen eine neue Existenz zu begründen.

Ich habe die Ehre, von 1933 bis 1945 die Geschäfte des Sekretärs geführt zu haben und sie nach fünfjähriger Gefangenschaft und erneuter Berufsarbeit in Berlin bei der Wiederbelebung unserer Gesellschaft wieder aufgenommen zu haben. Mit 22 „Dienstjahren" stehe ich aber noch weit hinter Hans Delbrück zurück. Trotzdem ist es an der Zeit, für mich einen jüngeren Nachfolger zu finden. Zweimal glaubten wir soweit zu sein: Professor Stern sowohl wie Arno Bäumer verließen aber Berlin zu neuen Aufgaben.

Die Gesellschaft hat auch einen stellvertretenden Sekretär. Am längsten hat der Gesellschaft in dieser Tätigkeit gedient der Berghauptmann a.D. Bennhold; mehr als 15 Jahre war er Sekretärstellvertreter. Im letzten Jahrzehnt nahmen die Herren Dr. Kunow und Bäumer das Amt wahr.

Karl C. Thalheim

Vorwort zu dem Nachruf von Hermann Schumacher: „Gustav von Schmoller"

Wenn wir in dieser Festschrift eine Würdigung Gustav von Schmollers wieder abdrucken, die vor 66 Jahren, im Sommer 1917*, kurz nach seinem Tode von einem der damals bekanntesten deutschen Nationalökonomen geschrieben wurde, so deshalb, weil wir damit den Mann ehren, der den entscheidenden Anstoß zur Gründung unserer Staatswissenschaftlichen Gesellschaft gab. Die Bedeutung Schmollers als des führenden Vertreters der „jüngeren historischen Schule" der Volkswirtschaftslehre ist heute sehr umstritten; ein großer Teil der heutigen Nationalökonomen geht von ganz anderen Ansatzpunkten aus und arbeitet mit völlig anderen Methoden, als Schmoller sie überhaupt als Möglichkeit in Betracht gezogen hätte. Darüber ist die Kenntnis von Schmollers Werk und das Verständnis für seine Denkweise weitestgehend verloren gegangen — auch für diejenigen Teile dieses Werkes, die über seine Zeit hinaus wertvoll bleiben. An sie zu erinnern, dafür scheint uns der folgende Aufsatz Hermann Schumachers gut geeignet. Die heutigen Mitglieder der Staatswissenschaftlichen Gesellschaft, die Wirtschaftswissenschaftler sind, betrachten sich gewiß nicht als Schmoller-Nachfolger; dafür hat sich die Entwicklung der Wirtschaftswissenschaft zu weit von seinen Auffassungen über die Aufgaben und die Methoden der Volkswirtschaftslehre entfernt. Das zeigt sich ja auch mit nicht geringerer Deutlichkeit in der Entwicklung des ebenfalls von Schmoller gegründeten „Vereins für Socialpolitik", der heutigen „Gesellschaft für Wirtschafts- und Sozialwissenschaften". Aber wenn in unserer Gesellschaft Wirtschaftswissenschaftler und Juristen, Historiker und Geographen, Mediziner, Natur- und Ingenieurwissenschaftler mit Vertretern der Praxis aus Wirtschaft, Verwaltung und Gerichtswesen zusammenwirken, so entspricht gerade diese Vielseitigkeit dem Geiste des Mannes, zu dessen weitgespanntem Wirken auch die Gründung der Staatswissenschaftlichen Gesellschaft zu Berlin gehörte.

---

* Technik und Wirtschaft. Monatsschrift des Vereines Deutscher Ingenieure. Redakteur Dr. Meyer; 10. Jahrg., August 1917, 8. Heft.

Gustav von Schmoller

Von Geh. Regierungsrat Professor Dr. Hermann Schumacher

Am 27. Juni d. J. ist Gustav Schmoller im soeben begonnenen 80. Lebensjahre aus seiner an Erfolgen ungewöhnlich reichen Wirksamkeit abgerufen worden. Bis zum letzten Tage hat er nicht nur an den gewaltigen Ereignissen unserer Zeit fühlend und denkend voll teilgenommen, sondern, die reiche Ernte seines Lebens bis zum Letzten bergend, der Arbeit der Wissenschaft und dem Geisteskampf der Gegenwart in kaum verminderter Kraft sich gewidmet. Unerwartet und mild ist der Tod, das seltene Glück seines Lebens vollendend, an ihn herangetreten.

Das Gelehrtenleben, das damit seinen Abschluß gefunden hat, ist äußerlich gar still verlaufen. Kindheit und Jugend verbrachte Schmoller in seiner schwäbischen Heimat. In der friedlichen Geburtsstadt Heilbronn wurde er nach seinem Abiturientenexamen noch anderthalb Jahre von seinem Vater, der württembergischer Beamter war, in der Kanzlei mit praktischen Arbeiten beschäftigt und zugleich im Staatsrecht und Finanzwesen unterwiesen. In der stillen Landesuniversität Tübingen entfalteten sich dann seine wissenschaftlichen Neigungen zu klarem Bewußtsein. Hier trat er vor allen Dingen seinem Geschichtslehrer Max Duncker näher, der später in Berlin als Direktor der Preußischen Archive für seine Studien aus der preußischen Geschichte besondere Bedeutung gewinnen sollte; durch ihn wurde er zum Historiker und erlernte er die geschichtliche Arbeitsweise. Auch hörte er in Tübingen Vorlesungen beim Volkswirtschaftler Professor Schütz, welcher der neuen geschichtlichen Schule angehörte und wirtschaftliche Gesichtspunkte mit geschichtlichen und ethischen zu verbinden sich bemühte; durch ihn wurde er zum Wirtschaftshistoriker, und entdeckte er ein gewaltiges Wirkungsfeld für geschichtliche Forschungen. Vor allem gewann aber früh sein Schwager Gustav Rümelin, der spätere berühmte Kanzler der Tübinger Universität, auf ihn Einfluß. Von ihm übernahm er, wie er selbst gesagt hat, das Lebensideal, „lieber ein allseitig gebildeter Mensch, als ein Spezialist von Fach, reiner Fachgelehrter zu sein"; durch ihn wurde er Universalhistoriker, der die ganze Kulturentwicklung der Menschheit als eine Einheit zu erfassen trachtete. Rümelin scheint es auch gewesen zu sein, der den jungen Schmoller, der den Eintritt in die Verwaltung durch eine scharfe Schrift gegen die württembergische Regierung sich verscherzt hatte, zur Universitätslaufbahn bestimmte. Nach kurzem Aufenthalt in der Schweiz wurde er auf Grund seiner ersten Arbeiten mit 26 Jahren Professor, und ein halbes Jahrhundert lang, allein 35 Jahre in Berlin, hat er diesen Beruf mit nie erlahmender Spannkraft und nie versagendem Erfolge ausgeübt. Auch für einen Gelehrten ist das eine Laufbahn voll ungewöhnlicher Ruhe und Stetigkeit. Der Drang, der seine schwäbischen Landsleute so viel beherrscht, Land und Leute mit eigenen Augen kennenzulernen, war ihm unbekannt. Die Fülle der Vergangenheit reizte ihn stärker als die Buntheit der begrenzten Gegenwart; stille Arbeit gewährte ihm größere Befriedigung als unruhiges Wandern; Menschen und Bücher interessierten ihn mehr als fremde Länder. Noch ehe er Professor in Berlin wurde, pflegte er hier regelmäßig wegen der Archive und Büchereien und wegen der Menschen die Frühjahrsferien zu verbringen.

Diese Beschränkung auf Arbeit und Häuslichkeit wurde früh von ihm zum bewußten System ausgebildet. Eine schwächliche Gesundheit veranlaßte ihn, mit seinem Betriebskapital an Körperkraft äußerst vorsichtig und sparsam zu wirtschaften. Er bildete sich mit zähem Fleiß zu einem Meister eigener Arbeitsökonomie aus. Im Dienste der großen Ziele, die er seiner Arbeit steckte, organisierte er sein Leben und Tun so planvoll, daß kaum eine Stunde ihm verloren ging. Zugleich übte er auch geistig Beschränkung. Den künstlerischen Neigungen, die ihm in der Jugend nicht ganz fremd waren, verschloß er sich später so stark, daß man sagen kann, er habe zur schönen Literatur und Kunst ein persönliches Verhältnis kaum gehabt. Er beschränkte sich absichtlich auf das Gebiet der Geisteswissenschaften. So gewann er die Zeit zur Arbeit im Kleinen und zur Lektüre im Großen. Das Lesen wissenschaftlicher Werke hat er ein langes Leben hindurch als Hauptfreude und Hauptpflicht empfunden. Unablässig baute er in Geschichte und Volkswirtschaftslehre und allen ihnen verwandten Fächern sein Wissen aus zu einer Weite und Vielseitigkeit, wie sie unter Volkswirten ihresgleichen nicht gefunden hat. Sein „Grundriß der Volkswirtschaftslehre" ist für alle Zeiten ein bewundernswertes Denkmal dieses in den Dienst einer großen Aufgabe gestellten, unablässigen Gelehrtenfleißes, ein Denkmal, wie die Wissenschaft vom Wirtschaftsleben kaum ein zweites aufzuweisen hat.

Aber dieses äußerlich so stille, der Arbeit gewidmete Leben erhielt seinen reichen bewegten Inhalt dadurch, daß in die fünf Jahrzehnte seines reifen Wirkens der Aufstieg Deutschlands von Zersplitterung und Schwäche zu Einheit und Stärke fiel. Früh war Schmoller, wie sein großer Landsmann Friedrich List, von der Bewegung nach deutscher Einigung lebhaft ergriffen worden. Unter dem Einfluß von Rümelin, der schon 1848 für den Anschluß Süddeutschlands an Preußen lebhaft eingetreten war, hatte er erkannt, daß dieses ersehnte Ziel nur unter Preußens Führung erreicht werden könne. Es war daher kein Zufall, daß er in Preußen im Schicksalsjahr 1864 seine Lehrtätigkeit an der Universität Halle begann, daß er 1872 an die neu gegründete Reichsuniversität in Straßburg übersiedelte, und daß er 1882 in die Reichshauptstadt berufen wurde. Aus tiefem Bedürfnis heraus scheint dieser Lebensgang sich gestaltet zu haben. Durch Veranlagung und Bildung zu fruchtbarer Beobachtung besonders befähigt, konnte Schmoller an bevorzugter Stelle, vielfach im Verkehr mit führenden Männern, die Zeit deutscher Wiedergeburt tief und vielseitig wie kaum ein anderer, in seiner Persönlichkeit verarbeiten. Das verständnisvolle große Erleben verwuchs mit der Ernte seiner emsigen Tätigkeit zu einem einzigartigen Reichtum wahrer Bildung. Als gebildetster unter den deutschen Volkswirten seiner Zeit hat er so großen Einfluß gewonnen.

Diese große Zeit, die dem stillen Gelehrtenleben seinen reichen und tiefen Inhalt verlieh, wird gekennzeichnet vor allem durch ein Wort: Bismarck. Früh ist die Persönlichkeit des Reichsgründers Schmoller vor die Seele getreten. Daß er sie miterlebte, hat ihn in seiner geschichtlichen Auffassung stark beeinflußt. Er begnügte sich nicht damit, die allgemeinen Entwicklungstendenzen darzulegen; das geschichtliche Werden gruppierte sich ihm in weitgehendem Maße um große Männer. Eine ausgesprochene Vorliebe für das Persönliche war ihm eigen. Das zeigt sich auch deutlich in seinen Buchbesprechungen. Wenn er über eine Veröffentlichung ein Urteil sich bilden wollte, fragte er zunächst nach der Persönlichkeit des Verfassers, und wollte er sie erfassen, so fragte er nach Herkunft, Eltern und Vorfahren. Adolf Wagner hatte ein Bedürfnis, mit jedem sachlich sich auseinanderzusetzen; wo er einen Namen nennt, geschieht es, ihn zu bekämpfen oder ihm zuzustimmen. Das war nicht Schmollers Art. Eine Äußerung interessiert ihn vor allem im Gesamtbild einer Persönlichkeit; wo er einen Namen nennt, ist er versucht, ein Porträt zu zeichnen. So brachte sein Interesse für das Persönliche eine tiefe psychologische Auffassung in die Wirtschaftslehre. Sein letztes Buch „Charakterbilder" kann in mancher Hinsicht als das für ihn kennzeichnendste bezeichnet werden. Dem Vorzug entsprach aber ein Nachteil. Als Geschichtsschreiber, der dem Persönlichen ein besonderes Interesse entgegenbrachte, war Schmoller auch ein Mann des Werturteils. Die Geschichtsschreibung ohne Werturteil schien ihm farblos und unwirksam zu sein. Ein vorsichtiges Werten schien ihm auch sonst nicht nur unvermeidlich, sondern geboten. Hier hat ein lebhafter Streit in den letzten Jahren eingesetzt, ein Streit, der sich um Grundsätze drehte, aber durch die Verschiedenheiten menschlicher Begabung im Einzelausgang bestimmt wird.

Die mit Bismarcks Namen verknüpfte große Zeit, in die Schmollers Hauptmannesjahre fielen, war sachlich vor allem durch ein Doppeltes beherrscht. Erstens war sie ausgefüllt mit dem Ausbau des neu gewonnenen Reiches. Fragen der Verfassung und der Verwaltung hatten eine Bedeutung gewonnen, wie nie zuvor. Es war ganz natürlich, daß die Wissenschaft, welche noch vor kurzem in den philosophischen Gedankengängen eines allgemeinen Weltbürgertums mit Vorliebe aufging, jetzt bodenständiger und konkreter wurde, und Schmoller vor allem war es, der den Problemen der Verfassungs- und Verwaltungsgeschichte bewußt und energisch sich hingab. Unter allen seinen Vorlesungen ist die über preußische Verfassungs-, Verwaltungs- und Wirtschaftsgeschichte, in der wieder die Porträtskizzen am packendsten waren, vielleicht die bedeutendste und eigenartigste gewesen; hier stand Schmoller fast ganz auf einem Boden, den er selbst geschaffen hatte.

Zweitens erhielt wirtschaftlich diese Zeit ihr Gepräge durch die Arbeiterfrage. Der schnell aufstrebende Arbeiterstand mit seinen Nöten und Ansprüchen, seinen politischen und wissenschaftlichen Bestrebungen fesselte als wirtschaftliches Gebilde und Machtfaktor sein wissenschaftliches und menschliches Interesse, und früh erkannte Schmoller, daß neben dem Reichsbau hier die wichtigsten und schwierigsten Aufgaben der Zeit lagen. Mit den Fragen der Verfassung und Verwaltung hat er nur als Gelehrter sich beschäftigt, hier hielt er es für eine Aufgabe der Wissenschaft, tatkräftig der Gesetzgebung vorzuarbeiten. Trat er dort als ruhig abwägender Historiker auf, so hier als warm empfindender Sozialpolitiker.

Schmoller begnügte sich aber nicht damit, den Ausbau des neuen Reiches und die Entwicklung der sozialen Frage, sowie den großen Aufschwung des deutschen Wirtschaftslebens anregend und kritisierend zu verfolgen, er wollte dem neuen deutschen Staatswesen auch eine neue deutsche Wissenschaft von Wirtschaft und Staat, die ihm gleichartig und seiner wert war, zur Seite stellen. Seiner klaren politischen Erkenntnis und seinem starken vaterländischen Gefühle widersprach der in der Zeit seiner beginnenden Lehrtätigkeit zur Herrschaft gelangte Liberalismus, der seine Anschauungen von Staat und Wirtschaft aus den Erfahrungen Englands und Frankreichs ableitete und ohne Zusammenhang mit dem erwachten starken wissenschaftlichen Leben Deutschlands stand. Was dieser in kritikloser Gläubigkeit als allgemein gültig ausgab, erschien seinem geschichtlich gebildeten Geiste als Erzeugnis ganz bestimmter Länder und Zeiten. Diese Lehren, die weniger aus allgemeinen Prämissen als aus damaligen Geschehnissen abgeleitet waren, waren daher unter deutschen Gesichtspunkten nachzuprüfen. Wie sie auf dem, was die früher geeinten Westmächte seit dem Entstehen ihrer Volkswirtschaft erlebt hatten, beruhen, so wollte er aus den deutschen Verhältnissen heraus eine deutsche Lehre der Volkswirtschaft aufbauen, und die Methoden, die neues wissenschaftliches Leben auf Nachbargebieten so glanzvoll hatten entstehen lassen, sollten auch hier die Erlösung aus drohender Erstarrung bringen. Der Entwicklungsgedanke sollte auch in die Volkswirtschaftslehre hineingetragen und insbesondere die Gegenwart des Wirtschaftslebens als Ergebnis einer langen Entwicklung, nicht nur wirtschaftlicher Art, verstanden werden. Dadurch sollte auch dieser Wissenschaft Anschauung und Lebendigkeit, welche ihr in der epigonenhaften Ausgestaltung der aus England eingeführten „Naturlehre" der Volkswirtschaft immer mehr verloren gegangen waren, verliehen werden.

Das war an sich noch nichts Neues. Bruno Hildebrand hatte schon 1848 als Ziel bezeichnet, die Wissenschaft vom Wirtschaftsleben zu „einer Lehre von den ökonomischen Entwicklungsgesetzen der Volkswirtschaft umzugestalten", und Wilhelm Roscher hatte dieser Aufgabe sein arbeitsames Leben gewidmet und seit 1854 in seinem Lehrbuch den ersten großen Lösungsversuch dargeboten. Aber Schmoller ging darüber im Ziele wie in der Methode hinaus. Roscher läßt seine Herkunft aus der Philologie noch deutlich erkennen. Die ganze Weltliteratur hat er nach Beispielen und Gegenbeispielen für die allgemeinen Sätze seiner Wirtschaftslehre durchsucht. Nicht im Text, sondern in den Anmerkungen seines „Grundrisses" zeigt sich seine Eigenart und Bedeutung. Sie bieten noch heute dem gereiften Volkswirt eine Fundgrube von erstaunlichem Reichtum. Aber Roscher war Sammler, nicht Quellenkritiker. Auf ihn hatte Ranke einen Einfluß noch nicht ausgeübt. Er war kein Wirtschaftshistoriker im heutigen Sinne des Wortes. Das war der erste Punkt, wo Schmoller einsetzte. Wie in der Geschichte wollte er auch hier die Erkenntnis nicht aus zweiter Hand, sondern unmittelbar aus den ersten Quellen schöpfen und mit den dort bewährten Methoden alle Einzelheiten viel sorgfältiger als Roscher feststellen. So wurde Schmoller zum großen Vorkämpfer der wirtschaftsgeschichtlichen Einzelforschung, und indem er die Einzeluntersuchung zur Ausbildung und Anerkennung brachte, eroberte er erst der Wirtschaftswissenschaft den ganzen weiten Bereich der Wirtschaftsprobleme der Vergangenheit und Gegenwart. Mit seinen eigenen Untersuchungen ging er voran. So weit sein Geist und vielseitig seine Lektüre war, seine wissenschaftliche Lebensarbeit setzt sich aus Einzelarbeiten zusammen, die er schließlich gegen den Abend seines Lebens auf Grund seiner weltumfassenden Bildung in seinem „Grundriß" zu einem Bilde von überwältigender Fülle vereinigte. Mit Studien aus dem mittelalterlichen Wirtschaftsleben hatte er angefangen; sie gaben ihm zuerst ein Gefühl für den großen Rhythmus von Gebundenheit und Freiheit, der das Wirtschaftsleben der Menschheit durchzieht. Es folgte dann mit der Übersiedlung nach Berlin die systematische Durchforschung der preußischen Wirtschaftsgeschichte, die in der großen Veröffentlichung der „Acta Borussica" ein monumentales Denkmal für alle Zeiten gewonnen hat. Zugleich verlangte die Gegenwart ihr Recht. Fast zu allen Wirtschaftsproblemen des aufstrebenden Deutschen Reiches hat Schmoller in seinem „Jahrbuch", das er 1881 von v. Holtzendorff und Brentano übernahm, Stellung genommen. Die Einzelforschung pflegte er aber nicht minder, wie durch sein Vorbild, auch durch seine Lehre. Schon in Halle richtete er nach dem Muster der Historiker als einer der ersten ein Seminar ein, und dieses Seminar ist der Mittelpunkt seiner Lehrtätigkeit stets geblieben. Indem er hier seine Schüler an der eigenen Arbeit teilnehmen ließ, führte er immer weitere Kreise in die Art und Technik der Einzelforschung ein. In der mehr als 150 Bände zählenden Reihe seiner „Forschungen", die neben der auch auf ihn zurückgehenden Hallenser Sammlung die erste ihrer Art in der Volkswirtschaftslehre ist, kommt seine Lehrtätigkeit ebenso charakteristisch zum Ausdruck, wie seine Forschertätigkeit in den „Acta Borussica".

Von Roscher, dem Haupte der „älteren" geschichtlichen Schule der deutschen Volkswirtschaftslehre, unterschied sich Schmoller als der Begründer der „jüngeren" nicht nur in der Methode, sondern auch im Ziel. Roscher erstrebte zwar auch eine „allgemeine Geschichtstheorie", indem er die Volkswirtschaftslehre in die kulturgeschichtliche Betrachtung des gesamten Volkslebens hineinstellte. Aber er wollte keineswegs mit der herrschenden Lehre der englischen klassischen Schule brechen und hielt insbesondere in dem ersten allgemeinen Bande seines großen Lehrbuches im wesentlichen an ihr fest. Er wollte sie nicht beseitigen, höchstens in Einzelheiten verbessern und in der Hauptsache ergänzen. Er spricht sogar noch von „Naturgesetzen" des Wirtschaftslebens und läßt seine Leser nicht im unklaren darüber, daß er zu Smith, Ricardo und Malthus mit großer Achtung emporblickt. Da geht Schmoller viel weiter. Er hält die Zeit für die Aufstellung geschlossener Theorien überhaupt noch nicht gekommen. Von Lorenz v. Stein, dem er weit über das allgemeine Urteil hinaus Anerkennung zollte, sagt er: „Er vergaß, daß wir in der Staatswissenschaft noch darin sind, das ABC zu lernen, und daß man das vorher verstehen muß, ehe man in dithyrambischen Versen die Harmonie des Weltalls besingen kann." Er wollte erst mit Hülfe der Einzelforschung die Tatsachen des Wirtschaftslebens, zumal des deutschen, feststellen und eine „sichere Kenntnis der Wirklichkeit" vermitteln. So wurde Schmoller auch von diesem Standpunkt aus Vorkämpfer für die geschichtlich-realistische Methode; sie sollte „Bausteine" liefern, aus denen dann auch ein Neubau unseres theoretischen Wissens aufgerichtet werden könne. Das Ziel war fern, als Schmoller es sich steckte. Aber unter dem Ansporn seiner Lehre wurde eine so umfassende und intensive Arbeit geleistet, daß noch zu seinen Lebzeiten der Zeitpunkt für neue zusammenfassende Bearbeitungen in der Volkswirtschaftslehre gekommen zu sein schien. Er selbst hat in seinem „Grundriß", der die Arbeit der jüngeren geschichtlichen Schule deutlich erkennen läßt, wenn man ihn mit Roschers Lehrbuch vergleicht, daran mitgearbeitet. Auf anderen Wegen war die Wissenschaft, als der Krieg ausbrach, in vielen neuen Ansätzen damit beschäftigt, das gewaltige, in seiner Zuverlässigkeit geprüfte, in seinen Zusammenhängen geklärte Tatsachenmaterial, das heute der Volkswirtschaftslehre im Gegensatz zum beschränkten und unsicheren Beobachtungsstoff früherer Theoretiker zur Verfügung steht, zu einem neuen systematischen Ganzen denkend zu ordnen und zu theoretisieren.

Jemand hat, wie Karl Justi einmal angeführt hat, gesagt: „Der Mensch lebt oder sollte leben, zuerst mit den Toten, dann mit den Lebenden, zuletzt mit sich selbst." Schmoller hat das getan. Zuerst war er emsig tätig, festzustellen, wie aus der toten Vergangenheit das Bestehende geworden war, dann suchte er eindringlich das Bestehende selbst zu erfassen und endlich es in der stillen Studierstube in seiner Besonderheit tief zu ergründen. Dadurch haben seine Arbeiten den ihnen eigenen Reichtum an Lebensweisheit gewonnen. Ihn erkennt man erst voll, wenn man jüngere Arbeiten in die Hand nimmt, deren Anspruch auf Neuheit nur darin besteht, daß sie — ohne geschichtliche Bildung und geschichtlichen Sinn — aus dem unerschöpflichen Tatsachenmaterial der Gegenwart schnell zusammengeraffte Bündel auf den Markt bringen. Der Gegenwart ausschließlich angehörend, können sie im Kreise Interessierter einen Augenblickserfolg erringen. Auf solchen billigen Beifall hat Schmoller verzichtet. Der Grenze zwischen Gelehrtem und Tagesschriftsteller, die nirgends so schwer zu ziehen ist, wie in der Wirtschaftslehre, ist er sich stets bewußt geblieben.

Von seiner Grundauffassung aus ergab sich für Schmoller eine ablehnende Stellungnahme allen theoretischen Systemen gegenüber. Nicht nur die Lehre der „sogenannten" klassischen Schule der Volkswirtschaftslehre, zumal in ihrer manchesterlichen Entartung, hat er bekämpft, sondern auch den marxistischen Sozialismus und die österreichische Grenznutzenlehre. Sie alle erschienen ihm als vorschnelle Verallgemeinerungen, deren von der Erfahrung losgelöste, blutleere und starre Formeln unfähig waren, die kraftvolle Mannigfaltigkeit des flutenden Lebens zu meistern.

Für die Wissenschaft ist sein Streit mit dem Haupt der österreichischen Schule, Karl Menger, von größter Bedeutung geworden. Da er aus den angedeuteten Gründen den Versuch, ein geschlossenes theoretisches System der Wirtschaftslehre aufzustellen, überhaupt ablehnte, entging es ihm, daß hier in der Nachbarmonarchie inmitten vieles Anfechtbaren entwicklungsfähige Zukunftskeime gepflanzt worden waren. Er lehnte Lebensvolles mit Erstarrtem ab und hat dadurch dazu beigetragen, daß sich zwischen der wissenschaftlichen Tätigkeit in der Volkswirtschaftslehre diesseits und jenseits der schwarz-gelben Grenzpfähle Schranken aufrichteten, die lange Zeit ein fruchtbares Zusammenarbeiten hemmten. Für Schmoller war solche Stellungnahme eine Notwendigkeit. Er wußte, daß er nur durch Einseitigkeit das wissenschaftliche Ziel, das er sich gesteckt hatte, erreichen könne. Seine lebhafte Ablehnung der österreichischen Lehre war ein Selbstschutz für seine wissenschaftliche Persönlichkeit. Ob das freilich auch für die Wissenschaft im ganzen ein uneingeschränkter Vorteil war, kann fraglich erscheinen, wenn es auch sicher ist, daß nur im Widerstreit gegensätzlicher Meinungen der Fortschritt der Erkenntnis sich vollzieht.

Praktisch am wichtigsten war der Kampf Schmollers gegen jene manchesterliche Wirtschaftsauffassung, welche aus geschichtlichen Gründen mit dem politischen Liberalismus in Deutschland so eng sich verquickt hatte, daß beide wie durch Notwendigkeit vereint erschienen. Er drehte sich sachlich um die Stellung des Staates. Die herrschende Lehre sah in dem Individuum ihren Ausgang und Mittelpunkt und beschränkte den Staat in seiner Tätigkeit auf dem Gebiete des Wirtschaftslebens aufs äußerste; er sollte nur eingreifen, um das Individuum zu schützen. Diesem einseitigen Nützlichkeitserwägungen entsprungenen, oberflächlichen Staatsgedanken stellte Schmoller eine tiefere Auffassung gegenüber. Die Schrift Treitschkes „Bundesstaat und Einheitsstaat", die 1864, im selben Jahre, in dem Schmoller zuerst nach Berlin kam, erschien, hat augenscheinlich auf ihn einen bestimmenden Einfluß ausgeübt; er bezeichnet sie als „den Höhepunkt der ganzen publizistischen und historisch-politischen Schule, ohne deren Hülfe das Deutsche Reich nicht zustande gekommen wäre". Er wurde dann in

Berlin neben Duncker, Treitschke, Nitzsch, Waitz und Sybel auch mit J. G. Droysen bekannt und beschloß, seine Studien „nach der Verwaltungsseite hin fortzusetzen". Im Bestreben, der Volkswirtschaftslehre die ihr fehlende deutsche Grundlegung zu schaffen, wurde er so besonders darauf gelenkt, der vielseitigen und fördernden Tätigkeit des preußischen Staates nachzugehen. Von ihr erwarb er sich die lebendigste Anschauung, er brachte ihr größte Bewunderung entgegen; wo er vom Staate spricht, schwebt ihm immer der preußische Staat vor. Am eindrucksvollen Beispiel des führenden deutschen Bundesstaates hat er den Staat als „das großartigste sittliche Institut zur Erziehung des Menschengeschlechts" kennen gelernt. Königtum und Beamtentum sind ihm der Inbegriff dieses Staates; in ihnen sieht er die „einzigen neutralen Elemente im sozialen Klassenkampf". Gerade weil sie über den Klassen und Parteien stehen, fühlte er sich in seiner ruhigen Unparteilichkeit, die seiner Veranlagung entsprach und die sein Lehramt verlangte, zu ihnen hingezogen. Der Parteipolitik hat er nie Geschmack abgewonnen. Sie in ihren verschlungenen Wegen in der Vergangenheit zu verfolgen, reizte ihn nicht, und im Leben hielt er sich von ihr fern, weil er deutlich erkannte, daß es in seinem Lehrfach besonders wichtig sei, die Grenze zwischen Wissenschaft und Politik taktvoll zu wahren. Wer nur parteipolitisch zu denken vermag — und in der Gegenwart hat sich das parteipolitische Denken immer einseitiger in den Vordergrund gedrängt —, sieht in diesem Vorzug natürlich einen Mangel.

Dieses Interesse für den Staat, das in Verbindung mit seinen Verwaltungsstudien sich herausbildete, bestimmte in weitgehendem Maße seine wirtschaftspolitische Stellung. Schon im Begriff der Freiheit des Einzelnen schien ihm die Notwendigkeit einer Beaufsichtigung durch den Staat zu liegen; und wo im Wandel der Zeiten neue große Aufgaben hervortraten, da schien es ihm zu den vornehmsten Pflichten des Staates zu gehören, nicht als müßiger Zuschauer beiseite stehen zu bleiben, sondern ihre Lösung selbst in die Hand zu nehmen. So trat er ein für eine energische Betätigung des Staates auf sozialem und handelspolitischem Gebiete, und wie er ein Befürworter der Arbeitergesetzgebung und der Schutzzollpolitik war, so sah er in der Verstaatlichung der preußischen Eisenbahnen Bismarcks größte und segensreichste Wirtschaftstat. Wegen dieser Vorliebe für die Tätigkeit des Staates war Schmoller auch in ausgesprochenem Maße ein Lehrer der speziellen Volkswirtschaftslehre, die auch Volkswirtschaftspolitik genannt wird, während die allgemeine oder theoretische Volkswirtschaftslehre in seiner geschichtlichen Auffassung ihre Besonderheit zum großen Teil einbüßte.

Um diese Mittelstellung zwischen den extremen Anschauungen zu vertreten, wurde 1872 der Verein für Socialpolitik ins Leben gerufen. Schmoller kann als sein Hauptbegründer bezeichnet werden und war seit dem Tode Nasses im Jahre 1890 bis zum Lebensende sein Leiter. Durch diese Stellung erschien er in der Öffentlichkeit als das Haupt des Kathedersozialismus, wie die an den Universitäten immer mehr sich ausbreitende Richtung von liberaler Seite mit Spott bezeichnet wurde. Durch sie ist sein Name immer wieder in den Kampf der Gegenwart hineingezogen worden. Aber die gegen Schmoller gerichteten Angriffe beruhten zum großen Teil auf Mißverständnis und Unkenntnis. Abgesehen von wenigen Jugendjahren, ist Schmoller nie ein eigentlicher Vorkämpfer gewesen. Schon die starke Belastung mit universeller Bildung hinderte ihn an einseitiger Stellungnahme. Aber auch seine ganze Auffassung vom Wirtschaftsleben hatte ihn der Bedingtheit aller Maßnahmen, des Vorhandenseins von Gegengründen bei jeder Forderung viel zu bewußt werden lassen, als daß er mit urwüchsiger Kraft und Leidenschaft in einen Kampf hätte ausziehen können. Statt eine Forderung aufzustellen, legte er regelmäßig nur dar, daß aus der Entwicklung eine Forderung hervorwachse. Ein Politiker, der nur ein Ziel verfolgt, schrickt auch vor Übertreibungen nicht zurück. Der Gelehrte, der eine Erscheinung stets nur in enger Verbindung mit anderen erblickt, neigt zu bedächtiger Vorsicht. Das galt besonders von Schmoller. Vorsichtigkeit und Bedächtigkeit waren ein hervorstechender Zug seines Wesens, der aus dem Reichtum seiner Bildung und seiner Gesichtspunkte hervorwuchs. Er konnte die verschiedensten Standpunkte verstehen und ihnen daher auch gerecht werden. Wie er in der sozialpolitischen Strömung seiner besten Mannesjahre den berechtigten großen Kern früh und sicher erkannte, so hat er zugleich als Erster die Probleme des Unternehmertums in seine Studien hineingezogen; seine noch heute grundlegenden Arbeiten über die Geschichte der Unternehmung sind in einer Zeit der sozialpolitischen Hochflut geschrieben und vielleicht der schlagendste Beweis dafür, daß Einseitigkeit diesem Manne fremd war, daß vielmehr sein in die Ferne schweifender klarer Blick stets auch für die andere Seite Verständnis hatte. Sie sind nur darum im Unternehmertum unbeachtet geblieben, weil sie zu einer Zeit erschienen, wo der sozialpolitische Gedanke noch der Stolz der großen Mehrheit des deutschen Volkes war. Seine Vorsichtigkeit und Bedächtigkeit, die ihn befähigten, zwischen vielerlei Standpunkten zu vermitteln, und ihn Kämpfen ausweichen ließen, sind es auch gewesen, welche Schmoller so früh zum Vorsitzenden des Vereins für Sozialpolitik werden und welche ihn diese Stelle so lange unangefochten einnehmen ließen. Nicht weil er in den sozialpolitischen Forderungen allen anderen vorausging, sondern weil seine ausgleichende Besonnenheit eine wichtige Ergänzung für jugendlichen Reformeifer oft darstellte, hat er diesen wichtigen Posten erhalten und behalten. Er war seinem ganzen Wesen nach nicht Schürer, sondern Dämpfer. Aber in der Öffentlichkeit ist er immer wieder nach seiner Stellung und nicht nach seinem Wesen beurteilt worden; wie ein Minister verantwortlich ist für alles, was in seinem Amte vorgeht, so ist der Vorsitzende des Vereins für Sozialpolitik in der Öffentlichkeit — unter gründlicher Verkennung aller wissenschaftlichen Vereinstätigkeit — für jedes geschriebene und gesprochene Wort, das aus diesem Verein hervorging, verantwortlich gemacht worden. Daraus ist der merkwürdige Widerspruch in Schmollers Wertung entstanden. In der Öffentlichkeit sah man in ihm vielfach den einseitigen

Vorkämpfer extremer Forderungen, im Kreise seiner Bekannten sah man in ihm oft den Diplomaten, den vorsichtigen Rechner, der es meidet, Farbe zu bekennen. Beides ist gleich falsch.

Dieser Widerspruch in der Beurteilung zeigt, daß es sich bei Schmoller um eine Gelehrtenpersönlichkeit von ungewöhnlicher Vielseitigkeit und Kompliziertheit handelt. Zumal da es nicht leicht war, ihm nahe zu treten, sind es nicht Viele, die ein gefestetes und umfassendes Urteil über ihn gewonnen haben. Aber eines wirkte auf alle, die mit ihm zu tun hatten. Er hatte stets die Sache im Auge. Wie er sein eigenes Leben in den Dienst großer sachlicher Ziele stellte, so verlor er sie auch im heißen Kampfe der Meinungen nie aus den Augen. Das machte ihn als Berater, Vermittler und Leiter so wertvoll. Dazu kam die reiche Bildung des Gelehrten, die trotz enzyklopädischer Häufung zahlloser Einzelheiten in seiner Persönlichkeit zu einem lebendigen Kunstwerk von wundervoller Geschlossenheit verarbeitet war. Endlich verband sich mit der Gelehrsamkeit auch die Bildung des Weltmannes. Das berührte viele Nichts-als-Gelehrte befremdlich und war neben seiner engen Bekanntschaft mit Männern von entscheidendem Einfluß eine Wurzel vielfachen Mißtrauens. Aber gerade diese Mischung gab Schmollers Persönlichkeit ihre Eigenart und Größe. Nicht durch den reichen, immer wieder von neuem durchgearbeiten Inhalt seiner Lehre hat er den Haupteinfluß geübt. Eine eigentliche Schule hat er höchstens in der Geschichtswissenschaft, kaum in der Volkswirtschaftslehre aufzuweisen. Aber die Tausende, deren Lehrer er war, sind durch seine Persönlichkeit tief in ihrer Lebensanschauung beeinflußt worden. Seine Auffassung von der Wissenschaft sowie von der Welt und den Menschen hat sich Zahllosen mitgeteilt. So wirkt sein Geist in ungewöhnlich weiten Kreisen fort. Das Leben hat in Schmoller den Tod bezwungen. Sein Körper ist gestorben, aber sein Geist bleibt lebendig in seinen Werken, wie in seinen Mitmenschen.

Anhang

Walter Krauland
Vorbemerkungen

Das Archiv der Staatswissenschaftlichen Gesellschaft ist leider nicht lückenlos erhalten geblieben. Ein Teil ist, wie schon erwähnt, in Berlin während der Kriegszeit den Bomben zum Opfer gefallen. Aus dem Bundesarchiv in Koblenz waren aus dem Nachlaß des langjährigen Sekretärs Dr. phil. Hans Delbrück die ersten Statuten und wahrscheinlich das erste Mitgliedsverzeichnis (ohne Jahreszahl) zu erhalten. Vorhanden ist dort neben wichtiger Korrespondenz auch ein Sitzungsbuch von 1883–1901 (vom Bruch, Seite 37/38, Anm. 105/106). Ein weiteres Sitzungsbuch mit handschriftlichen Eintragungen von 1925–1960 (Unterbrechung 1945–1957) der Herren Bennhold, de la Chevallerie, Damme, Homberger und Saenger enthält meist nur kurze Angaben über die Zeit und den Ort der Sitzungen, den Vortragenden, das Thema und die Anwesenheitsliste. Etwas umfangreicher sind die Berichte über die Festsitzungen anläßlich des Gründungstages im Juni und bei anderen besonderen Anlässen. Bei den Sitzungen nach der Sommerpause im Oktober gab der Vorsitzende gewöhnlich einen ausführlichen Bericht über die Mitgliederbewegung, über die geplanten Vorträge und einige persönliche Mitteilungen. Die Geschäftssitzungen wurden im Februar abgehalten. Hier dürften einige Zahlen interessieren. Der Jahresbeitrag stieg nach 1925 von 2,– RM auf 4,– RM und 1940 auf 7,– RM. Den Ausgaben von 188,87 RM standen 1938 Einnahmen von 136,10 RM gegenüber. Für das trockene Gedeck anläßlich der Festsitzung zu Ehren des 90. Geburtstages von der Leyen (1934) waren im Ratsweinkeller Schöneberg 4,– RM zu bezahlen.

Während der Kriegszeit war es nötig geworden, die Sitzungen von dem letzten Freitag im Monat auf die Mittagszeit des Sonnabend (1940) zu verlegen. Nach einem gemeinsamen Frühstück folgte der Vortrag. Wegen der nächtlichen Bombenschäden wurde der Sitzungsort mehrfach gewechselt. Vom Oberverwaltungsgericht zog man in den Nationalen Klub und in das Harnackhaus. Verschiedentlich fanden sich die Mitglieder zu Werksbesichtigungen zusammen. Bei der letzten Kriegssitzung am 10.3.1945 nahmen noch 9 Mitglieder teil, die geplante Sitzung im April kam aber nicht mehr zustande (Einzelheiten aus jener Zeit finden sich in dem Beitrag von Wolfram Fischer).

Eine fortlaufende Mitgliederliste ist in den Jahren seit der Gründung nicht geführt worden oder nicht erhalten. Jahresmitgliederverzeichnisse stammen aus den Jahren: 1907, 1913, 1920, 1933, 1936, 1940, 1942, 1943, 1945, 1958,

1959, 1960, 1962, 1963, 1964, 1965, 1967, 1970, 1975, 1978. Das Verzeichnis von 1978 ist durch die Lebensgeschichten der aktiven und korrespondierenden Mitglieder (mit Lichtbildern) etwas umfangreicher geworden und enthält die neuen Satzungen. Vorhanden ist ferner der Schriftwechsel der Sekretäre seit 1932, besonders aus der Zeit von de la Chevallerie 1933–1945 und von 1957–1966.

Die Änderungen an den Statuten sollen an drei charakteristischen Zeitabschnitten (1883, 1933, 1978) gezeigt werden.

Die Liste der Vorträge, die 1933 in Druck erschienen ist, wurde bis 1983 ergänzt und ein alphabetisches Verzeichnis der Vortragenden hinzugefügt. In der älteren Liste fehlten jedoch u.a. auch die Vornamen, so daß die Rekonstruktion mit Schwierigkeiten verbunden war. Ungenaue Angaben könnten darauf zurückzuführen sein. In der Vortragsliste bedeuten die Jahreszahlen am rechten Rand das Eintrittsalter oder das Jahr des ersten Vortrages, während die Zahlen unter den Namen sich auf die Jahre der Vorträge beziehen. Der Leser kann damit das Vortragsthema leicht finden. In den 100 Jahren ihres Bestandes wurden in den Sitzungen der Gesellschaft bis 6.6.1983 insgesamt 685 Vorträge gehalten.

Statuten der Staatswissenschaftlichen Gesellschaft
(aus dem Jahre 1883)

Statuten
der staatswissenschaftlichen Gesellschaft.

§. 1.

Die Staatswissenschaftliche Gesellschaft hat den Zweck, einen kleinen Kreis Staatswissenschaftlich Gebildeter zu regelmäßigem Gedankenaustausch zu versammeln.

§. 2.

Sie hält alle vier Wochen, Montag Abend von 9 Uhr ab eine Sitzung, in welcher ein Mitglied durch Besprechung eines Themas, Gesetzes, Buches etc. die Anregung zu einer Debatte giebt.

§. 3.

Alle Mitglieder sind verbunden, in regelmäßiger Reihe dieser Pflicht zu genügen. Die Reihenfolge wird durch Verabredung eventuell durch das Loos bestimmt.

§. 4.

§ 4.

Die Gesellschaft hat zwei Vorsitzende und einen Sekretär. Sie wählt zu diesen Funktionen jährlich im Juni oder Juli drei ihrer Mitglieder.

§ 5.

Die Vorsitzenden des Vorjahrs sind im folgenden Jahre nicht wieder wählbar. Die Geschäfte der Vorsitzenden werden so getheilt, daß im ersten Halbjahre der eine, im zweiten der andere die Debatten leitet, während die Vertretung im Verhinderungsfall jeweilig dem nicht Fungirenden zufällt.

§ 6.

Die Gesellschaft ergänzt sich durch Cooptation, die auf einstimmigen Beschluß hin erfolgt.

§ 7.

Die Einführung von Gästen, die in Berlin ihren Wohnsitz haben, ist nicht gestattet. Auswärtige Gäste sind spätestens so früh dem jeweiligen Vorsitzenden anzumelden,

anzumelden, daß dieser dem einführenden Mitgliede noch etwaige Bedenken aussprechen kann.

§ 8.

Wer unentschuldigt eine Sitzung versäumt, zahlt 1 Mark, war entschuldigt, verbleibt ½ Mark in die Kasse der Gesellschaft. Die Entschuldigungen sind vor oder in der Sitzung an den Direktor der Gesellschaft zu richten.

§ 9.

Etwaige weitere Kosten, welche der Gesellschaft erwachsen, werden auf die Mitglieder umgelegt.

<u>Zusatz zu den Statuten vom 10. November 1884</u>

Wer ein Jahr lang unentschuldigt die Sitzungen versäumt und die Versäumnißgelder nicht entrichtet, gilt als ausgeschieden.

Statuten der Staatswissenschaftlichen Gesellschaft 1933

§ 1

Die Staatswissenschaftliche Gesellschaft hat den Zweck, einen kleinen Kreis staatswissenschaftlich Gebildeter zu regelmäßigem Gedankenaustausch zu versammeln.

§ 2

Sie hält an jedem letzten Freitag des Monats abends von 8 Uhr ab eine Sitzung, in welcher ein Mitglied durch Besprechung eines Themas, Gesetzes, Buches so die Anregung zu einer Debatte gibt.

§ 3

Alle Mitglieder sind verbunden, in regelmäßigem Turnus dieser Pflicht zu genügen. Die Reihenfolge wird durch Verabredung, eventuell durch das Los bestimmt.

Zusatz (Beschluß v. 9. Februar 1885). Sobald die Mitglieder, welche am 1. Januar 1885 der Staatswissenschaftlichen Gesellschaft angehören, sämtlich ihrer Vortragspflicht genügt haben, trifft diese Pflicht die seit dem genannten Zeitpunkt neu eingetretenen Mitglieder in der Reihenfolge ihrer Aufnahme.

Zusatz (Beschluß v. 2. November 1885). Der Vorstand wird ermächtigt, ein Schema für die Reihenfolge der Vorträge festzustellen; wer verhindert ist, an dem betr. Tage vorzutragen, ist verpflichtet für Ersatz zu sorgen.

§ 4

Die Sitzungen sind als vertrauliche Zusammenkünfte zu betrachten. Eine Veröffentlichung der Vorträge oder ihres wesentlichen Inhalts ist nur dem Vortragenden selbst oder mit dessen Zustimmung gestattet; über die Besprechung dürfen Mitteilungen an die Öffentlichkeit überhaupt nicht stattfinden.

§ 5

Die Gesellschaft hat zwei Vorsitzende und einen Sekretär. Sie wählt zu diesen Funktionen im Juni oder Juli drei ihrer Mitglieder.

§ 6

Die Vorsitzenden des Vorjahres sind im folgenden Jahre nicht wieder wählbar. Die Geschäfte der Vorsitzenden werden so geteilt, daß im ersten Halbjahr der eine, im zweiten der andere die Debatten leitet, während die Vertretung im Verhinderungsfalle jeweilig dem nicht Fungierenden zufällt.

§ 7

Die Gesellschaft ergänzt sich durch Kooptation, die auf einstimmigen Beschluß hin erfolgt.

Die Zahl der Mitglieder der Gesellschaft beträgt sechsunddreißig. Ueber diese Zahl hinaus können Mitglieder aufgenommen werden, falls sie durch einstimmigen Beschluß der Gesellschaft aufgefordert sind. (Beschluß v. 9. Februar 1885).

Die Aufnahme in die Gesellschaft kann in jeder Sitzung erfolgen; die Anmeldung muß spätestens in der letztvorhergehenden Sitzung stattfinden. (Beschluß vom 27. Mai 21.)

Wer 6 Monate hintereinander unentschuldigt die Sitzungen versäumt, gilt als ausgeschieden. (Beschluß vom 27. Mai 1921.)

§ 8

Die Einführung von Gästen, die in Berlin ihren Wohnsitz haben, ist nicht gestattet. Auswärtige Gäste sind spätestens so früh dem jeweiligen Vorsitzenden anzumelden, daß dieser dem einführenden Mitgliede noch etwaige Bedenken aussprechen kann.

§ 9

Wer unentschuldigt eine Sitzung versäumt, zahlt 50 Pfg. in die Kasse der Gesellschaft. Die Entschuldigungen sind vor oder in der Sitzung an den Sekretär der Gesellschaft zu richten.

§ 10

Etwaige weitere Kosten, welche der Gesellschaft erwachsen, werden auf die Mitglieder umgelegt.

Statuten der Staatswissenschaftlichen Gesellschaft 1978

§ 1

Die Staatswissenschaftliche Gesellschaft hat den Zweck, einen kleinen Kreis staatswissenschaftlich Gebildeter zu regelmäßigem Gedankenaustausch zu versammeln.

§ 2

Sie hält an jedem ersten Montag des Monats abends um 18 Uhr eine Sitzung ab, in welcher ein Mitglied durch Besprechung eines Themas, Gesetzes, Buches etc. die Anregung zu einer Debatte gibt.

§ 3

Alle Mitglieder sind verbunden, in regelmäßigem Turnus dieser Pflicht zu genügen. Die Reihenfolge wird durch Verabredung, eventuell durch das Los bestimmt.

Der Vorstand wird ermächtigt, ein Schema für die Reihenfolge der Vorträge festzustellen; wer verhindert ist, an dem betr. Tage vorzutragen, ist verpflichtet, für Ersatz zu sorgen.

§ 4

Die Sitzungen sind als vertrauliche Zusammenkünfte zu betrachten. Eine Veröffentlichung der Vorträge oder ihres wesentlichen Inhaltes ist nur dem Vortragenden selbst oder mit dessen Zustimmung gestattet; über die Besprechung dürfen Mitteilungen an die Öffentlichkeit nicht stattfinden.

§ 5

Die Gesellschaft hat zwei Vorsitzende, einen Sekretär sowie einen Kassenprüfer. Sie wählt nach Vorlage des Berichtes des Kassenprüfers und Entlastung des Vorstandes im Februar eines jeden Jahres vier ihrer Mitglieder zur Erfüllung dieser Funktionen.

§ 6

Die Geschäfte der Vorsitzenden werden so geteilt, daß im ersten Halbjahr der eine, im zweiten der andere die Debatten leitet, während die Vertretung im Verhinderungsfalle jeweilig dem nicht Fungierenden zufällt.

§ 6a

Beschlüsse können mit einfacher Mehrheit gefaßt werden, jedoch bedürfen Vorstandswahlen und Satzungsänderungen einer 2/3-Mehrheit bei mindestens 10 anwesenden stimmberechtigten Mitgliedern.

§ 7

Die Gesellschaft ergänzt sich durch Kooptation, die auf einstimmigen Beschluß hin erfolgt.

Die Zahl der Mitglieder der Gesellschaft beträgt fünfzig. Über die Zahl hinaus können Mitglieder aufgenommen werden, falls sie durch einstimmigen Beschluß der Gesellschaft aufgefordert sind.

Die Aufnahme in die Gesellschaft muß von mindestens zwei Mitgliedern vorgeschlagen werden. Die Aufnahme kann in jeder Sitzung erfolgen, an der mindestens 10 Mitglieder teilnehmen; die Anmeldung muß spätestens in der letztvorhergehenden Sitzung stattfinden und in der nächsten Einladung bekanntgegeben werden.

§ 7a

Mitglieder, die ihren Wohnsitz von Berlin wegverlegen, werden korrespondierende Mitglieder und bleiben damit der Gesellschaft erhalten. Kehren diese Mitglieder nach Berlin zurück, so lebt ihre aktive Mitgliedschaft wieder auf. Die korrespondierenden Mitglieder sind berechtigt, an den Sitzungen der Gesellschaft teilzunehmen und Vorträge zu halten.

Außerhalb von Berlin wohnende Persönlichkeiten, die sich im wissenschaftlichen oder wirtschaftlichen Leben besonders hervorgetan haben oder sich sonst besonderen Ansehens erfreuen, können von der Mitgliederversammlung zu korrespondierenden Mitgliedern gewählt werden. Zu den korrespondierenden Mitgliedern gehört kraft seines Amtes der jeweilige Vorsitzende der Gesellschaft für Wirtschafts- und Sozialwissenschaften (Verein für Sozialpolitik).

§ 7b

Ein Berliner Mitglied, das voraussichtlich längere Zeit an den Sitzungen nicht teilnehmen kann, kann um Ruhen der Mitgliedschaft ansuchen; es gilt dann als beurlaubt und hat die Stellung eines korrespondierenden Mitgliedes. Bei der satzungsmäßig festgesetzten Mitgliederzahl wird es nicht mitgerechnet.

Ein Mitglied, das länger als ein Jahr unentschuldigt den Sitzungen fern bleibt, gilt als ausgeschieden.

§ 8

Gäste sind spätestens so früh dem jeweiligen Vorsitzenden anzumelden, daß dieser dem einführenden Mitgliede noch etwaige Bedenken aussprechen kann.

§ 9

Der durch Beschluß der Mitgliederversammlung festgesetzte Jahresbeitrag wird auf das Konto des jeweiligen Sekretärs eingezahlt.

Etwaige weitere Kosten, welche der Gesellschaft erwachsen, werden auf die Mitglieder umgelegt.

Chronologische Liste der Vorträge
1883 bis 1983

1883

25. 6.	Schmoller	Ueber die Handelskrisen und die periodischen Schwankungen des deutschen Erwerbslebens im 18. Jahrhundert und ihren Zusammenhang mit der preußischen Zoll- und Handels-Politik.
23. 7.	Schraut	Ueber Tarifvereinbarungen und Meistbegünstigungsrecht in den Handelsverträgen.
17. 9.	Delbrück	Ueber die Rückwirkung der Kriegsverfassung auf die Wirtschaftsverhältnisse der Völker.
15.10.	Stieda	Ueber das Arbeitsbuch in Frankreich.
12.11.	Thiel	Ueber die Hagelversicherung im Anschluß an die betreffenden Verhandlungen des deutschen Landwirtschaftsrats.
10.12.	Meitzen	Ueber die Frage des Kanalbaues in Preußen.

1884

7. 1.	Becker	Ueber die Abnahme der Heiratsfrequenz im Deutschen Reich während der letzten zehn Jahre.
4. 2.	Bödiker	Ueber die Unfallgesetzgebung der europäischen Staaten.
3. 3.	Bödiker	Fortsetzung.
31. 3.	Böckh	Neue Stimmen über Haley's Sterblichkeitstafel.
28. 4.	v. d. Leyen	Ueber die Nord-Pazifik-Eisenbahn.
26. 5.	Sombart	Der Zucker und seine Besteuerung.
23. 6.	Blenck	Beiträge zur Religionsstatistik des Preußischen Staats.
15. 9.	v. Eckardt	Ueber die Verfassung der orientalischen Kirchen.
13.10.	Delbrück	Recht auf Arbeit.
10.11.	Fischer	Bemerkungen zur Telegraphen-Gesetzgebung.
8.12.	Bosse	Ueber die Ausdehnung der Unfall- und Krankenversicherung.

1885

12. 1.	Lohmann	Ueber die Frauenarbeit als Gegenstand der Fabrikgesetzgebung.
9. 2.	v. Scheel	Ueber Henry George's Progress and poverty.
9. 3.	Rößler	Die Diagnose der sozialen Frage. 1. Teil.

30. 3.	Rößler	Die Diagnose der sozialen Frage. 2. Teil.
27. 4.	Starke	Die soziale Frage in ihrer Beziehung zum Verbrechen.
1. 6.	Meitzen	Eignet sich die preußische Grundsteuer zur Uebertragung an die Gemeinden?
29. 6.	Lohmann	Ist die deutsche Gesetzgebung über Kinderarbeit reformbedürftig?
2.11.	Thiel	Der internationale landwirtschaftliche Kongreß in Pest und die Zoll-Union mit Oesterreich-Ungarn.
30.11.	Frh. v. u. zu Aufseß	Ueber Kommunalsteuern.

1886

4. 1.	Dilthey	Die Erziehungsfragen der Gegenwart und die pädagogische Wissenschaft.
1. 2.	Sombart	Ueber den Branntwein und seine Besteuerung.
1. 3.	Bartels	Ueber den Nord-Ostsee-Kanal.
29. 3.	v. Woedtke	Die Ergebnisse der Kommissionsberatung über den Entwurf eines Gesetzes betr. die Unfall- und Krankenversicherung land- und forstwirtschaftlicher Arbeiter.
3. 5.	Kuegler	Das Schuldotations-Gesetz.
31. 5.	Schraut	Gegen die Grundrenten-Theorie Ricardos.
28. 6.	v. Rheinbaben	Ueber die Handwerkerfrage.
11.10.	v. Bitter	Ueber die preußische Verwaltungsreform.
25.10.	Schmoller	Monarchische oder radikale Sozial-Reform?
29.11.	Barkhausen	Die Anstalten der inneren Missionen in Deutschland und die Stellung des Staates zu denselben.

1887

3. 1.	Weymann	Das deutsche Maß- und Gewichtswesen.
31. 1.	Thiel	Selbstverantwortlichkeit und Versicherungszwang.
28. 2.	Becker	Ueber unseren Verlust durch Auswanderung.
28. 3.	Blenck	Die gegenwärtige Lage und Bestrebungen der Kurzschrift.
25. 4.	Böckh	Die statistischen Messungen des Einflusses der Ernährungsweise auf die Sterblichkeit der kleinen Kinder.
23. 5.	Bödiker	Die Erwerbsunfähigkeits-, Witwen- und Waisen-Versicherung der Arbeiter.
4. 6.	Bosse	Ueber den Nachwuchs in den Aemtern des höheren Verwaltungsdienstes.
24.10.	v. Bitter	Ueber die Reform der ländlichen Kommunalverfassung.
28.11.	Delbrück	Ueber einige Momente in der Entwicklung des römischen Universalstaats.

1888

2. 1.	v. Hofmann	Die Sanktion der Reichsgesetze.
30. 1.	v. d. Leyen	Die Vertretung der wirtschaftlichen Interessen bei den Eisenbahnen.
27. 2.	Lohmann	Die Stellung der freien Hilfskassen in dem System unserer Krankenversicherung.
26. 3.	Gamp	Die Reform des Börsenverkehrs.
30. 4.	Meitzen	Die wirtschaftliche Bedeutung der Landgemeinde-Verfassung.
28. 5.	Fischer	Die Reform des Landpostwesens.
25. 6.	Rößler	Die Doppelwährung als Heilmittel der landwirtschaftlichen Not.
29.10.	v. Scheel	Ueber Handelsbilanz.
26.11.	Starke	Ueber die Konkurrenz der Gefängnisarbeit mit der freien Arbeit.

1889

7. 1.	Ulrich	Ueber englische Eisenbahnpolitik und das englische Eisenbahn- und Kanal-Gesetz vom 10. August 1888.
28. 1.	Gierke	Die sozialpolitischen Gesichtspunkte des Entwurfs eines bürgerlichen Gesetzbuches.
25. 2.	Gleim	Die Kommunalbesteuerung der juristischen Personen, Erwerbsgesellschaften und Forensen.
25. 3.	v. Bojanowski	Das deutsche Patentwesen.
29. 4.	Sombart	Rentengüter.
27. 5.	Thiel	Der Ausstand der Bergarbeiter.
24. 6.	Frh. v. u. zu Aufseß	Die Besteuerung des Rübenzuckers und die internationale Konvention zur Unterdrückung der Ausfuhr-Prämien für Rübenzucker vom 30. August 1888.
28.10.	Bartels	Die Heran- und Fortbildung der preußischen Verwaltungsbeamten.
5.11.	v. Woedtke	Zur Invaliditäts- und Alters-Versicherung im Hinblick auf die Ausführung.
30.12.	Schmoller	Ueber die Verfassung unserer großen Unternehmungen.

1890

24. 2.	Schulz	Neuere Bestrebungen zur Reform der Eisenbahn-Personen-Tarife.
31. 3.	Becker	Die Jahresschwankungen in der Häufigkeit verschiedener Bevölkerungs- und moralstatistischer Erscheinungen.
28. 4.	Bödiker	Die wirtschaftliche Perspektive der gegenwärtigen Lohnbewegung.
2. 6.	Böckh	Die statistische Messung der ehelichen Fruchtbarkeit.
30. 6.	Blenck	Betrachtungen über das preußische Kalenderwesen.

27.10.	v. Ernsthausen	Die Entwicklung der venetianischen Staatsverfassung.
24.11.	Delbrück	Arbeiter-Bildungsanstalten in England und Deutschland.
29.12.	Robbe	Reformvorschläge für das Unterstützungs-Wohnsitzgesetz.

1891

26. 1.	Sering	Ueber Hansens Versuch, die Ursachen für das Blühen und Altern der Völker nachzuweisen.
23. 2.	Wilhelmi	Die soziale Gesetzgebung und die Handlungsgehilfen.
23. 3.	v. Hofmann	Warenverkehr zwischen dem deutschen Zollgebiet und den deutschen Schutzgebieten.
27. 4.	Starke	Strafrecht und Strafvollzug in Rußland unter besonderer Berücksichtigung der Deportation nach Sibirien, verglichen mit der Entwicklung der Strafrechtspflege der Hauptstaaten Europas.
25. 5.	Meitzen	Vermag die Einkommensteuer das Interesse des Staates an der Grundsteuer zu ersetzen?
29. 6.	Thiel	Ueber Rentengüter und Heimstätten.
26.10.	v. Lindenfels	Das deutsche Konsularwesen.
30.11.	Fischer	Das Telegraphengesetz.
28.12.	Bosse	Ueber Savigny's Schrift „Vom Berufe unserer Zeit für die Gesetzgebung und Rechtswissenschaft" im Hinblick auf die Herstellung eines deutschen bürgerlichen Gesetzbuches.

1892

25. 1.	Gamp	Ueber die Reform der Branntweinsteuer in Deutschland.
29. 2.	v. d. Leyen	Eisenbahn und Finanzpolitik.
28. 3.	Thiel	Schulzwang und Konfessionalität in der Zwangsschule Preußens.
24. 4.	Faber	Freikirche, Volkskirche, Landeskirche nach ihrem Wesen, ihren Voraussetzungen und ihren Zielen.
30. 5.	Rößler	Ueber den deutschen Getreidehandel, seine nationale Bedeutung und seine Lebensbedingungen.
27. 6.	Rösicke	Einiges über das Verhältnis der Arbeitgeber zu ihren Arbeitnehmern.
31.10.	Schmoller	Die Effektenbörse und ihre Reform.
28.11.	Ulrich	Die Ausbildung der höheren Verwaltungsbeamten in Preußen mit besonderer Berücksichtigung der Staatseisenbahnverwaltung.

19.12.	Sombart	Reform der preußischen Steuerverfassung.

1893

30. 1.	v. Rheinbaben	Die neuen Ansiedlungen in Westpreußen und Posen.
27. 2.	v. Scheel	Die volkswirtschaftliche Bedeutung unseres auswärtigen Handels.
27. 3.	Gierke	Die jüngste Gesetzgebung über Körperschaftsrechte und die Vorschläge des Entwurfs.
24. 4.	Post	Die Bedeutung der persönlichen Armenpflege für den sozialen Versöhnungsprozeß.
29. 5.	v. Woedtke	Einiges über die Bekämpfen der Erwerbslosigkeit.
29. 6.	Bartels	Die Lage der deutschen Seefischerei.
30.10.	Schulz	Einiges über amerikanisches Eisenbahnwesen.
27.11.	Delbrück	Der Staatssozialismus in seiner Vollendung.
18.12.	Gleim	Ueber Kleinbahnen.

1894

29. 1.	Gamp	Die Schuldentlastung des ländlichen Grundbesitzes.
26. 2.	Frh. v. u. zu Aufseß	Ueber die Tabaksbesteuerung in Deutschland.
2. 4.	Fischer	Die Sozialpolitik der Reichspostverwaltung.
7. 5.	v. Landmann	Die Vereinfachung der Arbeiterversicherung.
28. 5.	Brunner	Der Entwurf eines preußischen Wassergesetzes.
25. 6.	Schmoller	Ueber die neuere Entwicklung der englischen Gewerkvereine.
29.10.	Hammacher	Ueber finanzielle Garantien bei den Staatseisenbahnen.
26.11.	Lenz	Die französische Revolution und die Kirche.
17.12.	Delbrück	Die Sozialdemokratie in der großen französischen Revolution.

1895

21. 1.	Rösicke	Das Ende des Bierboykotts und der Arbeitsnachweis der Berliner Brauereien.
25. 2.	Böckh	Aus der Statistik der Ehescheidungen.
25. 3.	v. d. Leyen	Der Ausstand der Eisenbahnarbeiter in Chicago im Sommer 1894.
29. 4.	Bödiker	Die Arbeiterversicherung in den europäischen Staaten.
27. 5.	Robbe	Sozialdemokratie und Naturwissenschaft.
1. 7.	Sering	Die Bedeutung der Agrarkrisis für die

28.10.		Bauernschaft.
25.11.	Delbrück	Ueber Schanz' Buch „Zur Frage der Arbeitslosen-Versicherung".
30.12.	Blenck	Betrachtungen über die preußische Brandstatistik.

1896

3. 2.	v. Hofmann	Ueber die deutsche Auswanderung.
3. 3.	Lohmann	Die Entwicklung der Gewerbe-Inspektion in Preußen.
30. 3.	Frh. v. Lindenfels	Das deutsche Auslieferungswesen.
27. 4.	Starke	Wäre die Deportation von Verbrechern in unsere Kolonien zu rechtfertigen?
18. 5.	Meitzen	Die gesetzliche Beschränkung der hypothekarischen Belastung.
6. 7.	Thiel	Die Gymnasial-Reform.
26.10.	v. Meyer	Juristisches Prüfungswesen.
30.11.	v. Scheel	Ueber den Anarchismus.

1897

4. 1.	Kahl	Religionsunterricht von Dissidentenkindern.
25. 1.	Wilhelmi	Ueber den Arbeiterschutz in der Konfektionsindustrie.
1. 3.	Mueller	Die Wirkungen des Depotgesetzes und des Börsengesetzes, insbesondere für den Verkehr in Wertpapieren.
29. 3.	Fuisting	Die staatliche Einkommensbesteuerung in Theorie und Praxis.
26. 4.	Wilhelmi	Ueber die Handwerkerfrage.
31. 5.	Borkenhagen	Ueber russische und französische Marineverhältnisse.
28. 6.	v. Rheinbaben	Prof. Delbrücks Ansicht von der Polenfrage.
25.10.	Gierke	Die bevorstehende Umwälzung des Rechtsstudiums.
27.12.	Fürst	Arbeitervertretungen vom Bergbau der Vergangenheit und Gegenwart im In- und Auslande.

1898

31. 1.	v. Woedtke	Ueber Privatversicherungswesen.
28. 3.	Gaebel	Ueber die Ursachen der Invalidität im Arbeiterstande.
25. 4.	v. d. Leyen	Die Eisenbahnverstaatlichung in der Schweiz.
23. 5.	Brunner	Schutz der Bauhandwerker gegen Bauschwindel.
4. 6.	Gaebel	Die künftige Gestaltung der gesetzlichen Zwangserziehung.

31.10.	Bödiker	Die Abschaffung der Beitragsmarken in der Invaliditätsversicherung.
28.11.	Paasche	Die Befreiung Kubas und Portorikos und ihre wirtschaftliche Bedeutung.

1899

9. 1.	Freese	Die Gewinn-Beteiligung der Beamten und Arbeiter.
30. 1.	Post	Die Bewegung zum Ausgleich der Bildung im Ausland und in Deutschland.
27. 2.	Gamp	Die Arbeiternot auf dem Lande.
27. 3.	Hemptenmacher	Die Börsen-Reform.
24. 4.	Fischer	Italienisches Volkswesen.
26. 6.	Wagner	Aus neueren deutschen Steuer-Reformen.
30.10.	Delbrück	Die Frage der polnischen Wander-Landarbeiter in Deutschland.
27.11.	Robbe	Die Sozialdemokratie auf dem Lande.
28.12.	Schmoller	Die zukünftige Deutsche Handelspolitik.

1900

29. 1.	Hammacher	Der Rhein-Elbe-Kanal.
26. 2.	Lenz	Ein Blick ins zwanzigste Jahrhundert.
26. 3.	Kahl	Der Staat und die Sittlichkeitspflege.
28. 5.	Blenck	Der Schutz unserer Halligen in der Nordsee.
25. 6.	v. d. Leyen	Eine Orientreise.
29.10.	Thiel	Ueber den preußischen Domänen-Besitz.
26.11.	v. Scheel	Ueber Volkszählungen.

1901

7. 1.	Hermes	Ueber Hypothekenbanken.
28. 1.	v. Hofmann	Die wirtschaftliche Zukunft in Deutsch-Südwest-Afrika.
25. 2.	Meitzen	Bemerkungen über die Verteilung und den Wechsel eines Grundbesitzes in Preußen.
25. 3.	v. Meier	Die Universitäten sonst und jetzt.
29. 4.	Delbrück	Die Schlacht im Teutoburger Walde vom Standpunkte der Nationalökonomie.
24. 6.	Hintze	Ueber den Zusammenhang zwischen Staatenbildung und Verfassungs-Entwicklung.
28.10.	Kahl	Ueber den Toleranz-Antrag des Zentrums.
25.11.	v. Martitz	Die Ehrenrechte des Deutschen Kaisers.
30.12.	Delbrück	Etwas Statistik aus der Völkerwanderung.

1902

24. 2.	Gaebel	Neue Wege auf dem Gebiete des Strafvollzugs an weiblichen Gefangenen.
28. 4.	Fuisting	Ueber Reformen im Bereich der direkten Steuern.

26. 5.	Brunner		Ueber die Errichtung einer deutschen Universität in Posen.
27.10.	Mueller		Die Aussichten der Vermehrung des Kapitalreichtums in Deutschland.
24.11.	Wagner		Der Abschluß der deutschen Münzreform.
29.12.	Schmoller		Arbeitslosigkeit, Arbeitsnachweis und Arbeitslosen-Versicherung.

1903

26. 1.	Neumann		Zur Gewerkschaftsfrage. I. Die Neutralität der Gewerkschaften.
23. 2.	Lohmann		Ueber das gewerbl. Schulwesen in Preußen.
30. 3.	v. Rheinbaben		Geschichtliche Entwicklung und staatsrechtliche Stellung des preußischen Staatsministeriums.
27. 4.	Delbrück		Aus dem Leben Rudolph Delbrücks nach unveröffentlichten Aufzeichnungen.
29. 6.	Bödiker		Politisches und Wirtschaftliches aus Italien.
26.10.	Paasche		Ueber Reichsfinanzreform.
30.11.	Gierke		Ueber d. Entwurf eines Fideikommißgesetzes.
28.12.	Hemptenmacher		Ueber Börsentermingeschäfte.

1904

25. 1.	v. Bitter		Zur Polenfrage.
29. 2.	Harms		Eine Informationsreise der Zentralstelle für Arbeiter-Wohlfahrts-Einrichtungen nach England. Eindrücke und Betrachtungen.
28. 3.	Delbrück		Die Zukunft der Polenfrage.
25. 4.	Francke		Die gewerbl. Tarifverträge in Deutschland.
30. 5.	Schmidtmann		Die venerischen Krankheiten, ihre soziale Bedeutung und Bekämpfung.
20. 6.	Schmoller		Die zukünftige englische Handelspolitik.
31.10.	v. Caemmerer		Der Krieg zwischen Rußland und Japan.
28.11.	v. d. Leyen		Die amerikanische Gefahr.

1905

2. 1.	Zacher		Sozialpolitische Streiflichter.
30. 1.	Freese		Wohnung und Einkommen.
27. 2.	zu Putlitz		Streiflichter über landwirtsch. Betriebslehre.
27. 3.	Steinbrinck		Die Reform der Berggesetzgebung.
1. 5.	Robbe		Aphorismen über Agrar- und Industriestaat.
29. 5.	Lenz		Ziel und Charakter der Politik Napoleons I.
26. 6.	Sering		Neuere Ergebnisse der agarargeschichtlichen Forschung für Schleswig-Holstein.
30.10.	v. Bitter		Ueber russische Finanzverhältnisse.
27.11.	Bödiker		Der Kampf in der Berliner Elektrizitäts-Industrie September-Oktober 1905.

1906

8. 1.	Hintze	Mitteilg. üb. d. Ministerlaufbahn Miquels.
26. 2.	Hermes	Entwicklung und Aufgabe des deutschen Genossenschaftswesens.
26. 3.	zu Putlitz	Ueber die Wirkung des Kontingents im Spiritus-Steuer-Gesetz.
30. 4.	Gaebel	Ueber den internationalen Mädchenhandel und seine Bekämpfung.
28. 5.	Kahl	Strafschutz der Religion.
25. 6.	v. d. Leyen	Die Reichsfahrkartensteuer.
29.10.	v. Martitz	Die zweite Haager Konferenz und das Seekriegsrecht.
26.11.	Damme	Internationale Elemente im modernen Patentwesen.

1907

28. 1.	Francke	Internationaler Arbeiterschutz.
25. 2.	Brunner	Vorschläge zur ostmärkischen Bodenpolitik.
25. 3.	Thiel	Zur Frauenfrage.
29. 4.	Blenck	Die Tätigkeit des Kgl. Preuß. Statistischen Landesamts im ersten Jahrhundert seines Bestehens sowie eine Anzahl von hellen und dunklen Bildern aus der preußischen Statistik.
27. 5.	Schwarz	Die Kurse der Staatsanleihen Deutschlands, Englands und Frankreichs seit Anfang der 80er Jahre.
24. 6.	v. Caemmerer	Ueber den Grundgedanken der französischen Landesverteidigung.
28.10.	v. Bitter	Die ländliche Arbeitsfrage.
25.11.	Mueller	Die Kreditgewährung der Banken.

1908

20. 1.	Rießer	Die Vorschläge auf dem Gebiete des Bank-Depositenwesens.
24. 2.	zu Putlitz	Das Spirituosenmonopol.
30. 3.	Neumann	Zur Gewerkschaftsfrage. II. Die Gewerkschaften und das Wirtschaftsleben.
27. 4.	Delbrück	Sozialdemokratische Geschichtsschreibung.
25. 5.	Schwarz	Reichsfinanzreform.
29. 6.	Hemptenmacher	Die Novelle zum Börsengesetz.
2.11.	v. Martitz	Das Projekt eines allgem. Schiedsvertrages auf der zweit. Haager Friedenskonferenz.
30.11.	Harms	Ueber Entlöhnungsmethoden in der deutschen Eisenindustrie.
28.12.	v. Rheinbaben	Die Pflichten der Staatsbeamten inbetreff der Ausübung ihrer bürgerlichen Rechte.

1909

25. 1.	Herkner	Sozialrevolutionäre Strömungen in der Demokratie.
22. 2.	Damme	Der gegenwärtige Umschwung wirtschaftlicher Anschauungen in England.
29. 3.	Genzmer	Der Gemeindesozialismus und seine Schranken im preußischen Kommunalrecht.
26. 4.	Delbrück	Bericht über die Frage des Verhältnisses von Volksvermögen u. Steuerdeklaration.
7. 6.	v. Schmoller	Die preußischen Finanzminister in der ersten Hälfte des 19. Jahrhunderts.
28. 6.	Zacher	Die neue Reichsversicherungsordnung.
25.10.	Becker	Ueber die Verfassung und Verwaltung der preußischen Städte in Sonderheit den Vorzug der Magistrats- oder Bürgermeistereiverfassung.
29.11.	Steinbrink	Die innere Entwicklung des Knappschaftswesens.
27.12.	Francke	Der Zwangsarbeitsnachweis des Zechenverbandes im Ruhrkohlengebiet.

1910

31. 1.	Schwarz	Englische, deutsche und französische Diskontpolitik.
28. 2.	Gierke	Amerikanische Reise-Eindrücke.
25. 4.	Freese	Absolute oder konstitutionelle Fabriken.
30. 5.	Genzmer	Reform der Staatsverwaltung in Preußen.
27. 6.	Wiedfeldt	Ueber den Kampf im deutschen Baugewerbe.
31.10.	Thiel	Brentanos Denkschrift über die deutschen Getreidezölle.
28.11.	Kammerer	Die wirtschaftlichen Möglichkeiten staatlicher Starkstrom- und Heizgas-Netze.

1911

2. 1.	Harms	Einiges über die Wünsche und Bestrebungen, in Reichs- und Staatsbetrieben kaufmännische Grundsätze einzuführen.
13. 2.	Mueller	Die Marx'sche Theorie über Lohnarbeit und Kapital.
11. 3.	Wagner	Sozialpolitik, Katheder- u. Staatssozialismus.
27. 3.	Hintze	Das monarchische Prinzip im Verfassungsstaat mit besonderer Berücksichtigung Preußens.
24. 4.	Herkner	Moderne Ehekritik.
29. 5.	Anschütz	Zur Geschichte der preußischen Verfassungsurkunde.
26. 6.	Mueller	Der sozialdemokratische Zukunftsstaat.
30.10.	Kahl	Das Grundproblem der neuen Strafrechtsreform.

27.11.	Hermes	Ueber den neuen Preußischen Wassergesetzentwurf.
18.12.	Brunner	Die Haager Vorentwürfe zum Weltwechselrecht.

1912

29. 1.	v. d. Leyen	Die Eisenbahnpolitik des Fürsten Bismarck.
26. 2.	Borkenhagen	Ueber die Entwicklung der Kriegsschiffstypen und ihre taktische Verwendung.
25. 3.	Evert	Ueber die Quellen unserer Wehrkraft.
29. 4.	Flügge	Kritische Bemerkungen zur Organisation der deutschen Arbeiterversicherung.
20. 5.	Schwarz	Finanzielle und wirtschaftliche Mobilmachung und finanzielle Kriegführung.
24. 6.	Neumann	Die gelbe Arbeiterbewegung in Deutschland.
28.10.	Delbrück	Ueber das Frauenwahlrecht.
25.12.	Schwarz	Das Besitz- und Zuwachssteuerproblem im Reiche.
30.12.	Bitter	Ueber die Einrichtung eines Reichsverwaltungsgerichts.

1913

24. 2.	Sering	Groß- und Kleinbetrieb in der Landwirtschaft, Binnen-Kolonisation und ihre Hemmnisse.
28. 4.	v. Beseler	Krieg und modernes Verkehrswesen.
26. 5.	v. Schmoller	Ueber Preissteigerung und Geldwertsänderung in den letzten 20 Jahren.
30. 6.	Freund	Die Wirkungen der modernen preußisch-deutschen Staatsentwicklung auf das Beamtentum.
27.10.	Rießer	Streikexzesse und die Gesetzgebung.
24.11.	Boelkel	Die Gefahr des Ueberflusses an Kaliwerken.
29.12.	v. Putlitz	Die Pflanzenzüchtung und ihre land- und volkswirtschaftliche Bedeutung.

1914

26. 1.	Damme	Das Entwicklungsprinzip im modernen Beamtentum.
23. 2.	Flügge	Militäranwärter und Zivilversorgung.
30. 3.	Harms	Das Staatsarbeiterrecht.
27. 4.	–	Diskussion über den Entwurf eines Grundteilungsgesetzes, eingeleit. von Exz. Thiel.
25. 5.	–	Sitzung ausgefallen wegen amtlicher Verhinderung des Vortragenden.
29. 6.	Schwarz	Politik, Finanzen und Wirtschaftsleben.
26.10.	Delbrück	Die Neuorientierung der Polenfrage.
30.11.	Hintze	Die Gleichgewichtsidee im Staatensystem.
28.12.	Wiedfeldt	Ueber Höchstpreise.

1915

25. 1.	Kammerer	Die Technik im Kriege.
22. 2.	Zacher	Die moderne Arbeitslosigkeit und die Mittel zu ihrer Bekämpfung.
29. 3.	v. Martitz	England und die belgische Neutralität.
26. 4.	Freese	Die Bauverhältnisse in Groß-Berlin vor und nach dem Kriege.
31. 5.	v. Siemens	Eine kriegstechnische Betrachtung.
28. 6.	Schiemann	Das russische Volk und der Krieg.
26. 7.	Herkner	Sozialdemokratie und auswärtige Politik.
25.10.	Francke	Die Gestaltung der gewerblichen Arbeitsverhältnisse in Deutschland nach dem Kriege.
29.11.	Meinecke	Landwehr und Landsturm von 1814 bis auf die Gegenwart.
27.12.	v. d. Leyen	Die Verkehrsbeziehungen zwischen dem Deutschen Reich, Oesterreich und Ungarn.

1916

31. 1.	Triepel	Die Freiheit der Meere.
28. 2.	Herkner	Die wirtschaftliche Annäherung zwischen dem Deutschen Reich und seinen Bundesgenossen.
27. 3.	—	Allgemeine Besprechung über die Kriegsziele, eingel. von Geh.-Rat Dr. Zacher.
2. 5.	v. Putlitz	Die Maßregeln der Regierung zur Ernährung von Volk und Heer.
30. 5.	Zacher	Zur Frage eines wirtschaftlichen Generalstabes.
27. 6.	Dominicus	Kriegserlebnisse in Lothringen im August 1914.
30.10.	Genzmer	Die gesetzliche Erweiterung der Selbstverwaltung der preußischen Stadtgemeinden.
27.11.	Kammerer	Ersatzstoffe: ihre Erfolge und Aussichten.
29.12.	Dernburg	Der Deutsche Handel und der Wirtschaftskrieg.

1917

26. 1.	Schiemann	Die Bedeutung der Ostsee in Geschichte und Gegenwart.
23. 2.	Thiel	Freie Bahn dem Tüchtigen.
30. 3.	—	Da Exz. Harms im letzten Augenblick dienstlich verhindert war, zu erscheinen, so hat Prof. Delbrück über seine Reise nach Wien gesprochen und über die politischen Eindrücke, die er mitgebracht; im Mittelpunkt stand das Problem des zukünftigen Polenstaates.
27. 4.	Harms	Die Neuorientierung der inneren Politik im Reiche und das Gesetz über den vaterländischen Hilfsdienst.

25. 5.		Schwarz	Die Zukunft unserer Kommunal-Finanzen.
29. 6.		Rohrbach	Friedens- u. Fremdvölkerfrage in Rußland.
26.10.		Delbrück	Ueber die Idee einer allgemein. Abrüstung.
30.11.		v. Rheinbaben	Das Herrenhaus.
28.12.		Schiemann	Die historischen Grundlagen des heutigen Rußland.

1918

25. 1.		Flügge	„Irland."
22. 2.		Francke	Arbeitskammern.
15. 3.		Kahl	Der Gesetzentwurf über die Bekämpfung der Geschlechtskrankheiten.
26. 4.		Deutelmoser	Das politische Presse- und Nachrichtenwesen.
31. 5.		Kammerer	Die Technik beim Wiederaufbau der Wirtschaft.
28. 6.		Schwarz	Unsere Steuerpolitik.
25.10.		Schumacher	Bulgariens Stellung in der Weltwirtschaft.
29.11.		Dick	Ueber die jüngsten Vorgänge in der Marine.
27.12.		Zacher	Die Regelung des Arbeitsmarktes.

1919

31. 1.		Triepel	Grundfragen der künftigen Reichsverfassung.
28. 2.		Freund	Der Reichsverfassungs-Entwurf des Staatenausschusses.
28. 3.		Herkner	Die volkswirtschaftliche Bedeutung des Ausschlusses von Deutschösterreich.
25. 4.		–	Aussprache über den Fortgang der Arbeit an der deutschen Verfassung, eingeleitet von Prof. Kaufmann.
30. 5.		Damme	Beamtenräte und Beamtenausschüsse als Organe der Verwaltung.
27. 6.		Troeltsch	Angriffe auf die Demokratie.
31.10.		Delbrück	Hätten wir uns mit Rußland oder England im Kriege verständigen sollen?
28.11.		Dick	Unsere Strategie zur See im Weltkriege mit besonderer Berücksichtigung der Frage der Seeschlacht.

1920

2. 1.		Dernburg	Zur Reichsfinanzreform: Allgemeine Einleitung.
30. 1.		Dernburg	Zur Reichsfinanzreform: Die einzelnen Steuergesetze.
29.10.		Flügge	Zur Psychologie der Massen.
26.11.		Stieler	Von den Reichseisenbahnen.

1921

7. 1.	Kammerer	Menschenverwertung (wissenschaftliche Betriebsführung).
28. 1.	Bölkel	Die Sozialisierung des Kohlenbergbaus.
25. 2.	Rohrbach	Methoden psychologischer Beeinflussung in der auswärtigen Politik.
1. 4.	Stammler	Die Dreigliederung des sozialen Organism.
29. 4.	Knipping	Unsere handelspolitische Lage in Ostasien.
27. 5.	v. d. Leyen	Die Konferenz des Völkerbundes in Barcelona.
24. 6.	Triepel	Glossen zur neuen preußischen Verfassung.
28.10.	v. Giehrl	Die Deutsche Reichswehr.
25.11.	Freese	Erfahrungen mit dem Betriebsrätegesetz.

1922

27. 1.	Sombart	Einige grundsätzliche Bemerkungen zum Sozialisierungssystem.
24. 2.	Kahl	Strafrechtsreformen der Gegenwart.
31. 3.	Freund	Die neuen Stadt- und Landgemeindeordnungen.
28. 4.	Strecker	Einrichtung u. Betrieb der Fernsprechämter.
26. 5.	Bennhold	Die deutsche Kohlenlage.
23. 6.	Stieler	Verkehrsfragen auf der Konferenz von Genua.
27.10.	Mugdan	Soziale Versicherung oder soziale Fürsorge?
24.11.	Dick	Der motorlose Flug und der Rhön-Segelflug-Wettbewerb 1922 (mit Lichtbildern).
29.12.	Jesse	Ueber das Reichsverwaltungsgericht.

1923

26. 1.	Spranger	Soziologie der gegenwärtigen Jugendbewegung.
23. 2.	zu Putlitz	Erziehung der Landwirtschaft zu stärkerer Erzeugung.
23. 3.	Strecker	Geisteswissenschaften u. Naturwissenschaften.
27. 4.	v. Cramon	Meine Erlebnisse in Oesterreich während des Weltkrieges.
25. 5.	Schumacher	Die wirtschaftlichen Folgen des Ruhreinbruches.
29. 6.	Popitz	Finanzausgleich zwischen Reich u. Ländern.
30.11.	Schacht	Mobilisierung der Währung.
27.12.	Rohrbach	England und Frankreich.

1924

25. 1.	Schwartz	Zweck und Organisation der Rentenbank.
29. 2.	Sering	Agrarverfassung Englands.
28. 3.	Smend	Das Wesen der Weimarer Verfassung im Vergleich mit der Bismarckschen.
28. 4.	Dick	Die Entwicklung der Seemacht nach dem Weltkriege.
30. 5.	Crusen	Neuordnung des deutschen Zivil- und Strafprozesses 1924.
27. 6.	Triepel	Die neueste Entwicklung der internationalen Schiedsgerichtsbarkeit.
31.10.	Davidsen	Ueber die amerikanische Präsidentenwahl.
28.11.	v. Strempel	Ueber die Organisation des höheren Beamtentums.

1925

2. 1.	Kammerer	Ueber das Flettnerschiff.
30. 1.	Rohrbach	Ueber seine Reise nach den Vereinigten Staaten von Amerika.
27. 2.	v. d. Leyen	Internationale Eisenbahnfragen.
27. 3.	Schlüpmann	Ueber Lichtwirtschaft.
24. 4.	Homberger	Die neue Reichsbahngesellschaft.
29. 5.	Bennhold	Die Lage des Ruhrkohlenbergbaus.
26. 6.	v. Oettingen	Die Kommunistische Wirtschaft und Politik Sowjetrußlands.
30.10.	Penck	Die Höchstzahl der Menschen auf der Erde.
27.11.	Schlüpmann	Ueber seine Reiseeindrücke aus Amerika.

1926

8. 1.	Schumacher	Die amerikanischen Methoden der Rationalisierung der industriellen Produktion.
29. 1.	Flügge	Arbeitsdienst-Pflicht?
26. 2.	v. Cramon	Feldmarschall Graf Conrad von Hötzendorf und seine Stellung zu Deutschland.
26. 3.	Saenger	Ueber den gegenwärtigen Stand des Bevölkerungsproblems in Deutschland.
30. 4.	Bräuer	Das Verhältnis der Industrie zur Technik.
4. 6.	Rohrbach	Deutsche Minderheitsfragen.
25. 6.	Rohrbach	Deutsche Minderheitsfragen (II.).
29.10.	Bodenstein	Die Bedeutung der Reichsbahngesellschaft für das deutsche Wirtschaftsleben und die von ihr zu tragenden Lasten.
26.11.	Schlüpmann	Wohnung und Siedlung.

1927

7. 1.	Rohrbach	Ueber Stoddard's Buch: „Der Aufstand gegen die Kultur."
4. 2.	Bergmann	Ueber den gegenwärtigen Stand der Reparationsleistungen.
25. 2.	Lenz	Ideen von 1789.

25. 3.	de la Chevallerie	Ueber die Organisation und die Gruppierung der deutschen Studentenschaft nach dem Kriege.
29. 4.	v. Oettingen	Marxismus in seiner praktischen Durchführung in der Sowjetunion.
3. 6.	Franke	Die Krisis im Chinesentum.
24. 6.	Damme	Die rechtliche Organisation der drahtlosen Telegraphie im Deutschen Reich.
28.10.	Schwartz	Realkredit vor und nach dem Kriege.
25.11.	Davidsen	Der französisch-amerikanische Zollkonflikt u. seine Hintergründe.

1928

6. 1.	Spranger	Das Reichsschulgesetz als Ausdruck der geistigen Krisis der Gegenwart.
27. 1.	Dominicus	Ueber die Entwicklung und die Bedeutung der Verbände für Leibesübungen in Deutschland.
23. 2.	Penck	Ueber seine Reiseeindrücke in den U.S.A.
30. 3.	Moewes	Das französische Heer nach den neuen französischen Militärgesetzen.
27. 4.	Dietrich	Das neue Fürsorgerecht mit besonderer Berücksichtigung der Gesundheitsfürsorge.
29. 6.	Winnig	Ueber den gegenwärtigen Stand der politischen Arbeiterbewegung in Deutschland.
26.10.	Fischer	Wirtschaftliche Probleme der Erzeugung u. Verteilung von elektrischem Strom.
30.11.	v. d. Leyen	Das neue internationale und deutsche Eisenbahn-Verkehrsrecht.

1929

4. 1.	Franke	Sunyatsenismus und Bolschewismus in China.
25. 1.	Auhagen	Die russische Agrarfrage.
22. 2.	Dominicus	Deutscher Luftsport.
22. 3.	Triepel	Verfassungsänderungen.
26. 4.	Homberger	Mitteilungen über die nordamerikanischen Eisenbahnen.
7. 6.	v. Strempel	Vor- und Fortbildung der höheren Beamten.
21. 6.	Bennhold	Das Problem der internationalen Kohlenverständigung.
25.10.	Schlüpmann	Lohn und Wirtschaft.
29.11.	Kammerer	Deutschlands Energieversorgung.

1930

3. 1.	Schumacher	Wissenschaft und Wirtschaft.
31. 1.	Popitz	Das Reichs-Länderproblem und seine finanziellen Bedingtheiten.

28. 2.	Saenger	Welche Wirkung hat der Rückgang des Bevölkerungsüberschusses auf die deutsche Wirtschaft?
28. 3.	Bräuer	Vermutungen über die Gestaltung eines zukünftigen Krieges.
25. 4.	Bodenstein	Entwicklung der militärischen Bedeutung der deutschen Eisenbahnen und des Militär-Eisenbahnwesens.
30. 5.	de la Chevallerie	Die Gewerkschaften als Unternehmer.
27. 6.	Hartung	Berufsbeamtentum und Staat.
31.10.	v. d. Lancken-Wakenitz	Völkerrecht und Außenpolitik an der Westfront.
28.11.	Auhagen	Die heutige wirtschaftliche Lage in Sowjetrußland.

1931

2. 1.	Moewes	Die Entwicklung der Artillerie im Weltkriege und nach dem Weltkriege.
30. 1.	Junghann	Staats- und Volksgemeinschaft.
27. 2.	Bergmann	Zur Revision des Young-Planges.
27. 3.	Lenz	Bismarck und der Vatikan von 1864 bis 1870, das Vorspiel des Kulturkampfes.
24. 4.	Fischer	Planwirtschaft im englischen Elektrizitätswesen.
29. 5.	Davidsen	Herbert Hoover.
26. 6.	Dietrich	Die deutschen Kurorte, ihre Bedeutung für Volksgesundheit und Volkswirtschaft.
30.10.	v. d. Leyen	Friedrich List und das deutsche Eisenbahnwesen.
27.11.	Marcks	Das Abrüstungsproblem.

1932

8. 1.	Winnig	Das staatliche Schlichtungswesen.
29. 1.	Spranger	Abiturientenexamen und Universitätsreform.
26. 2.	Penck	Die internationalen wissenschaftlichen Beziehungen.
18. 3.	Franke	Die Bauernbewegung in China.
29. 4.	Broedrich	Primitive Siedlungsmethoden.
27. 5.	Moewes	Das Offizierkorps der französischen Revolution.
24. 6.	Kaufmann	Wesen und Voraussetzungen der parlamentarischen Regierung.
28.10.	Elsas	Berliner Verwaltungsprobleme.
25.11.	Koppe	Der Stand des gewerblichen Rechtsschutzes in Deutschland.

1933

1. 1.	Dominicus	Ueber die Entwicklung der deutschen Fliegerei.

27. 1.	Triepel	Ueber Hegemonie.	
24. 2.	Bormann	Die Erschließung des Sudans.	
31. 3.	Bennhold	Der Weltkohlenmarkt.	
28. 4.		*Festsitzung* aus Anlaß des 50jährigen Bestehens der Staatswissenschaftlichen Gesellschaft.	
19. 5.	Ritter	Ueber ein aktuelles agrarpolitisches Thema.	
30. 6.	v. Strempel	Die Verwaltung eines besetzten Königreiches.	
27.10.	Bräuer	Der neue Staatsbegriff	
24.11.	Ritter	Bäuerliches Erbhofrecht	

1934

5. 1.	Schlüpmann	Zur deutschen Kolonialfrage
26. 1.	Franke	Streiflichter zur Lage im Fernen Osten
23. 2.	Hamm	Der Problemkreis Staat und Wirtschaft, unter Berücksichtigung des Nationalsozialismus
23. 3.	Kammerer	Kampf gegen die Maschine
27. 4.	Saenger	Die Bevölkerungsfrage im Lichte der Weltwirtschaft
29. 6.	Auhagen	Die Ethik des Bolschewismus
26.10.	Homberger	Wirtschaftsfragen der Reichsbahn
30.11.	Elze, W.	Clausewitz

1935

25. 1.	Schumacher	Probleme der Konsumtion
22. 2.	Auhagen	Entwicklungstendenzen in der Sowjetunion
29. 3.	Davidsen	Roosevelts Handelsvertragspolitik
3. 5.	Dietrich	Gesetz zur Verhütung erbkranken Nachwuchses
24. 5.	Kaufmann	Die Grundlagen des heutigen europäischen Paktsystems
28. 6.	Hartung	Volk und Staat in der deutschen Geschichte
25.10.	Lindemann	Staatsmann und Feldherr, erläutert an dem Verhältnis zwischen Bismarck und Moltke
29.11.	von Strempel	Treu und Glauben im öffentlichen Recht

1936

31. 1.	Elze	Friedrich der Große. Zur 150. Wiederkehr seines Todesjahres
28. 2.	Franke	Geistige Grundlagen im japanischen Machtstreben
24. 4.	Frhr. v. Bissing, J. W.	Wandlungen des deutschen Außenhandels
15. 5.	Spranger	Schicksale der Wissenschaft in der modernen Kultur
29. 5.	Moewes	Der Wiederaufbau des preußischen Heeres nach dem Tilsiter Frieden
26. 6.	Kittel	100 Jahre Eisenbahn. Die Überwindung

		des Partikularismus im deutschen Eisenbahnwesen
30.10.	v. Dietze	Agrarische Planwirtschaft
27.11.	Rohrbach	Die Kolonialfrage

1937

29. 1.	Scheibe	Englands Lage im Mittelmeer
26. 2.	Penck	Mensch und Eiszeit
19. 3.	Wiedenfeld	Kosaken- und Nomadenleben in der Kirgisensteppe
30. 4.	Elsas	Englische Gemeindefragen
28. 5.	v. Eisenhart-Rothe	Zur Lage der Weltwirtschaft
25. 6.	Haushofer	Die Entwicklung der britischen Außenpolitik seit 1931
29.10.	Jodl	Die Geschichte der Kriegsakademie
26.11.	Triepel	Auswärtige Politik der Unverantwortlichen

1938

28. 1.	Quade	Douhetismus
25. 2.	de la Chevallerie	Gedanken zur Neugestaltung des städtischen Wohnwesens und Bodenrechts
25. 3.	Moewes	Napoleon und die Frauen
29. 4.	Saenger	Nachwuchsfragen
20. 5.	Gladisch	Gedanken über moderne Seekriegsführung
24. 6.	Spranger	Japanische Kulturfragen
25.11.	Bennhold	Die Rückgliederung der Saarkohle
8.12.	Frhr. v. Lancken-Wakenitz	Das deutsch-französische Verhältnis

1939

24. 2.	Hartung	Ein Fabeltier unserer Zeit
31. 3.	Gauger	Die Entwicklung des Staatskirchenrechts seit 1933
28. 4.	Scheibe	Die Vereinigten Staaten von Amerika, wirtschaftlich und politisch
19. 5.	Frhr. v. Bissing, W.M.	Der Kampf um Schlieffen
23. 6.	Windelband	Bismarcks Friedenspolitik seit 1871
27.10.	Auhagen	Die Sowjetwirtschaft in ihrer Bedeutung für Deutschland
24.11.	Hartung	Die deutsche Polenpolitik im Weltkrieg

1940

26. 1.	Rohrbach	Bericht über seine Reise ins Baltikum während der Umsiedlung
23. 2.	Krumbeck	Deutsches Arbeitsrecht
29. 3.	Gauger	Wandlungen im Verwaltungsrecht
26. 4.	Freckmann	Das Wasser
31. 5.	Heubner	Vom Widerstreit der Interessen an Arzneimitteln

13. 6.	Hüber	Arabien als Schwelle und Riegel
26.10.	v. Rottenburg	Recht und Organisation der Hochschulen
30.11.	Strewe	Deutschland und die Probleme des Fernen Ostens

1941

25. 1.	Asmis	Reiseeindrücke in Brasilien
22. 2.	Schulte	Das Erbgesundheitsgesetz
29. 3.	Krumbeck	Der Betriebsarzt
26. 4.	Nain	Die deutsche Elektrizitätswirtschaft unter besonderer Berücksichtigung der Stromversorgung Berlins
24. 5.	v. Strempel	Der Aufbau der Verwaltung von Groß-Deutschland
28. 6.	Quade	Der Anteil der deutschen Luftwaffe am bisherigen Kriegsgeschehen
25.10.	Spieß	Eisenbahntarifpolitik und staatliche allgemeine Wirtschaftspolitik
29.11.	Haushofer	Wandlungen des geschichtlichen Raumwertes

1942

31. 1.	Auhagen	Ansiedlung deutscher Bauern in den neuen Ostgebieten
14. 2.	Franke	Dschingis Khan
28. 2.	Wiedenfeld	Die Unternehmerpersönlichkeit in der gelenkten Wirtschaft
28. 3.	Hartung	Die Frage der einheitlichen Staatsführung der preußisch-deutschen Monarchie
29. 5.	Rohrbach	Osteuropa politisch und wirtschaftlich gesehen
27. 6.	Strewe	Die Umformung Ostasiens in der Weltkrise
30.10.	Kammerer	Die Entwicklung des Rechtsschutzes für Ingenieurarbeit
29.11.	Gestrich	Die Veränderungen der nationalökonomischen Theorien durch die moderne Kredittheorie

1943

30. 1.	v. Eisenhart-Rothe	Einiges über Steuern
10. 2.	Hüber	Die Türkei im Kriege
27. 3.	Scheibe	Das Schlachtschiff in der neuzeitlichen Seekriegsführung
10. 4.	Gladisch	Das Schlachtschiff in der neuzeitlichen Seekriegsführung (in Fortsetzung des Vortrages vom 27.3.
28. 5.	Freckmann	Anthroposophie und Pflanzenwuchs
26. 6.	Quade	Japan und die japanische Luftflotte im Kriege
23.11.	Peschke	Denkmalspflege

1944

8. 1.	de la Chevallerie	Feuerschutzmittelbehandlung von Gebäuden
29. 1.	Spieß	Ergebnisse aus der neuen juristischen Erkenntnistheorie
26. 2.	Rehfeld	Die Brennmaterialversorgung Berlins im 18. Jahrhundert
29. 4.	Krumbeck	Über den Pflegesatz ausländischer Arbeitskräfte
29. 5.	Hartung	Der politische Beamte im alten Preußen
24. 6.	Spranger	Entstehung und Gegenwartsaufgaben der deutschen Volksschule
28. 7.	Bormann	Die Entwicklung der Julius Pintsch K.G.
30. 9.	Peschke	Planung und Durchführung der Instandsetzungsarbeiten in der Blankenfelder Dorfkirche
28.10.	Heubner	Vergiftungsgefahren in der Industrie
25.11.	Hartung	Der Landsturm von 1813

1945

27. 1.	Schulte	Die forensische Bedeutung der Homosexualität
10. 3.	Spieß	Das Recht des persönlichen Eigentums der Bürger in der Sowjetunion

1957

6. 6.	Frhr. v. Bissing, W.M.	Gedanken zu einer Wiederbelebung der Gesellschaft
19.11.	de la Chevallerie	Die Staatswissenschaftliche Gesellschaft in der Zeit von 1883–1945 und der Ruhezeit bis 1957

1958

14. 1.	Kiesewetter	Wandlungen der Handelspolitik des Ostblocks
13. 2.	Kruse	Monetäre Probleme des gemeinsamen Marktes
13. 3.	Stammer	Probleme des neuen Parteiengesetzes
17. 4.	Vogel	Bericht über den Gegenbesuch evangelischer Kirchenvertreter in der UdSSR
8. 5.	de la Chevallerie	Die Westberliner Bekleidungsindustrie
12. 6.	Broermann	Aus dem Verein für Sozialpolitik
11.11.	Frhr. v. Bissing, W.M.	Monetäre Verhältnisse bei der Errichtung des Zollvereins und der EWG
8.12.	Heinitz	Ursachen und Bekämpfung der Jugendkriminalität

1959

19. 1.	Heinitz	Leitung der Aussprache über das Vortragsthema vom 8.12.1958

16. 2.	Jahn	Kritische Bemerkungen über die Referate auf der Baden-Badener Tagung der Gesellschaft für Wirtschafts- und Sozialpolitik (Verein für Socialpolitik) im Oktober 1958
16. 3.	Pfender	Ethische Probleme in der Weltwirtschaft
27. 4.	Thalheim	Probleme der Entwicklungsländer
11. 5.	Lieber	Soziologie zwischen Fortschritt und Tradition
15. 6.	Schmidt, W.	Aktuelle Wirtschaftsfragen Berlins
6. 7.	v. d. Gablentz	Der Staat in der Gesellschaft
12.10.	Kunow	Das westdeutsche und Westberliner Steuersystem in Darstellung und volkswirtschaftlicher Kritik
2.11.	Hirsch	Über den Entwurf des Ehrenschutzgesetzes
7.12.	Herzfeld	Methodenprobleme der Geschichte der Weimarer Zeit

1960

4. 1.	Rößger	Einige Probleme der zivilen Luftfahrtpolitik eines Landes, dargestellt mit Beispielen der Vereinigten Staaten von Amerika
1. 2.	v. Quistorp	Einiges vom Lastenausgleich
7. 3.	v. Hansemann	Ostasien
4. 4.	Frhr. Treusch v. Buttlar-Brandenfels	Geschichte und Bedeutung der Akademie der Künste
2. 5.	Blomeyer	Aktuelle Fragen des Zivilprozeßrechts
13. 6.	Frenzel	Förderung des Führungsnachwuchses der Wirtschaft
4. 7.	Behrens	Marktforschung
5. 9.	Milich	Föderalismus in der jüngeren deutschen Geschichte
29.10.	Frhr. v. Bissing, W.M.	Wirtschaft und Gesellschaft in Japan
7.11.	Thiess	Wandlungen unserer Finanzierungsmethoden
5.12.	Frhr. v. Bissing, W.M.	Die soziologische Bedeutung der evangelischen Predigt

1961

9. 1.	Schmitt, M.	Der Interzonenhandel und seine Bedeutung
6. 2.	Ritgen	Die Entwicklung der Verwaltungsgerichtsbarkeit in den letzten 15 Jahren
6. 3.	Schmidt, W.	Probleme regionaler Wirtschaftsförderung in den USA
10. .	Frhr. v. Bissing, W.M.	Das Flüchtlingsproblem in Hongkong
8. 5.	Rößger	Entwicklungsstand und -tendenzen zur Förderung der Sicherheit, Leistungsfähigkeit und Wirtschaftlichkeit des Luftverkehrs
3. 6.	Schmitt, M.	Probleme der Entwicklungsländer
2.10.	Eich	Die neuen Gesetze über die Berufsordnung der Wirtschaftsprüfer und Steuerberater

6.11.	de la Chevallerie	Die Auswirkung der sowjetischen Grenzmauer auf die Westberliner Wirtschaft

1962

8. 1.	Rößger	Grundlagen und Zweckmäßigkeit einer gemeinsamen Politik und eines gemeinsamen Marktes des Luftverkehrs innerhalb der EWG
5. 2.	Hirsch	Die neue türkische Verfassung
5. 3.	Frhr. v. Bissing, W.M.	Chinesische Kommunen
2. 4.	Stammer	Aspekte der Totalitarismusforschung
14. 5.	v. d. Gablentz	Fragen der Koexistenz
2. 6.	v. Eynern	Probleme der Begabten- und Hochbegabten-Auslese von Studenten
1.10.	Roeber	Der Flüchtling und das Asylrecht
5.11.	Herzfeld	Neue Fragestellungen zur Geschichte des Bismarck'schen Reiches und der Politik des ersten Weltkrieges
3.12.	Frhr. v. Bissing, W.M.	Autoritärer Staat und pluralistische Gesellschaft in den ersten Jahrzehnten des Bismarck'schen Reiches

1963

4. 2.	Köhler-Rieckenberg	Probleme der wirtschaftlichen Entwicklung Indiens auf Grund der Eindrücke einer Studienreise
4. 3.	Kiesewetter	Währungsausgleich im Außenhandel zwischen sozialistischen Staaten
1. 4.	v. Hansemann	Fragen der Berliner Verwaltung
29. 6.	Ritter	England und Europa – historische Grundlagen und Probleme britischer Außenpolitik
7.10.	Luckhardt	Chandigarh, die neue Hauptstadt des Pandschab (Nordindien) und Brasilia, die neue brasilianische Hauptstadt
4.11.	Stammer	Sachverstand und Politik in der Demokratie
2.12.	Stammer	Sachverstand und Politik in der Demokratie (Fortsetzung vom 4.11.1963)

1964

6. 1.	Frhr. v. Prinz-Buchau	Der deutsch-polnische Handelsvertrag
10. 2.	Bettermann	Die Bundesrepublik zwischen Unitarismus und Föderalismus
2. 3.	Thalheim	Staatsverfassung und Wirtschaftsordnung
4. 5.	Ritgen	Betrachtungen zur Abwägung des Einzel- oder Gruppeninteresses und des Allgemeininteresses
20. 6.	Bendix (USA)	Max Weber
5.10.	Stern	Die Verfassungsgerichtsbarkeit im modernen Rechtsstaat

2.11.	Urban	Probleme des Berlin-Verkehrs
7.12.	v. Quistorp	Erlebnisse auf einer Reise durch die Vereinigten Staaten (1964)

1965

11. 1.	Wöhlke	Naturbedingte Grundlagen und Grenzen der sowjetischen Wirtschaft
1. 2.	Blei	Das englische Strafverfahren und die deutsche Strafprozeßreform
1. 3.	Frhr. v. Bissing, W.M.	Herbert Bismarck in seinen Briefen
5. 4.	Pfender	Probleme der Wissenschaftsförderung
22. 5.	Schneider, E.	Entwicklungslinien der Wirtschaftstheorie im 20. Jahrhundert
5. 7.	Bellinger	Geschichte und neuere Entwicklungstendenzen der Betriebswirtschaftslehre
1.11.	Frhr. v. Bissing, W.M.	Neuere Hitlerliteratur
6.12.	Krienitz	Strukturwandel in der Zugförderung der Eisenbahnen

1966

10. 1.	Wöhlke	Die Entwicklung der Kulturlandschaft in Ostmitteleuropa
7. 2.	v. Friedeburg	Beobachtungen an Studenten in Berlin und Berkeley
7. 3.	Bongers	Der Flugpreis
4. 4.	v. Renthe-Fink	Aspekte zur Schwangerschaftsunterbrechung und Sterilisation
21. 5.	Rößger	Gedanken zur Einführung des Überschall-Luftverkehrs
4. 7.	Zock	Die wirtschaftliche Verflechtung West-Berlins mit Westdeutschland und dem Ausland
7.11.	Frhr. v. Bissing, W.M.	Hindenburg und die Weimarer Republik im Wirkungsfeld der politischen Kräfte
5.12.	Ziebura	Die Strukturkrise und die Zukunft des atlantischen Bündnisses

1967

9. 1.	de la Chevallerie	Die Entwicklungsphasen der Staatswissenschaftlichen Gesellschaft
6. 2.	Köhler-Rieckenberg	Betrachtungen zum Stabilisierungsgesetz
6. 3.	Stammer	Der Politologe als Berater der politischen Praxis
3. 4.	Pfender	Unvermutete Probleme im öffentlichen wissenschaftlichen Dienst
27. 5.	Blei	Die Reform des Strafrechts in beiden Teilen Deutschlands
3. 7.	Hövermann	Forschungen in der zentralen Sahara
6.11.	Frhr. v. Bissing, W.M.	Das Ehrenamt
4.12.	Heinitz	Der gegenwärtige Stand der Strafrechtsreform

1968

8. 1.	Blei	Der Kennedy-Mord im Licht neuer Forschung
5. 2.	Richter	Regierungsentwurf zum Recht der unehelichen Kinder
4. 3.	Frhr. v. Bissing, W.M.	Friedrich Wilhelm II. und die Frauen
1. 4.	Pleyer	Entwicklung des Volkseigentums in der DDR
18. 5.	Mueller, G.O.W.	Zwei Modelle einer Internationalen Strafgerichtsbarkeit
10. 6.	Dickmann	Deutschland und Rußland zwischen Brest-Litowsk und Rapallo
7.10.	Richter	Grenzen und Gefahren der politischen Diakonie in der EKD
4.11.	v. d. Gablentz	Unabhängigkeitsbestrebungen im Pazifik (Samoa, Neuguinea)
2.12.	Pfender	Bericht über die öffentliche Informationssitzung des Ausschusses des Deutschen Bundestages für Wissenschaft, Kulturpolitik und Publizistik in Berlin am 31. Oktober 1968

1969

6. 1.	Behrendt	Zur Problematik der Entwicklungsstrategie in der sogenannten Dritten Welt
3. 2.	Sontheimer	Die Probleme der jüdischen Identität im Staate Israel und im Weltjudentum
3. 3.	Bandasch	Zehn Jahre Bundeskartellamt
14. 4.	Herzog	Verfassungsrechtliche Voraussetzungen einer Parlamentsreform
10. 5.	Cabanis	Strafprozessuale Erschwernisse der medizinischen Sachverständigentätigkeit
2. 6.	Krauland	Das Abstammungsgutachten
7. 7.	Rößger	Luftverkehrspolitik und Luftverkehrswirtschaft, Stand und Prognose
13.10.	Wöhlke	Zu den Unruhen an den Universitäten
3.11.	Blei	Über den gegenwärtigen Stand des Strafrechts

1970

12. 1.	Hövermann	Das Gesetz des Zerfalls afrikanischer Staaten, erläutert an dem Beispiel der République du Tschad
2. 2.	Wöhlke	Israel
2. 3.	v. d. Gablentz	Die wertfreie Wissenschaft
6. 4.	Krauland	Zur Kenntnis tödlicher Verkehrsunfälle
30. 5.	Thalheim	Gibt es eine Konvergenz der östlichen und westlichen Wirtschaftssysteme?
6. 7.	Wöhlke	Israel (mit Lichtbildern)
5.10.	Richter	Die Denkschrift der Evangelischen Kirche zum Scheidungsrecht

2.11.	Feldmann, J.	Nachrichtenaufgaben der Zukunft
7.12.	Elze, R.	Die institutionelle Sicherung des Friedens im Mittelalter

1971

11. 1.	Wöhlke	Probleme in Polen
1. 2.	Behrendt	Die moderne Gesellschaft zwischen Zerstörbarkeit und Gestaltbarkeit
1. 3.	Feldmann, J.	Aufgaben und Ziele der Raumfahrt
5. 4.	Eckel	Praktische Fragen der Strafverteidigung
15. 5.	v. d. Gablentz	Die Nation in der Gegenwart
7. 6.	Broermann	Studienreise in Süd-Afrika
4.10.	Feldmann, J.	Über Inhalt und Ziele des Reisens in unserer Zeit
1.11.	Richter	Die Auflösung der staatlichen Ordnung
6.12.	v. Zanthier	Probleme der Aus- und Weiterbildung in einem Industriebetrieb

1972

10. 1.	Thalheim	Wirtschaftliche Probleme des Kräfteverhältnisses zwischen Ost und West
7. 2.	Wöhlke	Überlegungen zur Wirtschaftsentwicklung und Integration der westlichen RGW-Länder
6. 3.	Zock	Eindrücke einer Südamerikareise anläßlich einer Anden-Expedition
10. 4.	Bellinger	Neue Grundlagen und Formen der Kreditwürdigkeitsprüfung
6. 5.	Behrendt	Über die Zerstörbarkeit und Gestaltbarkeit der Zukunft
2.10.	Richter	Mißbrauch der Grundrechte als Gefahr für unsere Freiheit
6.11.	Rößger	EWG und Luftverkehr Notwendige Maßnahmen der Regierungen und der Luftverkehrsunternehmen
4.12.	Pfennig	Sicherheit und Ordnung in Berlin

1973

8. 1.	Krauland	Das Problem des Todes in Recht und Medizin
5. 2.	Blei	Das Problem des Todes in der Sicht des Juristen
5. 3.	Pfennig	Polizei in der Reform
2. 4.	Frhr. v. Bissing, W.M.	Königin Elisabeth und die Revolution von 1848
5. 5.	Pfender	Von der Verantwortung für die Wissenschaft
4. 6.	Feldmann, E.	Informationssysteme für öffentliche Verwaltungen
1.10.	Kemter	Aufgaben und Möglichkeiten staatlich-politischer Bildungsarbeit

5.11.	Frhr. v. Bissing, W.M.	Militarismus
3.12.	Köhler-Rieckenberg u. Schmidt, W.	Probleme einer neuen Währungsordnung

1974

7. 1.	Thalheim	Über die Interdependenz zwischen Wirtschaftsordnung und Freiheit der Persönlichkeit
4. 2.	Schneider, H.-J.	„Hunza" im NW-Karakorum/Zentralasien (Ethnologische, soziologische und politische Probleme am Rande der Welt)
4. 3.	Förster, W.	Rolle und Geltung des Leistungsprinzips in der Wirtschafts- und Gesellschaftswirklichkeit der sozialistischen Staaten sowjetischen Typs
1. 4.	Schneider, V.	Die Rasterelektronenmikroskopie zur Beweissicherung in der Gerichtsmedizin
4. 5.	Wöhlke	Das Rohstoffpotential der Sowjetunion – ein Faktor der Wirtschaft?
10. 6.	Richter	Strukturwandel der modernen Gesellschaft vom Patriarchat zur Partnerschaft
7.10.	Pfennig	Die Lage in der Berlin-Brandenburgischen Kirche
4.11.	v. Blanckenburg	Die gegenwärtige und zukünftige Welternährungssituation
2.12.	Büchi	Bevölkerungsdichte und biologische Folgen

1975

13. 1.	Förster, W.	Management-Systeme sowjetischen Typs. Ein Beitrag aus der kommunistischen Betriebspraxis zu den Visionen der paritätischen Mitbestimmung
3. 2.	Fricke	Probleme des Luftverkehrs in Berlin
3. 3.	Pfender	Wirtschaftliche Probleme aus der Sicht des Ingenieurs
7. 4.	Bellinger	5000 Jahre Banken
3. 5.	Fischer	Die Ordnung der Weltwirtschaft vor dem 1. Weltkrieg
2. 6.	Richter	Gedanken eines alten Rechtskundigen zur Geldentwertung
6.10.	Schlichter	Aufgabe und Stellung des Richters in der heutigen Gesellschaft (zum Begriff des „politischen Richters")
3.11.	Lange u. Schneider, V.	a) Hirnverletzungen im Kindesalter – Soziale, ärztliche und entwicklungspsychologische Probleme b) Kindesmißhandlungen und Kindervernachlässigungen – auch ein rechtsmedizinisches Problem

1.12.	Frhr. v. Prinz-Buchau	Der deutsche Ritterorden in Preußen — ein Teilproblem deutsch-polnischer Verständigung (Schulbuchrevision in Deutschland und Polen)

1976

12. 1.	Schneider, H.-J.	Die Metalle und der Mensch. 5000 Jahre Vergangenheit — und 100 Jahre Zukunft
2. 2.	v. Simson	Karl Spitzweg Idylle und Satire (mit Lichtbildern)
1. 3.	Zipfel	SD und Gestapo Organisation und Herkunft der höheren Funktionäre
5. 4.	Günther	E.T.A. Hoffmann Dichter, Maler, Musiker und Richter (Allegro, Andante, Scherzo, Allegro)
8. 5.	Ahrens	Urbanisierung und Städtebau in Entwicklungsländern, dargestellt am Beispiel des nahen mittleren Ostens
31. 5.	Richter	Die Seele des Staates
4.10.	Cabanis	Die chirurgische Kontrazeption aus forensisch-psychiatrischer Sicht
1.11.	Cervós-Navarro	Die Manipulation aus medizinisch-naturwissenschaftlicher Sicht
6.12.	Thalheim	Eine neue Weltwirtschaftsordnung? Bemerkungen zur UNCTAD-Konferenz in Nairobi

1977

10. 1.	Pfennig	Die Entwicklung in der Berlin-Brandenburgischen Kirche von 1974 bis heute
7. 2.	Förster, B.	Gesetzliche Unfallversicherungen — Entwicklung, Organisation, Finanzierung
7. 3.	Krienitz	Inkonventionelle Bahnsysteme. Neue Verkehrstechnologien für den Schnellverkehr (mit Lichtbildern)
4. 4.	Feldmann, E.	Prognosemodelle für gesellschaftliche und zwischenstaatliche Prozesse
7. 5.	Schlichter	Umweltschutz und Planung
6. 6.	Schneider, H.-J.	Südwest-Pazifik: Junge Entwicklungen am Rande eines Urozeans (Geologische Aspekte und der junge Staat Papua-Niugini)
3.10.	Wöhlke	Probleme der Schulbuchrevision am Beispiel der Deutsch-Polnischen Schulbuchrevision im Fach Geographie
7.11.	Deutsch	Berlin — die Spinne im europäischen Fernmeldenetz!?
5.12.	Bellinger	Die Image-Absatzfunktion

1978

9. 1.	Büchi	Zum Begriff der Rasse
6. 2.	v. Simson	Die Kunst der Hansestädte
6. 3.	Schlichter	Eigentum und Bodenrecht
3. 4.	Kemter	DDR-Realität im Spiegel der DDR-Literatur
6. 5.	Blei	Carl v. Ossietzky – „Der publizistische Landesverrat damals und heute"
5. 6.	John	Beispiele für ingenieurwissenschaftliche Aufgaben bei der Anwendung von Mikrowellen in der Medizin
2.10.	Helmcke	Die biologischen Wurzeln von Recht und Religion
6.11.	Pfennig	Das Phänomen des Terrorismus und seine Auswirkung auf die innere Sicherheit
4.12.	Blei	Die Pflichtverteidigung

1979

8. 1.	Büchi	Die Eipo im zentralen Hochland von Irian Jaya (Neu-Guinea)
5. 2.	Thalheim	Sozialprobleme einer „nachindustriellen" Gesellschaft
5. 3.	Cervós-Navarro	Naturwissenschaft und Ideologie
2. 4.	Schneider, V.	Gerichtsmedizinische Aspekte zum Suizid
5. 5.	Schneider, H.-J.	Moderne Theorien zur Entwicklung der Erdkruste (Plattentektonik und Erzlagerstätten)
11. 6.	Feldmann, J.	Grundgedanken der Energo-kybernetischen Strategie (EKS von W. Mewes)
1.10.	Helmcke	Erbbedingte und milieubeeinflußbare Eigenschaften
5.11.	Pfennig	Jugendkriminalität
3.12.	Bellinger	Neuere Entwicklungen in der Bewertung von Beteiligungen an Unternehmungen

1980

14. 1.	Wöhlke	Das System Mensch-Umwelt am Beispiel von Agrarlandschaft und ländlicher Siedlung
4. 2.	Deutsch	Zukünftige Wege der Informationsübermittlung
3. 3.	Zock	Die Industrie- und Handelskammer in Vergangenheit und Gegenwart
14. 4.	Ahrens	Planung der Stadtentwicklung von Berlin
5. 5.	Krauland	Alkohol und Verkehrstüchtigkeit
2. 6.	Helmcke	Mangel als Motor
6.10.	Becker	Auslandsaktivitäten deutscher Banken
8.11.	Milz	Energiesituation und Verkehrspolitik
1.12.	Cabanis	Problematik der Glaubwürdigkeitsbegutachtung

1981

12. 1.	Thalheim	Wandlungen im Kommunismus?
2. 2.	Schneider, V.	Der Begriff des nicht natürlichen Todes in der Gesetzgebung
2. 3.	Frhr. v. Prinz-Buchau	Preußen und die ersten Drei Teilungen Polens
6. 4.	Müller, H.-D.	Aufgaben und Arbeit des Berliner Wahlprüfungsgerichts
4. 5.	Krauland	Zur Kriminalistik von Schußverletzungen
1. 6.	John	Sonnenenergienutzung mittels Satelliten
6. 7.	Schneider, H.-J.	Dem Regenbogen nach (Das Gold der Inkas)
5.10.	Pilny	Bauen im Kreuzfeuer der Kritik
7.11.	Bellinger	Wirtschaftsreform in Polen
7.12.	Klug	Forensische Toxikologie heute

1982

11. 1.	Glöckner	Reisen in Süd-West-Afrika (Namibia) (Farbdias)
1. 2.	Wöhlke	Geographie und politische Bildung
1. 3.	— —	Aussprache zum Vortrag von Wöhlke am 1.2.1982
5. 4.	Merkel	Zur Lage des Deutschtums in Rumänien
3. 5.	v. Blanckenburg	Zur wirtschaftlichen und sozialen Stiuation im südostasiatischen Raum (mit Dias)
7. 6.	Zock	Bedeutung des Goldes in der Weltwirtschaft
4.10.	Biedl	Computer und Naturwissenschaft
6.11.	Wöhlke	Eindrücke von einem Studienaufenthalt in China
6.12.	Thalheim	Der Mensch im sozialistischen Betrieb

1983

10. 1.	Schlichter	Probleme des Asylrechts
7. 2.	Helmcke	Erbstruktur und Sprachstruktur − eine vergleichende kritische Analyse
7. 3.	Broermann	Von Brüning zu Hitler
11. 4.	Fricke	Technische und wirtschaftliche Perspektiven des nationalen und internationalen Luftverkehrs
2. 5.	Schneider, V.	Die Organtransplantation aus der Sicht des Rechtsmediziners
6. 6.	Blei	Wirtschaftskriminalität

Mitglieder der Staatswissenschaftlichen Gesellschaft
Mitgliederliste 1884

Mitglieder.

Name.	Charakter.	Wohnung.
~~Dr Barkhausen.~~	Wirklicher Geh. Ober-Reg. Rath u. Minist. Direktor im Just. Minist.	~~Linkstr. 41 II~~ Steglitz, Zimmerstr. 4.
Dr Becker.	Geh. Ober-Reg. Rath, Direktor des Kaiserlichen Statistischen Amts	Lützow-Ufer 7/8.
Blenck.	Geh. Reg. Rath, Direktor des Königl. Preuss. Statist. Bureaus.	Lindenstrasse 28.
Dr Böckh.	Professor, Direktor des Statistischen Bureaus der Stadt Berlin.	Charlottenburg, Hardenbergstr. 4 II b
Bödiker.	Geh. Regierungs-Rath	Schöneberg, b. E.
v. Bojanowski.	Wirkl. Geh. Legationsrath, Direktor des Auswärt. Amts	~~Lützow-Platz 8~~ Kurfürstendamm 130
Bosse.	Kaiserlicher Direktor des Reichsamts des Innern.	Maassenstr. 1034.
Dr Delbrück.	Professor.	~~Wilhelmstr. 21~~ Linkstr. 42
~~Dr Eckardt~~	Geh. Regierungs-Rath	Lessingstr. 25 Villa v. Holst.
Dr Fischer.	Direktor im Reichspostamt.	Landsbergstr. 13
~~Dr Heyking~~	Legationsrath.	Karlsbad 20
Dr v. d. Leyen.	ober Geh. Regierungs-Rath.	Charlottenburg, Hardenbergstr. 4 Wilmstr. 3

Mitgliederliste 1884

Namen.	Charakter.	Wohnung.
Lohmann.	Geh. Ober-Reg. Rath.	Lützowstr. 65.
Magdeburg.	Geh. Regierungs-Rath.	Kreuzungen. Usar 22
Dr. Meitzen.	Geh. Reg. Rath, Professor.	Landgrafenstr. 2.
Dr. C. Rößler.	Geh. Reg. Rath, Professor	Joachimsthalerstr. 12.
~~Dr. Rüdorff.~~	Geh. Ober-Finanzrath.	Dorotheenstr. 36.
Dr. v. Scheel.	Geh. Regierungs-Rath.	Teichstr. 16. Gr. Lichterfelde.
Dr. Schmoller.	Professor.	[illegible]
~~Schraut~~	Geh. Regierungs-Rath.	Schwabhof 2.
Dr. Stieda.	Regierungs-Rath.	Kurfürstenstr. 156.
Dr. Thiel.	Geh. Regierungs-Rath.	Landgrafenstr. 1. Lützowstr. 57.
Dr. Wagner.	Professor.	Charlottenburg, Hardenbergstr. 6.
~~Weymann~~	Geh. Ober-Reg. Rath.	Bülowstr. 100.
Semburt	Rittergutsbesitzer	[illegible]
~~Dr. Dilthey~~	Universitätsprofessor	Burggrafenstr. 4. (Villa Ravenau)

161

Name	Charakter	Wohnung
~~Dr. v. Bitter~~	Geheimrath	Siegesgrafenstr. 7
Dr. Starke	Geh. Ober-Justizrath	Wilhelmstr. 19
Gleim	Geh. Ober Reg.-Rath	Mainbaerenstr. 26
Dr. Kuegler	Geheimer Regierungs-Rath	a. d. Apostelkirche 11
Bartels	Landrath, Geh. Reg.-Rath	~~Kurfürstenstr.~~ Steinmetzstr.
Frh. von u. zu Aufseß	Ober-Regierungs-Rath	~~Stadtgericht~~ Kurfürstenstraßen 142
Georgs	Geh. Ober Reg.-Rath, Mitglied des Reichstags	Regentenstr. 12
Dr. Gierke	Geh. Justiz-Rath, Professor	Hohenzollernstr. 4
v. Hofmann	Staatsminister	Wilhelmgasse 115
~~v. Reinbaben~~	Polizei Präsident in Wiesbaden, Mitglied des Reichstags	Leipziger Platz Hotel Fürstenhof
Ulrich	Geh. Reg.-Rath	Kurfürstenstr. 32
v. Moestke	Geh. Reg.-Rath	Lützow-Ufer 24

Namen	Charakter	Wohnung
Dr Schultz	Geh. Ober Reg.-Rath	Landwehrstr. 13.
v. Ernsthausen	Wirkl. Geh. Rath, Oberpräsident a.D.	Louisenstraße 16.
Nobbe	Kgl. Landes-Oeconomie-Rath, Reichstagl. Abgeordneter	Zietenstr. 6.
Frhr. v. Linderfels	Geh. Legationsrath	Kurfürstendamm 141
Wilhelmi	Reg.-Rath	Lützowstr. 69.

Alphabetisches Verzeichnis der Vortragenden 1883-1983

Ahrens, Peter G., Dr. Ing., Prof. f. Städtebau, TU 1975
V: 1976, 1980
Anschütz, Gerhard, Dr. jur., Dr. rer. pol., Prof. f. Staats- u. Verwaltungsrecht 1911
V. 1911
Asmis, Walter, Dr. phil., Dr. jur. 1940
V: 1941
Aufseß, Frh. v. u. zu, Kgl. Baurat 1884
V: 1885, 1889, 1894
Auhagen, Otto, Dr. rer. pol., Prof. f. Agrarwesen u. -politik 1928
V: 1929, 1930, 1934, 1935, 1939, 1942

Bandasch, Georg, Rechtsanwalt, Direktor beim Bundeskartellamt i. R. 1966
V: 1969
Barkhausen, W., Dr., Geh. Ob. Reg. Rat u. Ministerialdirektor 1883
V: 1886
Bartels, L., Geheimer Regierungsrat 1886
V: 1886, 1889, 1893
Becker, K., Dr., Geh. Ob. Reg. Rat, Dir. d. Königl. Statistischen Amtes 1884
V: 1884, 1887, 1890
Becker, Peter, Bundesbankdirektor 1980
V: 1980
Bendix, Reinhard (USA), Dr., Prof. f. Soziologie
V: 1964 (Gastvortrag, kein Mitglied)
Behrendt, Richard F., Dr. rer. pol., Dr. en cienc. ec. hc., Prof., FU 1967
V. 1969, 1971, 1972
Behrens, Karl Christian, Dr. oec., Dipl.-Kfm., Prof. f. Betriebswirtschaftslehre, FU 1958
V 1960
Bellinger, Bernhard, Dr. rer. pol, Dipl.-Kfm., Prof. f. Betriebswirtschaftslehre, FU 1964
V: 1965, 1972, 1975, 1977, 1981
Bennhold, Fritz, Geheimer Oberbergrat 1921
V: 1922, 1925, 1929, 1933, 1938
Bergmann, Carl, Dr., Staatssekretär a. D. 1927
V: 1927, 1931
v. Beseler, Hans, General d. Infanterie, Exz. 1913
V: 1913
Bettermann, Karl A., Dr. jur., Prof. f. Staats- u. Verwaltungsrecht, FU 1962
V: 1964
v. Bissing, Josef Wilhelm, Frh., Dr. rer. pol. 1933
V: 1936
v. Bissing, Wilhelm Moritz, Frh., Dr. rer. pol., Prof. f. Nationalökonomie 1938
V: 1939, 1958, 1960 (2x), 1961, 1962 (2x), 1965 (2x), 1966, 1967, 1968, 1973 (2x)
v. Bitter, Rudolf, Dr., Präs. d. Oberverw. Ger., Wirkl. Geh. Rat 1886
V: 1886, 1887
v. Blanckenburg, Peter, Dr. agr., Prof. f. Sozialökonomie, TU 1974
V: 1974
Blei, Hermann, Dr. jur., Prof. f. Straf- u. Strafprozeßrecht, FU 1963
V: 1965, 1967, 1968, 1969, 1973, 1978 (2x), 1983
Blenck, K. J. Emil, Dr. phil. h.c., Direktor d. Königl. Preuß. Statist. Bureaus 1884
V: 1884, 1887, 1890, 1895
Blomeyer, Arwed, Dr. jur., Prof. f. Bürgerliches, Handels- u. Zivilrecht, FU 1958
V. 1960

Alphabetisches Verzeichnis der Vortragenden 165

Bodenstein, Georg, Staatssekretär i. R. 1925
   V. 1926, 1930
Böckh, Richard, Prof., Direktor d. statist. Bureaus der Stadt Berlin 1883
   V. 1884, 1887, 1890, 1895
Bödicker, Tonio, Geh. Reg. Rat., Präs. d. Reichsversicherungsamtes 1883
   V: 1884, 1887, 1890, 1895, 1898, 1903, 1905
v. Bojanowski, B., Dr., Wirkl. Geh. Legat. Rath, Direktor des Auswärtigen Amtes 1883
   V: 1889
Bongers, Hans M., Dipl.-Kfm., Lehrbeauftragter f. Luftverkehr, FU u. TU 1965
   V: 1966
Bonhoeffer, Klaus, Dr. jur., Rechtsanwalt 1943
Borckenhagen, Ludwig, Vizeadmiral, Exz. 1897
   V: 1897, 1912
Bormann, Otto, Dr. jur., Landrat a. D., Direktor d. Julius Pintsch AG 1930
   V: 1933, 1944
Bosse, Robert, Kaiserl. Wirkl. Geh. Rat, Direktor d. Reichsamtes d. Inneren, 1883
   V: 1884, 1887, 1891
Bräuer, Ernst, Dr. phil. 1926
   V: 1926, 1930
Broedrich, Silvio 1928
   V: 1932
Broermann, Johannes, Prof. Dr. rer. pol., Dr. jur.h.c., Ministerialrat a.D., 1957
Senator E.h., Inhaber des Verlages Duncker & Humblot
   V: 1958, 1971, 1983
Brunner, Heinrich, Dr. jur., Univ.-Prof. f. Deutsches Recht (Rechtsgeschichte),
Wirkl. Geh.-Rat 1894
   V: 1894, 1907, 1911
Büchi, E. C., Dr. phil. (math.-nat.), Prof. f. Anthropologie, FU 1974
   V: 1974, 1978, 1979

Cabanis, Detlef, Dr. med., Wissensch. Rat, Prof. f. Kriminologie u. forens. Psychiatrie,
FU 1968
   V: 1969, 1976, 1980
v. Caemmerer, Rudolf, Generalleutnant z. D., Exz. 1904
   V: 1904, 1907
Cervos-Navarro, Jorge, Dr. med., Prof. f. Neuropathologie, FU 1975
   V. 1976, 1979
de la Chevallerie, Otto, Dr. rer. pol., Bezirksstadtrat a. D. 1925
   V: 1927, 1930, 1938, 1944, 1957, 1958, 1961, 1967
v. Cramon, August, Generalleutnant a. D. 1922
   V: 1923, 1926
Crusen, Georg, Dr. jur., Geh. Ob.-Justizrat 1924
   V: 1924

Damme, Felix, Dr. jur., Ob. Verwaltungsrat 1904
   V. 1906, 1909, 1914, 1919
Davidsen, Hermann Chr., Dr. phil., Legationsrat im Auswärtigen Amt 1924
   V: 1924, 1927, 1931, 1935
Delbrück, Hans, Dr. phil, Prof. f. Geschichte, Berlin 1883
   V: 1883, 1884, 1887, 1890, 1893, 1894, 1895, 1899, 1901 (2x), 1903, 1904, 1908,
   1909, 1912, 1914, 1917, 1919
Dernburg, Bernhard, Dr. jur., Dr. rer. pol. 1915
   V: 1916, 1920 (2x)
Deutsch, Karl-Heinz, Dr.-Ing., ltd. Oberpostdirektor 1975
   V: 1977, 1980

Deutelmoser, Erhard Eduard, Min.-Dir. a. D., Wirkl. Geh. Leg.-Rat 1915
V. 1918
Dick, Carl, Admiral a. D. 1917
V. 1919, 1922, 1924
Dickmann, Fritz, Dr. phil., Prof. f. neuere Geschichte, FU 1967
V: 1968
Dietrich, Eduard, Dr., Prof., Ministerialdirektor 1925
V: 1935
v. Dietze, Constantin D., Dr., Prof. f. Wirtschaftswissenschaft (Agrarpolitik und Außenhandelspolitik) 1935
V: 1936
Dilthey, Wilhelm, Dr. phil., Prof. 1886
V: 1886
Dominicus, Alexander, Oberbürgermeister u. Staatsminister a. D. 1915
V: 1916, 1928, 1929, 1933

v. Eckardt, Julius, Journalist und Diplomat 1884
V: 1884
Eckel, Herbert, Rechtsanwalt u. Notar 1969
V: 1971
Eich, Wilhelm, Dr. rer. nat., Prof. f. Betriebswirtschaftslehre 1958
V: 1961
v. Eisenhart Rothe, Wilfried, Dr. rer. pol., Min. Rat 1935
V: 1937, 1943
Elsas, Fritz, Dr., Bürgermeister, Berlin 1931
V: 1932, 1937
Elze, Reinhard, Dr. phil., Prof. f. Geschichte, FU 1970
V: 1970
Elze, Walter, Dr. phil., Prof. f. Geschichte, Freiburg 1933
V: 1933, 1936
v. Ernsthausen, A., Wirkl. Geh. Rat, Ob. Präs. a. D. 1890
V: 1890
Evert, Georg, K. A., Ob.-Reg. Rat 1912
V: 1912
v. Eynern, Gert, Dr. d. Staatswissensch., Prof. f. Wirtschaftslehre, FU 1961
V: 1962

Faber, Wilhelm, Dr. theol., Wirkl. Oberkons.-Rat 1892
V. 1892
Feldmann, Eckard, Dipl.-Ing., Oberbaurat 1970
V: 1973, 1977
Feldmann, Jürgen, Dr.-Ing., Forschungsgruppenleiter d. Bundespost 1969
V: 1970, 1971 (2 x); 1979
Fischer, P., Dr. jur., Dir. i. Reichspostamt 1883
V: 1884, 1888, 1891, 1894, 1899
Fischer, Wolfram, Dr. phil., Dr. rer. pol., Prof. f. Volkswirtschaftspolitik u. Wirtschaftsgeschichte, FU 1970
V: 1975
Flügge, G., Dr. jur., Senatspräsident 1912
V: 1912, 1918
Flügge, Karl, Dr., Geh. Medizinalrat, Prof. f. Medizinalwesen, Direktor des Hygiene-Instituts 1913
V: 1920, 1926
Förster, Bernhard, Oberregierungsrat 1975
V: 1977

Alphabetisches Verzeichnis der Vortragenden 167

Förster, Wolfgang, Dr. rer. pol., Prof., Betriebswirtschaftslehre Osteuropas, FU 1972
   V: 1974, 1975
Francke, Ernst, Dr. oec. pol., Prof., Journalist und Sozialpolitiker, Gründer des
„Büros für Sozialpolitik" in Berlin 1904
   V: 1904, 1907, 1909, 1915, 1918
Franke, Otto, Dr. phil., Prof. f. Sinologie 1925
   V: 1927, 1929, 1932
Freckmann, Wilhelm, Dr., Prof., Kulturtechnik 1939
   V 1940, 1943
Freese, Heinrich, Dr., Fabrikant 1899
   V: 1899, 1905, 1910, 1921
Frenzel, Theodor, Dr. rer. pol. h.c., Vorstandsmitglied Siemens u. Halske AG 1957
   V: 1960
Freund, Friedrich, Dr. jur., Ministerialdirektor 1913
   V. 1913, 1919, 1922
Fricke, Manfred, Dr.-Ing., Prof. f. Luft- u. Raumfahrt, TU 1975
   V: 1975, 1983
v. Friedeburg, Ludwig, Dr. phil., Dipl.-Psych., Prof. f. Soziologie, FU 1963
   V: 1966
Fürst, M., Dr., Geh. Ob. Bergrat u. Vortr. Rat i. Ministerium 1897
   V: 1897
Fuisting, Bernhard, Geh. Ob. Reg.-Rat, Exz., Senats-Präs. 1897
   V: 1897, 1902

v. der Gablentz, Otto-Heinrich, Dr. rer. pol., Prof. f. Wissenschaft
von der Politik, FU 1957
   V: 1959, 1962, 1968, 1970, 1971
Gaebel, O., Kaiserl. Geh.Reg.-Rat 1898
   V. 1898 (2x), 1906
Gamp, Carl, Wirkl. Geh. Reg. Rat 1883
   V: 1888, 1892, 1899
Gauger, Martin, Dr. jur., Diplomvolkswirt 1939
   V: 1939
Genzmer, Stephan, Dr. jur. h.c., Senatspräsident 1909
   V: 1909, 1916
Gestrich, Hans, Dr. phil., Schriftleiter 1942
   V: 1942
v. Giehrl, Hermann, Major 1921
   V: 1921
v. Gierke, Otto-Friedrich, Dr. jur., Prof. f. Deutsches Recht (Rechtsgeschichte),
Geh. Just. Rat 1889
   V: 1889, 1893, 1897, 1903, 1910
Gladisch, Walter, Admiral z. V. 1938
   V: 1938, 1943
Gleim, M., Geh. Ob. Reg.-Rat u. vortr. Rat i. Ministerium 1893
   V: 1893
Günther, Hans, Generalstaatsanwalt bei dem Kammergericht 1973
   V: 1976

Hamm, Eduard, Dr. jur., Reichsminister a. D., Politiker 1929
   V: 1933
Hammacher, Friedrich Adolf, Wirtschafts- u. Sozialpolitiker 1894
   V: 1894, 1900
v. Hansemann, Fritz David, Dr. jur. et rer. pol., Rechtsanwalt, Bürgermeister a. D. 1959
   V: 1960
Harms, Theodor, Wirkl. Geh. Admiralitätsrat 1904
   V: 1908, 1911, 1914, 1917

Hartung, Fritz, Dr. phil., Dr. jur., Prof., Geschichte 1926
V: 1930, 1935, 1939 (2x), 1942, 1944 (3x)
Haushofer, Albrecht, Dr. phil., Prof. f. Geographie, Hochschule für Politik 1936
V: 1937, 1941
Heinitz, Ernst, Dr. jur., Dottore in legge avvocato, Prof. f. Strafrecht, Prozeßrecht,
Arbeitsrecht, FU 1958
V: 1958, 1959, 1967
Helmcke, Johann-Gerhard, Dr. phil., Prof. f. Biologie u. Anthropologie, TU 1978
V: 1978, 1979, 1983
Hemptenmacher, Theodor, Wirkl. Geh. Ob.-Reg.-Rat 1899
V: 1899, 1903, 1908
Herkner, Heinrich, Dr. rer. pol., Prof. f. Volkswirtschaftslehre, Geh. Reg.-Rat. 1911
V: 1911, 1915, 1916, 1919
Hermes, Justus, Dr. Minist.-Dir. a. D., Wirkl. Geh. Ob.-Reg.-Rat 1901
V: 1901, 1906, 1911
Herzfeld, Hans, Dr. phil., Prof., Geschichte, FU 1957
V: 1959, 1962
Heubner, Wolfgang, Dr. med., Dr. med. vet. h. c., Prof. f. Pharmakologie, FU 1939
V. 1940, 1944
Hintze, Otto, Dr. jur. Prof. f. Geschichte, Geh. Reg.-Rat 1901
V: 1901, 1911
Hirsch, Ernst E., Dr. jur., Prof. d. Rechte, Rechtsphilosophie FU 1958
V: 1959, 1962
Hövermann, Jürgen, Dr. rer. nat., Prof., Geographie, FU 1963
V: 1967, 1970
v. Hofmann, Karl, Dr. h. c., Staatssekr., Preuß. Min. 1888
V: 1888, 1891, 1896, 1901
Homberger, Ludwig, Ministerialrat, Dir. d. Reichsbahngesellschaft 1925
V: 1925, 1929
Hüber, Reinhold, Dr. rer. pol., Wirtschaftsschriftsteller 1939
V: 1940, 1943

Jahn, Georg M., Dr. phil., Prof., Volkswirtschaftslehre, TU 1957
V: 1959
Jesse, Paul, Senatspräsident 1922
V: 1922
Jodl, Ferdinand, Major im Generalstab 1936
V: 1937
John, Walter, Dr.-Ing., Prof., Mikrowellentechnik, TU 1976
V: 1978, 1981
Junghann, Otto, Dr. jur., Regierungspräsident a. D. 1926
V: 1931

Kahl, Wilhelm, Dr. jur., Dr. med., phil., rer. pol. h. c., Prof., Kanonisches Recht 1897
V: 1897, 1900, 1906, 1911, 1918, 1922
Kammerer, Otto, Dr.-Ing., Prof., Maschinenbau, Fördertechnik, TH 1909
V: 1910, 1915, 1916, 1918, 1921, 1925, 1929, 1934, 1942
Kaufmann, Erich, Dr. jur., Dr. phil, Prof., Öffentliches Recht 1929
V: 1932, 1935
Kemter, Ilse, Dr. phil., Referentin für pol. Bildung 1972
V: 1973, 1978
Kiesewetter, Bruno, Dr. rer. pol., Prof. Wirtschaftsforschung, FU 1957
V: 1958
Kittel, Theodor, Dr. jur., Ministerial-Dir., Reichsverkehrsministerium 1935
V: 1936

Klug, Ernst, Dr. rer. nat., Dipl.-Chem., Prof., Rechtsmedizin, Akad. Oberrat,
FU 1981
   V: 1981
Knipping, Hubert, Min.-Dir. i. Ausw. Amt 1919
   V: 1921
Köhler-Rieckenberg, Ingeborg, Dr. rer. pol., Dipl.-Volkswirt 1962
   V: 1963, 1966
Koppe, Friedrich, Dr. jur., Rechtsanwalt 1931
   V: 1932
Krauland, Walter, Dr. med., Prof., Rechtsmedizin, FU 1968
   V: 1969, 1970, 1973, 1980, 1981
Krienitz, Gerhard, Dipl.-Ing., Abteilungsdir. AEG, Honorarprof. TU 1962
   V: 1965, 1977
Krumbeck, Hans, Ing., Direktor d. Osram GmbH. 1939
   V: 1940, 1941, 1942, 1943 Führungen bei Osram, 1944
Kruse, Alfred, Dr. oec. publ., Prof., Nationalökonomie, TU 1957
   V: 1958
Kuegler, M., Dr., Geh. Reg. Rat 1886
   V: 1886
Kunow, Kurt, Dr. rer. pol., Wirtschaftsprüfer u. Steuerberater 1958
   V: 1959, 1962

v. d. Lancken-Wakenitz, Oskar, Freiherr, Botschaftsrat 1928
   V: 1930, 1938
v. Landmann, R., Kgl. Bayr. Minist. Rat u. Bevollmächtigter 1894
   V: 1894
Lange, Herta, Dr. med., Prof., Chefärztin, Neurologie u. Psychiatrie 1975
   V: 1975
Lenz, Max, Dr. phil., Dr. jur. h. c., Prof., Geschichte 1894
   V: 1894
v. d. Leyen, Alfred, Dr. jur., Dr. phil. h. c., Prof., Volkswirtschaftslehre 1883
   V: 1884, 1888, 1892, 1895, 1898, 1900, 1904, 1906, 1912, 1915, 1921, 1928, 1933
Lieber, Hans-Joachim, Dr. phil., Prof., Philosophie u. Soziologie, FU 1959
   V: 1959
v. Lindenfels, Gustav, Freiherr, Wirkl. Geh.R., Exz. 1891
   V: 1891, 1896
Lindemann, Otto, General 1934
   V: 1935
Lohmann, Christian Th., Wirkl. Geh. R., Unterstaatssekr., Exz. 1883
   V: 1885, 1888, 1896, 1903
Luckhardt, Wassili, Dr. Ing. h. c., Dipl.-Ing., Architekt 1963
   V: 1963

Marcks, Erich, Dr. phil., Prof., Geschichte 1930
   V: 1931
v. Martitz, Ferdinand, Dr. jur., Prof., Geh. Ob. Reg. Rat 1901
   V: 1906, 1908, 1915
Meinecke, Friedrich, Dr. phil., Prof., Geh. Reg. Rat, Historiker, 1. Rektor, FU 1915
   V: 1915
Meitzen, August, Dr. phil. et jur., Reg.-Rat, Prof. f. Statistik u. Volkswirtschafts-
lehre, Friedr.-Wilh.-Univ. Berlin 1883
   V: 1883, 1885, 1888, 1891, 1896, 1901
v. Meier, E., Dr. jur. u. phil., Geh. Ob. Reg. Rat 1896
   V: 1901
Merkel, Konrad, Dr. agr., Dipl.-Landwirt, Prof., Agrarpolitik, TU 1973
   V: 1982

Milich, Günter, Dr. rer. pol., Dipl.-Volkswirt, Vorstandsmitglied der AEG 1957
   V: 1960
Milz, Klaus, Dr. rer. pol., Dipl.-Ing., Hon.-Prof. f. Elektrotechnik, TU, Generalbevoll-
   mächtigter, Leiter des Geschäftsbereichs Bahntechnik bei AEG-Telefunken 1976
   V: 1980
Moewes, Kurt, Generalleutnant a. D., Exz. 1925
   V: 1928, 1931, 1932, 1938
Mueller, Gerhard O. W., Dr. jur., Prof., Strafrecht (New York) 1968
   V: 1968
Müller, Heinz-Dietrich, Vors. Richter am Kammergericht 1981
   V: 1981
Mueller, W., Geh. Ober-Finanz-Rat a. D. 1897
   V: 1897, 1902, 1907, 1911 (2x)
Mugdan, Benno, Geh. Just.-Rat, Kammerger.-Rat a. D. 1922
   V: 1922

Nain, Erich, Dr. jur., Rechtsanwalt, BEWAG 1940
   V: 1941
Neumann, Wilhelm, Geh. Ober-Reg.-Rat 1903
   V: 1903, 1908, 1912
Nobbe, M., Kgl. Landes-Rat u. Reichstagsabgeordneter 1890
   V: 1890, 1895, 1899, 1905

v. Oettingen, Erich, Landrat a. D. 1925
   V: 1925, 1927

Paasche, Hermann, Dr., Geh. Reg.-Rat, Prof., Geographie 1898
   V: 1898, 1903
Penck, Albrecht, Dr. phil., Dr. of sci., Prof., Geographie 1923
   V: 1925, 1928, 1932, 1936
Peschke, Walter, Provinzialkonservator 1943
   V: 1943, 1944
Pfender, Max, Dr. Ing., Honorarprof. an der FU 1958
   V: 1959, 1961, 1963, 1965, 1967, 1969, 1973, 1975
Pfennig, Gerhard, Dr. jur., Polizeivizepräsident 1972
   V: 1972, 1973, 1974, 1977, 1978, 1979
Pilny, Franz, Dr.-Ing., Prof., Baustoffkunde, TU 1978
   V: 1981
Pleyer, Klemens, Dr. jur., Prof., Bankrecht 1967
   V: 1968
Popitz, Johannes, Dr. jur., Prof., Steuerrecht, Reichsminister, 1933–1944 Staats-
   minister u. preuß. Finanzminister 1922
   V: 1923, 1930
Post, Julius, Dr., Prof., Geh. Ob.-Reg.-Rat 1893
   V: 1893, 1899
v. Prinz-Buchau, Kurt, Freiherr, Ministerialrat a. D., Bundesminist. für Wirtschaft 1962
   V: 1964, 1975, 1981
zu Putlitz, J., Edler Herr 1903
   V: 1906, 1908, 1913, 1916, 1923

v. Quistorp, Alexander, Dr. jur., Bankleiter 1958
   V: 1960, 1964
Quade, Erich, General d. Flieger 1936
   V: 1938, 1941, 1943

Rehfeld, Paul, Dr. phil. 1943
   V: 1944

Alphabetisches Verzeichnis der Vortragenden 171

v. Rheinbaben, Paul, Wirkl. Geh. Ob. Reg.-Rat, Exz. 1901
V: 1903, 1908, 1917
v. Renthe-Fink, Barbara, Dr. med., Senatsdirektorin a. D. 1965
V: 1966
Richter, Heinrich, Dr. jur., Ministerialdirigent a. D. 1968
V: 1966, 1968 (2x), 1970, 1971, 1972, 1974, 1975
Rießer, Jakob, Dr. jur., Prof., Geh. Justizrat 1908
V: 1913
Ritgen, Wolfgang, Dr. jur., Bundesrichter, Bundesverwaltungsgericht 1961
V: 1961, 1964
Ritter, Gerhard Albert, Dr. phil. B. Litt. (Oxford), Prof., Politik, FU 1962
V: 1963
Ritter, Kurt, Dr., Prof., Politikwissenschaft u. neuere Geschichte, Hochschule 1931
für Politik
V: 1933
Roeber, Horst, Dr. jur., Ministerialrat 1961
V: 1962
Rösicke, R., Kfm., Direktor der Schultheiss-Brauerei 1892
V: 1892, 1895
Rößger, Edgar, Dr.-Ing., Prof., Luftverkehr, TU 1959
V: 1960, 1962, 1966, 1969, 1972
Rößler, E., Dr., Geh. Reg.-Rat, Direktor 1885
V: 1885 (2x), 1892
Rohrbach, Paul, Dr. phil., Lic. theol., Schriftsteller 1917
V: 1917, 1921, 1923, 1925, 1926 (2x), 1927, 1936, 1940, 1942
v. Rottenburg, Otto, Dr. jur., Ministerialrat i. Preuß. Min. f. Wiss., Kunst u. Volksb. 1939
V: 1940

Saenger, Konrad, Dr. phil., Präs. d. Preuß. Statistischen Landesamtes 1924
V: 1926, 1930, 1934, 1938
Schacht, Hjalmar, Dr. phil., Reichsbankpräsident 1921
V: 1923
v. Scheel, H., Dr. jur. et phil., Geh. Reg.-Rat 1883
V: 1885, 1893, 1896, 1900
Scheibe, Albert, Fregattenkapitän a. D. 1936
V: 1937, 1939, 1943
Schiemann, Theodor, Dr. phil., Geh.Reg.-Rat, Prof., Geschichte 1915
V: 1915, 1917 (2x)
Schlichter, Otto, Dr. jur., Prof., Öffentliches Recht, Bundesrichter (BuVG) 1974
V: 1975, 1977, 1978, 1983
Schlüpmann, Hermann, Geh. Reg.-Rat a.D., Geschäftsführer bei OSRAM 1924
V: 1925 (2x), 1926, 1929
Schmidtmann, Adolf L., Dr. med., Prof., Geh. Ob. Medizinalrat 1904
V: 1904
Schmidt, Willi, Dr. oec., Dipl.-Kaufmann, Bankdirektor 1959
V: 1959, 1961, 1973
Schmitt, Matthias, Dr. rer. pol., Internationale Wirtschaftsbeziehungen, Dipl.-Volks-
wirt, Vorstandsmitglied bei AEG 1959
V: 1960, 1961
v. Schmoller, Gustav, Dr., Wirkl. Geh.-Rat, Prof., Volkswirtschaftslehre 1883
V: 1883, 1886, 1889, 1892, 1894, 1899, 1902, 1909, 1913
Schneider, Erich, Dr. rer. pol., Dr. rer. pol. h. c., Prof., Kiel
V: 1965 (Gastvortrag, kein Mitglied)
Schneider, Hans-Jochen, Dr. rer. nat., Prof., Geologie, FU 1972
V: 1974, 1976, 1977, 1979, 1981
Schneider, Volkmar, Dr. med., Prof., Rechtsmedizin, FU 1972
V: 1974, 1975, 1979, 1981, 1983

Schraut, M., Geh.-Reg. u. vortr. Rat im Reichsschatzamt 1883
V: 1883
Schulte, Heinrich, Dr. med., Prof., Chefarzt, Neurologie u. Psychiatrie 1940
V: 1941, 1945
Schulz, Friedrich, Dr., Wirkl. Geh.-Rat, Exz. 1890
V: 1890, 1893
Schumacher, Hermann, Dr. jur., Dr. phil., Dr. rer. pol., Prof., Volkswirtschaftslehre 1917
V: 1918, 1923, 1926, 1930, 1935
Schwartz Friedrich, Dr. jur., Geh. Reg.-Rat 1920
V: 1924, 1927
Schwarz, Otto, Geh. Ober-Finanzrat u. vortr. Rat im Finanzministerium 1907
V: 1907, 1908, 1910, 1912 (2x), 1917, 1918
Sering, Max, Dr. rer. pol., Dr. jur. h.c., Prof., Agrarwissenschaft 1891
V: 1891, 1895 (2x), 1905, 1913, 1924
v. Siemens, Wilhelm, Dr., Wirkl. Geh. Reg.-Rat 1915
V: 1915
v. Simson, Otto, Dr., Prof., Kunstgeschichte, FU 1974
V: 1976, 1978
Smend, Rudolf, Dr. jur., Prof., Rechtswissenschaft, Nationalökonomie 1922
V: 1924
Sombart, August, Rittergutsbesitzer, Industrieller 1883
V: 1884, 1886, 1889, 1892
Sombart, Werner, Dr. phil., Dr. jur. h.c., Prof., Volkswirtschaftslehre u. Soziologie 1922
V: 1922
Spieß, Walter, Dr. jur., Ministerialrat, Reichsverkehrsministerium 1941
V: 1941, 1944, 1945
Spranger, Eduard, Dr. phil., Dr. phil. u. Dr. jur. h.c., Prof., Philosophie u. Pädagogik 1922
V: 1923, 1928, 1932, 1936, 1938
Stammer, Otto, Dr. rer. pol., Prof., Soziologie, FU 1957
V: 1958, 1962, 1963, 1966
Stammler, Rudolf, Dr. jur. et Dr. phil, Prof., Rechtsphilosoph 1919
V: 1921
Steinbrinck, Otto, Ob. Bergrat 1905
V: 1905, 1909
Stern, Klaus, Dr. jur., Prof., Staatsrecht u. Politik, FU 1963
V. 1964
Starke, M., Geh. Ob. Justiz- u. vortr. Rat 1885
V: 1885, 1888, 1891, 1896
Stieda, Wilhelm, Dr. phil. et oec. pol., Prof., Volkswirtschaftslehre 1883
V: 1883
Stieler, Karl, Dr., Staatssekretär 1919
V: 1920, 1922
Strecker, Karl, Dr. phil., Dr. Ing. e.h., Präs. a. D. 1922
V: 1922, 1923
v. Strempel, Erich, Dr. jur., Geh. Oberreg.-Rat 1924
V: 1924, 1929, 1933, 1935, 1941
Strewe, Theodor, Geschäftsf. Mitglied d. China-Studienges. 1939
V: 1940, 1942

Thalheim, Karl C., Dr. rer. pol., Prof., Volkswirtschaftslehre, FU 1957
V: 1959, 1964, 1970, 1972, 1974, 1976, 1979, 1981, 1982
Thiel, Hugo C. E., Dr., Wirkl. Geh.-Rat, Exz. 1883
V: 1883, 1885, 1887, 1889, 1891, 1892, 1896, 1900, 1907, 1917
Thiess, Erich, Dr. rer. pol., Dipl.-Kfm., Prof., Betriebswirtschaftslehre, FU 1959
V: 1960

Alphabetisches Verzeichnis der Vortragenden 173

Tiling, Heinrich, Dr. med., Chefarzt an der Waldhausklinik 1958
   V: 1958
v. Treusch, Herbert, Freiherr v. Buttlar-Brandenfels, Dr. phil. 1958
   V: 1960
Triepel, Heinrich, Dr. jur., Dr. scient. pol., Prof., Völkerrecht 1915
   V: 1916, 1919, 1921, 1924, 1929, 1933, 1937
Troeltsch, Ernst D., Dr. phil., Dr. scient. polit., Prof., Theologie 1915
   V: 1919

Ulrich, F., Geh. Reg.-Rat 1889
   V: 1889, 1892
Urban, Hans-Georg, Dr. jur., Senatsdirektor 1962
   V: 1964

Vogel, Heinrich, Dr. theol., Prof., Theologie, Humboldt-Univ. 1953
   V: 1958
Völkel, Carl, Geh. Ob.-Bergrat 1911
   V: 1913, 1921

Wagner, Adolf, Dr. jur. et phil., Prof., Nationalökonomie, Geh. Reg.-Rat 1899
   V: 1899, 1902, 1911
Weischedel, Wilhelm, Dr. phil., Prof., Philosophie 1958
   V: 1958
Weymann, A., Geh. Ob. Reg. u. vortr. Rat 1887
   V: 1887
Wiedenfeld, Kurt, Dr. jur., Dr. phil., Dr. oec. h.c., Prof., Volkswirtschaft 1936
   V: 1937, 1942
Wiedfeldt, K. Otto Ludw., Dr., Geh. Reg. Rat u. vortr. Rat 1910
   V: 1910, 1914
Wilhelmi, L., Dr. jur., Reg. Rat 1891
   V: 1891, 1897 (2x)
Windelband, Wolf, Dr. phil., Prof., Ministerialrat a. D. 1938
   V: 1939
Winnig, August, Oberpräs. z. D. 1927
   V: 1928, 1932
v. Woedtke, G., Kaiserl. Geh. Reg. Rat u. vortr. Rat 1886
   V: 1886, 1889, 1893, 1898
Wöhlke, Wilhelm, Dr. phil., Prof., Geographie, FU 1963
   V: 1964, 1966, 1969, 1970, 1971, 1972, 1974, 1977, 1980, 1982

Zacher, G., Dr. jur. Geh. Reg. Rat 1905
   V: 1905, 1909, 1915, 1916, 1918
v. Zanthier, Eckhart, Kaufm. Leiter b. d. Siemens AG 1970
   V: 1971
Ziebura, Gilbert, Dr. phil., Prof., Politik u. neuere Geschichte, FU 1965
   V: 1966
Zipfel, Friedrich, Dr. phil., Prof., Neuere Geschichte, FU 1976
   V: 1976
Zock, Andreas, Dr. rer. pol., Dipl.-Kfm. 1961
   V: 1966, 1972, 1980, 1982

Ordentliche Mitglieder 1983

Prof. Georg *Bandasch*
    Düsseldorfer Straße 38, 1–15   Tel. 8 83 20 22
Peter *Becker*
    Forckenbeckstraße 58, 1–33   Tel. 8 23 81 28
Prof. Bernhard *Bellinger*
    Lynarstraße 2 b, 1–33   Tel. 8 91 90 75
Dr. Ursula *Besser*
    Apostel-Paulus-Str. 21/22, 1–62   Tel. 7 84 62 56
Prof. Albrecht *Biedl*
    Schulzendorfer Straße 46, 1–28   Tel. 4 04 81 50
Prof. Peter von *Blanckenburg*
    Podbielskiallee 64, 1–33   Tel. 314-713 10
Prof. Hermann *Blei*
    Hohenzollernstraße 1, 1–37   Tel. 8 01 82 22
Prof. Johannes *Broermann*
    Klingsorstraße 48, 1–41   Tel. 7 71 65 67
Prof. Detlef *Cabanis*
    Prausestraße 36, 1–45   Tel. 8 33 79 27
Prof. Jorge *Cervos-Navarro*
    Kurfürstendamm 186, 1–15   Tel. 7 98 23 39
Dr. Karl-Heinz *Deutsch*
    Schwalbachstraße 40, 1–49   Tel. 7 46 58 58
Dr. Christian *Ehlers*
    Kadettenweg 40, 1–45   Tel. 8 33 52 09
Dr. Jürgen *Feldmann*
    Lindenthaler Allee 72, 1–37   Tel. 8 00 86 03
Prof. Wolfram *Fischer*
    Gelfertstraße 13, 1–33   Tel. 8 31 17 15
Prof. Wolfgang *Förster*
    Berliner Straße 83, 1–37   Tel. 8 11 60 10
Prof. Manfred *Fricke*
    Temmeweg 6 a, 1–22   Tel. 3 65 46 80
Dr. Henning *Germer*
    Am Heidehof 26, 1–37   Tel. 8 01 43 91
Prof. Wolfgang *Glöckner*
    Im Dol 15, 1–33   Tel. 8 32 65 54
Prof. Johann-Gerhard *Helmcke*
    Am Fischtal 14, 1–37   Tel. 8 13 60 82
Hansjoachim *Hoffmann*
    Meiningenallee 3, 1–19   Tel. 3 04 31 59
Prof. Walter *John*
    Hans-Böhm-Zeile 33 a, 1–37   Tel. 8 15 32 63
Dr. Ilse *Kemter*
    Borstellstraße 55, 1–41   Tel. 7 96 22 86

Prof. Ernst *Klug*
    Weddigenweg 39, 1–45   Tel. 8 11 80 77
Prof. Walter *Krauland*
    Hittorfstraße 9, 1–33   Tel. 8 32 87 93
Prof. Gerhard *Krienitz*
    Hoffmann-von-Fallersleben-Platz 2, 1–31   Tel. 8 24 26 12
Prof. Herta *Lange*
    Davoser Straße 4, 1–33   Tel. 8 23 72 10
Prof. Konrad *Merkel*
    Sedanstraße 28 a, 1–41   Tel. 7 71 82 72
Dr. Klaus *Milz*
    Kronberger Straße 16 d, 1–33   Tel. 8 25 61 70
Dr. Heinz-Dietrich *Müller*
    Albiger Weg 16, 1–38   Tel. 3 202-364
Prof. Franz *Pilny*
    Wacholderweg 13 a, 1–19   Tel. 3 05 40 98
Prof. Hans *Poser*
    Brümmerstraße 54, 1–33   Tel. 8 32 46 84
Kurt Freiherr von *Prinz-Buchau*
    Goethestraße 29, 1–37   Tel. 8 01 71 40
Dr. Wolfgang *Ritgen*
    Am Schlachtensee 116, 1–38   Tel. 8 03 50 41
Prof. Otto *Schlichter*
    Marinesteig 24, 1–38   Tel. 8 03 24 77
Dr. Willi *Schmidt*
    Wohnstift Otto Dibelius, App. 621,
    Hausstockweg 57, 1–42   Tel. 7498-458
Prof. Hans-Jochen *Schneider*
    Salzachstraße 19, 1–37   Tel. 8 01 78 97
Prof. Volkmar *Schneider*
    Spirdingseestraße 12, 1–49   Tel. 7 44 83 54
Prof. Otto von *Simson*
    Max-Eyth-Straße 26, 1–33   Tel. 8 31 20 82
Prof. Karl C. *Thalheim*
    Münchener Straße 24, 1–30   Tel. 24 27 93
Prof. Johannes F. *Tismer*
    Nieritzweg 6 a, 1–37   Tel. 8 15 48 84
Hans *Wechsel*
    Wolzogenstraße 16, 1–37   Tel. 8 01 63 39
Prof. Wilhelm *Wöhlke*
    Heimat 61 a, 1–37   Tel. 8 15 16 28
Dr. Andreas *Zock*
    Oldenburgallee 48 b, 1–19   Tel. 3 04 47 17

Korrespondierende Mitglieder 1983

Prof. Peter Georg *Ahrens*	1000 Berlin 45
Prof. Helmut *Arndt*	1000 Berlin 37
Arno Paul *Bäumer*	7000 Stuttgart 1
Prof. Arwed *Blomeyer*	1000 Berlin 33
Hans M. *Bongers*	5521 Bollendorf
Prof. Walter *Bußmann*	7506 Bad Herrenalb
Herbert *Eckel*	1000 Berlin 20
Prof. Reinhard *Elze*	I 00 197 Roma
Prof. Gert von *Eynern*	1000 Berlin 37
Dr. Eckard *Feldmann*	6392 Neu-Anspach
Bernhard *Förster*	3000 Hannover
Prof. Ludwig von *Friedeburg*	6000 Frankfurt 50
Prof. Ernst *Heinitz*	1000 Berlin 45
Prof. Roman *Herzog*	7000 Stuttgart 1
Prof. Ernst E. *Hirsch*	7744 Königsfeld 3
Prof. Karla *Ibe*	1000 Berlin 20
Dr. Ingeborg *Köhler-Rieckenberg*	6242 Kronberg
Prof. Konrad *Littmann*	6729 Jockgrim
Prof. Gerhard O. W. *Mueller*	USA, New York 100 17
Prof. Thomas *Nipperdey*	8021 Icking
Dr. Gerhard *Pfennig*	8183 Rottach-Egern
Prof. Klemens *Pleyer*	5000 Köln 41
Prof. Helmut *Quaritsch*	6720 Speyer
Prof. Gerhard A. *Ritter*	8137 Berg 3
Dr. Horst *Roeber*	5330 Königswinter 1
Prof. Horst *Sanmann*	2000 Hamburg 60
Prof. Werner *Sarstedt*	6900 Heidelberg
Prof. Matthias *Schmidt*	6000 Frankfurt 70
Dr. Gustav von *Schmoller*	7400 Tübingen
Prof. Heinrich *Schulte*	2800 Bremen 33
Prof. Klaus *Stern*	5000 Köln 41
Dr. Hans-Georg *Urban*	1000 Berlin 37
Eckhart von *Zanthier*	7000 Stuttgart 1

Printed by Libri Plureos GmbH
in Hamburg, Germany